高等学校应用型特色规划教材　经管系列

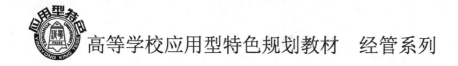

国际商法教程(双语案例)
International Business Law

曲天明　编　著

清华大学出版社
北　京

内 容 简 介

本书涵盖了国际商法领域的基本内容及相关知识,具体包括:国际商法概述、商事组织法、国际货物买卖法、产品责任法以及国际商事仲裁法。本书充分体现了应用型人才培养对国际商法知识与技能的要求,既阐述了国际商法基本理论,又特别侧重实务知识与操作技能的训练。为了读者学习方便,在每章正文中附有导读、学习目标以及英文原版案例,以帮助读者更完整、深入地理解各章内容,提高学生分析和解决问题的能力。

本书主要作为高等院校法学类、财经类专业的本科教材及 MBA 或 EMBA 教学用书,也可以作为各类国际商务与法律培训课程读物,还可供国际商法理论工作者和实际工作者阅读参考。

图书在版编目(CIP)数据

国际商法教程(双语案例)/曲天明编著. —北京:清华大学出版社,2010.5(2024.1重印)
(高等学校应用型特色规划教材 经管系列)
ISBN 978-7-302-22385-6

Ⅰ. 国… Ⅱ. 曲… Ⅲ. 国际商法—高等学校—教材 Ⅳ. D996.1

中国版本图书馆 CIP 数据核字(2010)第 052605 号

责任编辑:温 洁
封面设计:杨玉兰
版式设计:北京东方人华科技有限公司
责任印制:刘海龙
出版发行:清华大学出版社
    网 址:https://www.tup.com.cn, https://www.wqxuetang.com
    地 址:北京清华大学学研大厦 A 座 邮 编:100084
    社 总 机:010-83470000   邮 购:010-62786544
    投稿与读者服务:010-62776969, c-service@tup.tsinghua.edu.cn
    质量反馈:010-62772015, zhiliang@tup.tsinghua.edu.cn
印 装 者:三河市人民印务有限公司
经 销:全国新华书店
开 本:185×230 印 张:16.75 字 数:361 千字
版 次:2010 年 5 月第 1 版 印 次:2024 年 1 月第 10 次印刷
定 价:49.00 元

产品编号:033592-03

出版说明

应用型人才是指能够将专业知识和技能应用于所从事的专业岗位的一种专门人才。应用型人才的本质特征是具有专业基本知识和基本技能，即具有明确的职业性、实用性、实践性和高层次性。加强应用型人才的培养，是"十一五"时期我国教育发展与改革的重要目标，也是协调高等教育规模速度与市场人才需求关系的重要途径。

教育部要求今后需要有相当数量的高校致力于培养应用型人才，以满足市场对应用型人才需求量的不断增加。为了培养高素质应用型人才，必须建立完善的教学计划和高水平的课程体系。在教育部有关精神的指导下，我们组织全国高校的专家教授，努力探求更为合理有效的应用型人才培养方案，并结合我国当前的实际情况，编写了这套《高等学校应用型特色规划教材　经管系列》丛书。

为使教材的编写真正切合应用型人才的培养目标，我社编辑在全国范围内走访了大量高等学校，拜访了众多院校主管教学的领导，以及教学一线的系主任和教师，掌握了各地区各学校所设专业的培养目标和办学特色，并广泛、深入地与用人单位进行交流，明确了用人单位的真正需求。这些工作为本套丛书的准确定位、合理选材、突出特色奠定了坚实的基础。

◇ 教材定位

➢ 以就业为导向。在应用型人才培养过程中，充分考虑市场需求，因此本套丛书充分体现"就业导向"的基本思路。

➢ 符合本学科的课程设置要求。以高等教育的培养目标为依据，注重教材的科学性、实用性和通用性。

➢ 定位明确。准确定位教材在人才培养过程中的地位和作用，正确处理教材的读者层次关系，面向就业，突出应用。

➢ 合理选材、编排得当。妥善处理传统内容与现代内容的关系，大力补充新知识、新技术、新工艺和新成果。根据本学科的教学基本要求和教学大纲的要求，制订编写大纲(编写原则、编写特色、编写内容、编写体例等)，突出重点、难点。

➢ 建设"立体化"的精品教材体系。提倡教材与电子教案、学习指导、习题解答、课程设计、毕业设计等辅助教学资料配套出版。

✧ 丛书特色

➢ 围绕应用讲理论，突出实践教学环节及特点，包含丰富的案例，并对案例作详细解析，强调实用性和可操作性。

➢ 涉及最新的理论成果和实务案例，充分反映岗位要求，真正体现以就业为导向的培养目标。

➢ 国际化与中国特色相结合，符合高等教育日趋国际化的发展趋势，部分教材采用双语形式。

➢ 在结构的布局、内容重点的选取、案例习题的设计等方面符合教改目标和教学大纲的要求，把教师的备课、授课、辅导答疑等教学环节有机地结合起来。

✧ 读者定位

本系列教材主要面向普通高等院校和高等职业技术院校，适合应用型人才培养的高等院校的教学需要。

✧ 关于作者

丛书编委特聘请执教多年且有较高学术造诣和实践经验的教授参与各册教材的编写，其中有相当一部分的教材主要执笔者是精品课程的负责人，本丛书凝聚了他们多年的教学经验和心血。

✧ 互动交流

本丛书的编写及出版过程，贯穿了清华大学出版社一贯严谨、务实、科学的作风。伴随我国教育改革的不断深入，要编写出满足新形势下教学需求的教材，还需要我们不断地努力、探索和实践。我们真诚希望使用本丛书的教师、学生和其他读者提出宝贵的意见和建议，使之更臻成熟。

清华大学出版社

前　言

随着经济全球化不断地向纵深发展，作为调整国际商事关系的国际商法也日益受到人们的关注和重视，全国各高校的相关专业纷纷开设了"国际商法"课程。青岛科技大学开设"国际商法"课程已经有十五年了，期间一直努力地积累着教学经验，同时也关注着国际商法的学科前沿与动向。2007 年"国际商法"课程被评为精品课程，我们以此为契机，将多年的积淀成果编写成教材，以期呈现给读者一部不同于以往的国际商法教材。从构思到完成，历时近两年，终于脱稿。

本书涵盖了国际商法的相关知识，对于国际商法产生的历史沿革进行了详细的介绍。本书涵盖了国际商法领域的基本内容，具体包括：国际商法概述、商事组织法、国际货物买卖法、产品责任法以及国际商事仲裁法。本书的编写体例独具特色：在每章正文中附有导读、学习目标以及英文案例等，在理论知识的介绍之后，对该案例进行了相应的评析，以帮助读者更完整、深入地理解各章内容，各章还附有案例讨论，帮助读者在学习国际商法理论知识的同时，兼顾提高专业英语的阅读能力以及分析和解决问题的能力。

本书编写人员均来自国际商法精品课程组成员，全部是本科教学一线的任课教师，有着比较丰富的教学经验，了解学生的需求，对国际商法的基础理论和前沿动态有一定的研究。因此本书在保留传统理论内容的基础上，增加了一些经典的英美法系的原版判例，并对这些判例进行法理分析，体现了实践性的特色，具有一定的原创性。本书与同类书相比，具有三个特点。

1. 教材的面向和定位明确

本教材的定位是培养应用型专业人才。因此本教材主要内容是国际商法的应用研究，而不是单纯的理论研究。本书充分体现了应用型人才培养对国际商法知识与技能的要求，既阐述了国际商法基本理论，又特别侧重实务知识与操作技能的训练，在每个章节安排了案例分析、练习与思考。

2. 注重对各类国际商事纠纷案例的研究

本教材选取的案例均为原版的英文案例，通过个案的分析，引入相关理论问题，由此展开深入的分析和研究，使学生既学到了怎样对所学知识进行综合运用，同时也掌握了相关理论知识，以提高其分析问题解决问题的综合能力。

3. 教材建设立体化、网络化

本书不是单纯的纸质教材，还有与教材配套的 CAI 课件、电子教案、习题解答、实验指导、双语教学等。与本教材配套，建立了国际商法课程网站，网址是 http://jpkc.qust.edu.cn/,

由于与本教材配套的教学辅助资源丰富，而且便于在课程网站上不断地更新和扩充，更能获得良好的教学效益和社会效益。

本书由曲天明编著，于晋、陈建云、陈萌萌参与编写工作。其中第一、二章由曲天明撰写，第三章由曲天明、于晋共同撰写，第四章由陈建云撰写，第五章由陈萌萌撰写。在编写过程中，我们也参考了一些国内外的相关教材、论文以及文献资料，获得了一定的启发，在此谨对原作者表示谢意。另外，我们由衷地感谢我的爱徒周婷、隋佳和对外贸易大学的研究生刘秀同学，他们对教材的编写做了大量的工作，一并表示感谢。

当本书封笔之时，虽然兴奋不已，但更多的是惴惴不安，由于水平所限，难免有疏漏，恐愧对一直期盼本书面世的弟子们以及广大的读者！恳请读者斧正！

编 者

目　录

第一章

国际商法概述

本章导读

国际商法作为一门独立的法律学科，是调整国际商事交易和国际商事组织的实体法律规范和程序法律规范。本章介绍了国际商法的概念，与国际私法、国际经济法、国际贸易法的关系，英美法系与大陆法系代表性国家的商法的特点等。重点阐释了国际商法的渊源，国际商法的历史沿革。

学习目标

在明确国际商法的概念、与相邻部门法关系的基础上，深入了解大陆法系与英美法系商法的特点，重点掌握国际商法的渊源、国际商法的历史沿革；初步掌握学习国际商法的比较分析研究方法，为以后内容的学习奠定基础。

Key Words

Merchant Law，International Business Law，Public Law，Private International Law，Case Law，Common Law，Equity Law，Continental Family，Code Law

国际商法产生于商人法(Merchant Law)，而商法的最大特点是源自于商人实践，即是在商人长期积累的交易经验基础上，总结和改造的一系列制度体系下构成的，因此从商法中经过嬗变的国际商法最有可能实现在世界范围内的统一。在当下，由于经济全球化的影响，客观上要求建立统一的国际商事交易规则，因此现代国际商法大有趋同之势。

第一节　国际商法概述

一、国际商法的概念

国际商法(International Business Law)①作为一门学科和课程，早已得到我国多数学者的认同，但是对于国际商法的概念，学者们是各抒己见，见仁见智，并没有形成一个统一的认识。梳理有代表性的学者观点，得出以下四种。第一种观点认为，国际商法是调整国际商事交易和国际商事组织的各种法律规范的总称②。第二种认为，国际商法是调整超越一国国界的商事交往的各种法律规范的总和，并不局限于某一特定的法律规范。它的内涵以传统的国际商事惯例为主，其外延早已打破了国际法体系和国内法体系，而扩及国际公法规范、国际经济法规范、国际私法规范、各国民商法的国际性规范③。第三种观点认为，国际商法是调整国际商事关系的统一实体法规范和争端解决程序的规范的总称④。第四种观点认为，国际商法是国际经济法中的一部分，而国际经济法是调整国际经济活动和国际经济关系的法律规范的总称⑤。第四种观点虽有一定代表性，但我们认为不可取。前两种观点比较接近，区别是后者比前者更宽泛一些。第三种观点与前两种观点有较大的差异，其将国内法排除在外。本书认为第三种观点值得商榷，在很多国际商事领域没有统一实体法规范的情形下，把各国国内法排除在外，将意味着一些国际商事纠纷没有解决的法律依据，相反，事实上各国国内法已经成为国际商法的渊源，被很多国际商事仲裁机构所援引，将其纳入国际商法中，也不会影响国际商法的独立性。有鉴于此，本书同意第一种观点，但应当进一步完善为：国际商法是指调整国际商事交易和国际商事组织的实体法规范和程序法律规范的总称。这一概念包括三层含义。

---

① 关于国际商法的英文，还有 International Commercial Law、International Trade Law，但笔者认为不合适。根据 Oxford Advanced Learner's English-Chinese Dictionary 的解释，三个词的意思比较接近，但还是有一些区别，"Trade"一词仅指 a particular type of business；"Commercial"一词虽然有 especially between countries 之意，但 business 不仅具有 the activity of making,buying,selling or supplying goods or services for money 的含义，还含有各种 commercial organization 的意思。

② 沈四宝，王军，焦津洪. 国际商法[M]. 北京：对外经济贸易大学出版社，2002：1

③ 赵威. 国际商法概念初探[J]. 政法论坛，1999(3)

④ 左海聪. 国际商法是独立的法律部门[J]. 法商研究，2005(2)

⑤ 王传丽. 国际经济法[M]. 北京：法律出版社，2005

一是调整国际商事交易。国际商事交易是指国际货物买卖或交易活动。由于第二次世界大战后国际经济贸易的不断发展，国际商事交易呈现了多样性的发展趋势，因此，国际商法的内容也有了很大的变化。这种法律规范的调整对象随着世界经济全球化进程的加快和知识经济时代的到来，早已突破了传统的商事法范围(传统的商事法主要包括公司法、代理法、票据法、海商法、保险法等)，增加了许多新的领域，既涉及有形的货物交易，也涉及无形的技术、资金和服务交易，例如，投资、租赁、融资、工程承包及合作生产、技术转让、知识产权等，因此，西方国家往往把调整上述各种商业交易的法律用国际商事交易法(The Law of International Business Transactions)来概括。

二是调整国际商事组织。一般的商事组织是指个人、合伙企业、公司、个人独资企业、外资企业等。这些商事组织是依据各自的国内法的规定而设立的。在国际商法中，只有这些商事组织参与跨越国界的商事交易或进行国际投资时，才可能成为国际商事组织。

三是实体法和程序法的统一。一方面，在国际商事交易的发展过程中，无论是集市贸易还是今天的全球化时代，商人们都需要统一的交易规则和权利，以维护交易的良性运转，而实现这一目的的唯一途径就是调整国际商事交易的规则。另一方面，当交易规则被破坏，权利遭到侵害时，需要程序法来救治业已被侵害的法律权利，恢复被扭曲的社会秩序。

二、国际商法是独立的法律学科

随着经济全球化的不断纵深发展，作为调整国际商事关系的国际商法也日益受到人们的重视和关注，全国各高校的相关专业纷纷开设了国际商法课程。然而，时至今日，尽管国际商法独立的呼声日益高涨，但学术界仍然对其是否应当独立存在争议。主要有两种观点：一种观点认为，国际商法包含在国际经济法中，即国际经济法[1]既是调整国家间的经济管制关系的法律，也是调整跨国私人商事交易关系的法律[2]；另一种观点认为，国际商法是与国际法、国际私法、国际经济法并列的第四个独立的法律学科。国际商法具有自身的调整对象，而且经过百余年的发展，已经形成了颇具规模的体系，无疑应属于一个独立的法律部门[3]，给宏观经济法进行必要的瘦身。借助大陆法系的国家在国际法层面上的法律部门划分的思维路径，将国际经济法中的调整平等私人间的纵横交易关系的法律规范纳

---

① 我国目前的法学学科分类依据的是教育部高校法学学科教学指导委员会制定的学科分类，1982年将国际经济法与国际公法、国际私法并列为国际法的二级学科，俗称"三国法"。

② 韩立余. 国际经济法学原理与案例教程[M]. 北京：中国人民大学出版社，2006：6

③ 左海聪. 国际商法是独立的法律部门[J]. 法商研究，2005(2)

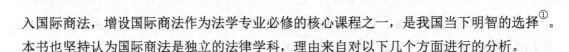

入国际商法,增设国际商法作为法学专业必修的核心课程之一,是我国当下明智的选择[1]。本书也坚持认为国际商法是独立的法律学科,理由来自对以下几个方面进行的分析。

1. 国际商法具有特定的调整对象和调整方法

从法理学角度看,法律部门的标准是法律所调整的社会关系和调整方法。社会关系是复杂多样的,可以分为政治关系、经济关系、文化关系、宗教关系等,当这些不同领域的社会关系成为法律的调整领域之后,它们就成为法律部门的基础,而不同领域的社会关系的法律又形成不同的法律部门。但仅仅以此来划分法律部门还是不够的,因为它既无法解释一个法律部门可以调整不同种类的社会关系,也不能解释同一社会关系需由不同的法律部门来调整这一法律现象,因此,划分法律部门还需将调整方法作为补充标准,二者缺一不可。从这一前提出发,考察国际商法是否是一个独立的法律部门,关键在于其是否具有自己特定的调整对象和调整方法,答案是肯定的。就调整对象而言,如前所述,国际商事交易和国际商事组织是其特有的调整对象,核心是以营利为目的。基于此,其调整方法也有别于其他法律部门,主要以自治手段进行调整,显而易见与国际经济法以强制性干预手段的调整方法有所不同,所以我们不难得出结论,国际商法是一个独立的法律部门。

2. 国际商法规范的性质属于私法

我国历来是继承了大陆法系的传统,而大陆法系的法学家们的法律思维模式特点是从抽象到具体,反映在法律部门的划分上,他们强调法律部门内在的逻辑性和统一性,他们将法律部门划分为公法和私法的“楚汉河界”,按最早提出这一划分的古罗马法学家乌尔比安的解释:“公法是关于罗马国家的法律,私法是关于个人利益的法律。”依照此标准,私法遵循当事人意思自治原则,确立财产所有权,保障自身利益的追求;公法是利用国家权力,宏观调整社会财富分配,调整国家与公民的关系的法律。据此,一般认为国际商法规范属于私法,而以调整不同国家政府与政府之间的国际经济关系和各国干预、管制国际经济活动而形成的,国际经济法显然属于公法。著名的国际贸易法专家施米托夫在《国际商法——新的商人习惯法》(1961)一文中,对于国际商法与国际经济法的关系有这样一段阐述:“国际商法不同于国际经济法。后者是国际公法的一部分,而前者是私法的一个分支,但它又不从属于国际私法。”

虽然随着社会经济发展进程中经济关系的新变化,公法和私法的划分在当今受到了一定程度的挑战,即出现了所谓“私法公法化,公法私法化”的现象,但并未导致国际商法性质由私向公的彻底转变,强制性或公法性规范的增多只能是国际商法在其私法本质之外

---

① 刘萍,屈广清. 国际商法与国际经济法关系的法理学思考[J]. 政法论丛,2005(2)

兼具了公法属性，但其本质是私法这一根本属性并没有发生变化。鉴于私法与公法在调整社会关系的角度、价值取向等诸多方面的不同，将国际商法放在国际经济法中，是不合时宜的。

3. 国际商法事实上已经是独立的法律部门

早在20世纪60年代，英国著名国际贸易法专家施米托夫就指出：国际商法的出现，是我们时代最重要的法律方面的发展之一，尽管这一发展几乎未引起法学院教师们的注意[①]。可见国际上关于国际商法是独立的法律部门的观点早已存在，只是没有引起"法学院教师的注意"罢了。施米托夫还有一段经典论述："我们正在开始重新发现商法的国际性，国际法—国内法—国际法这个发展圈子已经完成。"各国商法发展的总趋势是摆脱国内法的限制，朝着国际贸易法这个普遍性和国际性的概念发展。在我国最早出版的相关教材是由沈达明、冯大同等编写的《国际商法》，它一直作为对外经贸专业的法律教材，书中明确指出国际商法既不同于国际经济法，也不同于国际私法，这一观点也得到了业界的相当一部分学者的认可。此后，国际商法方面的教材如雨后春笋般地陆续出版。

此外，另一个不能忽视的现实是，从19世纪至20世纪上半叶，国际商事活动得到了长足的发展，延续到今天国际经济法一体化，客观上需要大量的调整国际商事的统一规范，在一些国际经济组织的推动下，制定了一系列调整国际商事关系的国际公约，已经形成了颇具规模的国际商法规范体系，涉及了国际商事的各个领域并发挥着十分重要的作用。

综上所述，国际商法无论从其本身的性质，还是其特有的调整对象和调整方法而言，都是其他法律部门所无法替代的，经过实践的发展，国际商法已经形成了较为成熟的学科体系，我们认为国际商法事实上已经成为独立的法律部门。

三、国际商法与国际私法、国际经济法、国际贸易法的关系

1. 国际商法与国际私法的关系

国际商法和国际私法同属于私法，但是二者有所不同。国际私法主要是具有涉外因素的私法案件确定准据法，在私法领域各国的法律规范差异较大，经常会发生冲突，所以就是法律冲突(conflict of law)，然后，到底是依据哪个国家的私法，这是国际私法要解决的问题，甚至一些国家里，冲突法与国际私法是同一概念或学科。国际商法主要是实体法，是

---

① ［英］施米托夫著，赵秀文译. 国际贸易法文选[M]. 北京：中国大百科全书出版社，1993

商事组织和商事交易的法律，所谓"商"，就是通过交易获得利益。结论是国际商法与国际私法在逻辑上是交叉关系，如图 1-1 所示。

图 1-1　国际商法与国际私法的关系

2. 国际商法与国际经济法

国际经济法作为一门独立的法律学科是在第二次世界大战后发展起来的，并已经建立了一套较为完善的体系，它是调整国家、国际组织、不同国家的法人与个人之间经济关系的国际法规范和国内法规范的总称①。国际经济法应当属于公法，是主要调整国与国之间的经济关系的法律规范。国际商法与国际经济法的共同点是它们都调整跨国之间的商事活动的各种关系的法律规范的总称，不同之处在于国际商法的主体仅限于各国商人及各种商事组织，如合伙企业、公司，而不包括国家或国际组织，属于私法范畴。因此从逻辑上讲，两者的关系应当是并列关系。

3. 国际商法与国际贸易法的关系

首先，我们不妨运用语义研究方法进行诠释。在汉语中，"商"可以解释为生意、买卖，而贸易，也可以解释为商业活动，由此可以看出两者的意思是相近的。关于国际贸易法，西方国家，如美国②、加拿大③、澳大利亚④将其分别设立两门课程。20 世纪 80 年代起，在中国作为与国际法和国际私法并列的学科，国际贸易法是调整跨越国界的贸易关系以及与贸易有密切关系的各种法律规范的总和⑤。具体是指各国之间的商品、技术、服务的交换以及与这种交换有关的各种法律制度与法律规范⑥。但进入 21 世纪以来，在中国发生明显变化的是国际贸易法渐渐地淡出法学专业的视野，而国际商法以势不可当之势在发展。我们认为两者的含义基本是一致的，其逻辑关系应当是同一关系，没有必要分别设立

---

① 余劲松，吴志攀. 国际经济法[M]. 北京：北京大学出版社，高等教育出版社，2005

② John Jackson, William Davey, Alan Sykes. Legal Problem of Internation Economic Relation, St. Paul, Minn: West Publishing company，2001:3

③ Robert Poweres. International Trade Law. New York: Nest Educational Publishing Company Preface, 1999

④ Michaelj Trebilcock, Robert Howse. The Regulation of International Trade. London: Routledge 2002

⑤ 沈达明，冯大同. 国际贸易法新论[M]. 北京：法律出版社，1997

⑥ 王传丽. 国际贸易法[M]. 北京：法律出版社，1998

独立的学科。

四、国际商法的渊源

法的渊源(Sources of Law)，其基本含义是指法的来源或法的栖身之所，也有著述称，法的渊源主要指法之产生的原因或途径，故法的渊源也可简称法源。"法的渊源"一词来源于罗马法的 fontes juris，意指法的源泉、本源、源头。如同沿着奔腾的河流溯源而上终将到达发源地一样，如果要正确理解和认识法的内容，弄清构成审判基础的法是什么，就要找到、追踪到法的来源和源头。法的渊源可以有下列含义：①指法的实质渊源，即法是根源于国家权力还是自然理性、神的意志、君主意志、人民意志抑或社会物质生活条件；②指法的效力渊源，即法产生于立法机关还是其他主体，产生于什么样的立法机关或其他主体；③指法的材料渊源，即构成法的内容的材料是来源于先前法、外国法，或是来源于政策、习惯、宗教、礼仪、道德、典章、理论、学说；④指法的形式渊源，即法是来源于制定法、判例法、习惯法抑或其他法；⑤指法的历史渊源，即能够引起法或法律原则、法律规则产生或改变的历史现象或事件。

在这里主要是指法的形式渊源。国际商法的渊源，主要是指国际商事产生的依据及其表现形式，它包括以下几种类型。

(一)国际商事条约

一般认为所谓国际条约是指，国家间缔结的、规定国家间的商事交易关系中的当事人的权利和义务的书面协议。由于国际商法统一化运动迅猛和持续的发展，国际商事交易在很多领域中都有了一项或数项国际统一公约[①]，为扫清国际商事交易的法律障碍起到了极其重要的作用。主要的国际商事公约有以下几种。

1. 关于国际货物买卖的国际公约

(1) 《联合国国际货物销售合同公约》(United Nations Convention on Contracts for the International Sales of Goods)。该公约是由联合国国际贸易法委员会主持制定的，联合国国际货物销售合同会议于 1980 年 3 月 10 日至 4 月 11 日在奥地利维也纳举行(维也纳会议)，共 62 个国家的代表出席。在这次会议上通过了该公约。1988 年公约在达到法定批准国家

---

① 韩立余. 国际经济法学原理与案例教程[M]. 北京：中国人民大学出版社，2006

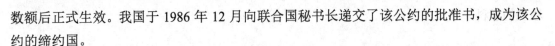

数额后正式生效。我国于 1986 年 12 月向联合国秘书长递交了该公约的批准书，成为该公约的缔约国。

(2) 《联合国国际货物销售时效期限公约》(United Nations Convention on the Limitation Period in the International Sales of Goods)。简称《时效公约》，是规定与国际货物买卖合同有关的权利消灭期限的实体法公约。1974 年 6 月 14 日在纽约联合国总部召开的外交会议上通过，公约确立了关于国际销售合同所引起的法律诉讼必须开始的时限的统一规则。为使 1974 年《时效公约》与 1980 年《联合国国际货物销售合同公约》相配套，在 1980 年 4 月的联合国维也纳外交会议上缔结《联合国国际货物销售合同公约》的同时，还通过了《关于修正〈联合国国际货物销售时效期限公约〉的议定书》。《时效公约》与 1980 年《修正〈时效公约〉议定书》于 1988 年 8 月 1 日生效，截至 2005 年上半年，前者有 25 个参加国，后者有 18 个参加国。

2. 关于国际货物运输的国际公约

(1) 《统一提单的若干法律规定的国际公约》(International Convention for the Unification of Certain Rules of Law Relating to Bills of Lading)。简称《海牙规则》(Hague Rules)。它是于 1924 年 8 月 25 日在比利时布鲁塞尔举行的由 26 个国家代表出席的外交会议上签署的，于 1931 年 6 月 2 日生效，截至 1997 年 2 月，加入该规则的国家和地区共有 88 个。

(2) 《修改统一提单若干法律规定的国际公约议定书》(Protocol to Amend the International Convention for the Unification of Certain Rules of Law Relating to Bills of Lading)，简称《维斯比规则》(Visby Rules)。随着国际政治、经济形势的变化，以及航海、造船技术日新月异的进步，海上运输方式发生了重大变革，特别是集装箱运输方式的出现和迅猛发展，《海牙规则》的内容已不适应新形势发展的需要。尤其关于承运人的大量免责条款明显偏袒船方利益，通货膨胀的现实使 100 英镑的赔偿限额明显过低等原因，到了 20 世纪 50 年代末，要求修改《海牙规则》的呼声日渐强烈。基于上述原因，国际海事委员会成立小组委员会草拟了修改《海牙规则》的议定书草案，于 1968 年 2 月 23 日在比利时布鲁塞尔召开的、由 53 个国家或地区代表参加的第十二届海洋法外交会议上通过，定名为《修改统一提单若干法律规定的国际公约议定书》，并简称为《1968 年布鲁塞尔议定书》。

(3) 《联合国海上货物运输公约》(United Nations Convention on the Carriage of Goods by Sea)，于 1978 年 3 月 6 日至 31 日在德国汉堡举行的由联合国主持的、由 78 国代表参加的海上货物运输大会讨论通过，于 1992 年 11 月 1 日生效。

(4) 《国际铁路货物联运协定》(Agreement on International Railroad Through Transport Of Goods)，简称《国际货协》。该公约是于 1951 年 11 月由前苏联、捷克、罗马尼亚、东德等 8 个国家共同签订的一项铁路货运协定。1954 年 1 月我国参加该公约，其后，朝鲜、越南、蒙古也陆续加入。

3. 关于国际票据和支付的国际公约

(1) 《汇票、本票统一法公约》(Convention on the Unification of the Law Relating to Bills of Exchange and Promissory Notes)，又称为《1930 年关于统一汇票和本票的日内瓦公约》，是关于统一各国汇票和本票的国际公约。1930 年 6 月 7 日在由国际联盟在日内瓦召集的第一次票据法统一会议上通过，1934 年 1 月 1 日生效。

(2) 《统一支票法公约》(Convention Providing a Uniform Law of Cheques)，又称为《1931 年关于统一支票法的日内瓦公约》，是关于统一支票的国际公约。1931 年 3 月 19 日国际联盟在日内瓦召开的第二次票据法统一会议上制定，1934 年 1 月 1 日生效。

(3) 《联合国国际汇票与国际本票公约》(Convention on International Bill of Exchange and International Promissory Note of the United Nations)的简称，1988 年 12 月 9 日在纽约联合国第 43 次大会上通过，并开放供签署。按该公约的有关规定，该公约须经至少 10 个国家批准或加入后，方能生效。该公约目前尚未生效。

(二)国际商事惯例

国际商事惯例(International Customs)，是指具有一定的普遍性的通常做法(practice)，是在长期的商业或贸易实践基础上发展起来的用于解决国际商事问题的实体法性质的国际商事惯例[①]。《国际法院规约》第 38 条(一)款(丑)项规定：international custom, as evidence of a general practice accepted as law，即国际惯例作为通例已经被接受为法律。由此看来，成为国际惯例的条件有二：一是必须是经过长期实践形成的；二是必须是经国家或当事人接受并自愿受其约束的。

国际商事惯例的性质是我们必须面对并要回答的问题，即国际商事惯例是法律吗？关于这个问题在学术界历来存在着争议，主要有两种观点：一种观点认为国际商事惯例不是法律[②]，理由是它不是由一个国家通过立法程序制定和认可的，没有体现国家的意志，不具有强制效力；另一种观点认为，它虽不是由国家机关制定并认可的，也不是国际法，但

---

① 肖永平. 论国际商事惯例在我国的适用[J]. 河南政法干部管理学院学报，2003(1)

② 赵秀文. 论国际惯例——兼论我国经济立法与国际惯例接轨[J]. 法学家，1996(2)

其具有法律约束力,应视为除国内法、国际法之外的第三类法律,或第三法域[1]。本书同意第二种观点。尽管对于法律的含义的理解众说纷纭,根据学者周旺生教授的归纳整理,有代表性的观点多达30余种[2],但仍然有一些共性的东西存在,即法律是以权利和义务为核心的行为规范,是国家意志或公共意志的体现,"一个人,不论他是谁,擅自发号施令绝不能成为法律"[3],法律因此具有强制力。国际商事惯例是商人在长期的商事交易习惯中反复使用而形成的,不具有法律拘束力,但是由于它获得了各国商人的普遍认同和接受,并成为很多国际商事仲裁机构和国家法院的裁决或判决的依据。例如,中国《民法通则》第142条规定:中华人民共和国缔结或者参加的国际条约同中华人民共和国的民事法律有不同规定的,适用国际条约的规定,但中华人民共和国声明保留的条款除外。中华人民共和国法律和中华人民共和国缔结或者参加的国际条约没有规定的,可以适用国际惯例。当然这只是特例,我们不否认只有当事人约定适用国际商事惯例的情况下,它才具有真正的拘束力,但据此便得出国际商事惯例不具法律强制力是不妥当的,正如德国学者拉德布鲁赫(Gustav Radbruch)所言:法律和习惯的区别究竟何在?有人认为在于强制性的许可。但习惯也经常运用很强硬的强制手段,如拒绝决斗,而且,纵然是法律,也在许多场合下欠缺强制性规定[4]。国际商事惯例与国际公约相比,没有普遍的约束力,无法与国际公约的效力相比,但是在某些具体的当事人之间却像国际公约一样具有普遍的约束力,甚至有些国际商事惯例被纳入其国内法。可以看出,国际商事惯例与国际公约在强制力上的区别已经淡化,而采用国际商事惯例已经成为国际上的主要趋势。

如前所述,一项国际商事惯例的形成,要有一个漫长的过程,一个习惯形成,再由习惯上升为惯例,成为国际商事的一个组成部分,来之不易,应该重视并予以遵守。国际惯例也被称为"世界语言",如果没有国际商事惯例,或商人不承认国际商事惯例,则国际贸易这座大厦将会倒塌,它是国际商事交易的支柱。在国际商法统一运动中,国际商事惯例是避免和消除法律冲突的最简便的行之有效的方法。国际商事惯例主要涉及以下几方面。

1. 国际贸易方面

(1) 《国际贸易术语解释通则》(International Rules for the Interpretation of Trade Terms),是国际商会为统一各种贸易术语的不同解释于1936年制定的。随后,为适应国际

---

① 郑远民. 现代商人法研究[M]. 北京:法律出版社,2001:34
② 周旺生. 法的概念界说[J]. 北京大学学报(哲学社会科学版),1994(2)
③ 卢梭著. 何兆武译. 社会契约论[M]. 北京:商务印书馆,2003:48
④ 拉德布鲁赫著,米健,朱林译. 法学导论[M]. 北京:中国大百科全书出版社,1997:9

贸易实践发展的需要，国际商会先后于 1953 年、1967 年、1976 年、1980 年和 1990 年进行过多次修订和补充。1999 年，国际商会广泛征求世界各国从事国际贸易的各方面人士和有关专家的意见，通过调查、研究和讨论，对实行 60 多年的《通则》进行了全面的回顾与总结。为使贸易术语更进一步适应世界上无关税区的发展、交易中使用电子信息的增多以及运输方式的变化，国际商会再次对《国际贸易术语解释通则》进行修订，并于 1999 年 7 月公布《2000 年国际贸易术语解释通则》(简称 INCOTERMS 2000 或《2000 年通则》)，于 2000 年 1 月 1 日生效。

(2) 《1932 年华沙-牛津规则》(Warsaw-Oxford Rules 1932)，该规则是由国际法协会(International Law Association)所制定的。该协会于 1928 年在华沙举行会议，制定了关于 CIF 买卖合同的统一规则，共 22 条，称为《1928 年华沙规则》。后又经过 1930 年纽约会议、1931 年巴黎会议和 1932 年牛津会议修订为 21 条，定名为《1932 年华沙-牛津规则》。

(3) 《1941 年美国对外贸易定义修正本》(Revised American Foreign Trade Definitions 1941)，该修正本在同年为美国商会、全国进口商协会和全国对外贸易协会所采用。它对 Ex、FOB、FAS、C&F、CIF 和 Ex-Dock 6 种术语作了解释。近年来美国的商业团体或贸易组织也曾表示放弃它们惯用的这一"定义"，将尽量采用国际商会制定的《国际贸易术语解释通则》。

(4) 《国际商事合同通则》(Principles of International Commercial Contracts，简称 PICC)是国际统一私法协会 1994 年编撰的，2004 年作了大的修订。《国际商事合同通则》从统一法分类宽泛的角度看，它既可以被称为示范法、统一规则，也可被称为国际惯例。从实用的角度看，一国在制定或修订合同法时可以把它作为示范法，参考、借鉴其条文；合同当事人可以选择它作为合同的准据法(适用法)，作为解释合同、补充合同、处理合同纠纷的法律依据。此外，当合同的适用法律不足以解决合同纠纷所涉及的问题时，法院或仲裁庭可以把它的相关条文视为法律的一般原则或商人习惯法，作为解决问题的依据，起到对当事人的意思自治以及适用法律的补充作用。

2. 国际支付方面

(1) 《跟单信用证统一惯例》》(Uniform Customs and Practice for Documentary Credits)。国际商会为明确信用证有关当事人的权利、责任、付款的定义和术语，减少因解释不同而引起的各有关当事人之间的争议和纠纷，调和各有关当事人之间的矛盾，于 1930 年拟订一套《商业跟单信用证统一惯例》，并于 1933 年正式公布。以后随着国际贸易变化国际商会分别在 1951 年、1962 年、1974 年、1978 年、1983 年、1993 和 2007 年进行了修订，改称为《跟单信用证统一惯例》，被各国银行和贸易界所广泛采用，已成为信用证业务的国际惯例。1993 年版本称为国际商会第 500 号出版物(简称 UCP 500)，于 1994 年 1 月 1 日实行。UCP 500 使用十余年后，从 2007 年 7 月起，被《跟单信用证统一惯例》(2007 年修订本)(国际商会第 600 号出版物简称为 UCP 600)所代替。

(2) 《托收统一规则》(The Uniform Rules for Collection，ICC Publication No. 322)。1995 年再次修订，称为《托收统一规则》国际商会第 522 号出版物(简称 URC522)，1996 年 1 月 1 日实施。《托收统一规则》自公布实施以来，被各国银行所采用，已成为托收业务的国际惯例。

(三)国内法

现代国际商事交易关系具有多样性和复杂性，现有的国际公约和惯例不可能满足实践的需求，有些时候在跨越国境的商事交易中，也可能选择国内法作为准据法，所以国内法也是国际商法的重要渊源之一。各国国内法之所以也成为国际商法的渊源，主要原因是由于国际商事条约和国际商事惯例作为国际商法的渊源存在一定的局限性：一方面因为各国法律制度的差异较大，尽管缔结了国际条约，但在某些方面仍然难以协调，因此遇到此类问题，国际条约往往采取回避的态度；另一方面随着经济全球化的深度发展，国际商事领域的新问题将会层出不穷，对于这些新问题，各国要达成共识还需假以时日，在没有相关的国际性立法和惯例的情况下，国内法作为国际商法的渊源，其作用是显而易见的。

五、学习国际商法的现实意义与研究方法

1. 学习国际商法的现实意义

当下我国已加入 WTO，我国的经济正在逐步地融入世界经济，我国的涉外经贸法律必须与 WTO 的法律原则和协议保持一致。因此，我们必须用比较的眼光来了解中国法和外国法的异同，用比较的眼光来分析国际惯例和国际公约对我国法律的影响和作用。

在国际商法学习中研读原版的国外案例有以下优点：一方面可以原汁原味地理解外国法律的精髓，并培养学生的综合分析问题能力以及理论联系实际的能力；另一方面，也提高学生的专业英语能力，使其成为懂法律、懂经贸且精通专业外语的法律工作者。

2. 国际商法的研究方法

在学习国际商法的过程中，我们需要运用一些研究方法。一般认为法学研究的基本方

法，主要是阶级分析方法、价值分析方法和实证分析方法[1]。所谓的实证分析方法，就是通过对经验事实的观察和分析来建立和检验各种命题。具体的有社会调查方法、历史分析方法、比较分析方法以及逻辑分析方法和语义分析方法。然而在学习国际商法的过程中，我们更多地需要运用的法学研究方法是历史分析方法和比较分析方法。

（1）历史分析方法，通过对历史事实的考察，研究法律制度的产生、发展、现状，以及这些产生、发展、现状和历史背景的相互关系。一切社会现象都有其形成、发展的历史进程，法律现象也是如此。如果抛开历史联系，就无法正确理解和把握法律现象。例如，《美国统一商法典》(Uniform Commercial Code)是一部先进的示范法，其无论是法律理念还是具体的交易规则制度的设计都是前所未有的创新，现已为美国 50 个州所采纳，对世界各国的民商事立法及国际商事公约产生了深远的影响，其重要地位举世公认，被誉为英美法系历史上最伟大的一部成文法典，开创现代商法的里程碑，有鉴于此，对这部法典的研究就变得十分有意义。我们可以从历史的角度考察这部法典的起草和颁布的历史背景，这些历史背景与这部法典的相互关系是什么。通过历史分析，就会得出结论，《美国统一商法典》为各类商事交易活动提供了优良的模式，被美国国内乃至国际商事社会广泛采用和吸收，实现了商法的国际性。

（2）比较法是一门寻求世界法或者人类共同法的学科，将同一时期的法律制度进行横向比较或对不同的时期的法律制度进行纵向比较。在比较的过程中，我们可以更好地理解法律的一般性以及特殊性，理解具体法律和具体社会条件的关系，从而更好地理解法律和社会的关系，理解法律本身[2]。例如，法系比较分析方法，找出两个法系或者同一法系中的不同国家的法律法规形式、内容的异同点，进一步从历史的、经济的、社会的角度进行分析，借鉴成熟的经验，避免简单的法律移植，是完善各国法律的重要途径，有助于达成地区性或者国际性的公约。

第二节　国际商法的历史沿革

以史为鉴，可以明心智。以历史维度的研究获得真知灼见的法学家们不一而足，仅举两例。作为实证法学派支流的实用主义法学派大师霍姆斯在《普通法》一书中写道：法包含一个民族经历多少个世纪发展的故事，因而不能将它仅仅当做一本数学教科书里的定理、

---

①　张文显. 法理学[M]. 北京：高等教育出版社，1999：46～49

②　刘星. 法理学[M]. 北京：法律出版社，2006：15

公式来研究。为了知道法是什么，我们必须了解它的过去以及未来趋势。[①]学者 E.博登海默在其 *Jurisprudence：The Philosophy and Method of the Law* 一书中指出：如果研究者对其本国历史都很陌生，那么他就不可能理解该国法律制度的演变以及该国法律制度对其周围的历史条件的依赖关系。如果他对世界历史和文明的文化贡献不是很了解，那么他在理解可能对法律产生影响的重大国际事件时便会处于不利地位。[②]我们之所以如此不惜笔墨地寻章摘句和引经据典，旨在说明一个道理，历史研究方法是法学研究中第一性的研究方法，它不仅能帮助我们真正深刻领悟我们要了解和论证的问题，同时决定着研究结论的可靠性和现实意义。

　　商法是随着商品经济的产生和发展而产生和发展起来的。商法像所有的法律一样，都处于一种演进的过程中，所不同的是商法的演进有着自己的阶段性和自由发展的特征。国际商法的产生和演进也是如此，只要有国家间的商事交易，就需要有调整这种商事的法律规范。

一、家商一体的古代罗马法时期

　　古代史即希腊和罗马史，从 5 世纪持续到 15 世纪，实际上在罗马时期是没有真正的商法的，这一时期是"诸法合一"。在罗马，商品易货的全部目的是为了家人的生存和繁衍，商业活动一直都遭到鄙视，一些真正意义上的商事交易行为被认为是违法的行为，例如禁止物未经加工就转手出卖、借本经商和放贷收息，以此对商人和商业活动进行限制，从而导致商人阶层的萎缩甚至消失。为防止竞争破坏罗马的经济平衡，哈德良皇帝(117－138年当政)制定了特殊的法律，全面压制独立商人，试图通过消灭中间人的方式把消费者和生产者直接联系在一起。到亚历山人·塞弗拉斯时，一切手艺和行业不仅被取消了自由经营，还被强制地合并起来，置于国家的控制之下，工商业因此失去了活力。[③]在孟德斯鸠的笔下，"罗马这个城市没有商业，又几乎没有工业。每个人要是想发财致富，除了打劫之外，没有别的办法"。[④]也有学者认为在古罗马法中出现了调整国际商事关系的法律，公元前 15 世纪的《赫梯法典》(Hittite Laws)中有关于价格管理问题的规定，以及古希腊时期的罗得法(Rhodian Laws)都是古代商法的体现，但这不是当时社会中独立存在的法律，因此不能断定

---

① Common Law, p.3
② E.博登海默著；邓正来译. 法理学——法哲学及其方法[M]. 北京：中国政法大学出版社，1999：295
③ 威尔·杜兰. 世界文明史：恺撒与基督[M]. 北京：东方出版社，1999：822
④ [法] 孟德斯鸠著；婉玲译. 罗马盛衰原因论[M]. 北京：商务印书馆，1962：90

是商法，甚至是国际商法的产生。法作为一种上层建筑，归根到底是由一定的经济基础决定的。法不是主观的产物，而是一定的客观经济规律的反映。古罗马时代的经济以家庭为本位，因此其法律是以狭隘民族性的和浓厚形式主义的市民法为主的，缺乏商法赖以存在的经济基础，因此古罗马没有现代意义上的商法。

二、以商人交易习惯为行为规范的中世纪商法

商法起源于中世纪后期，中世纪时代的商法也称为"商人法"(Merchant Law)，其性质属于身份法、习惯法、自治法，并非国家立法。商法产生于中世纪是有其历史必然性的。中世纪时期的西欧，由于商品经济的发展出现了第三次社会大分工，其直接结果是形成了一个独立于农业生产之外的商业，出现了专门从事商业的商人，商业促进了社会发展，提高了社会生产力。例如英国商人住在农村，他们从庄园收购羊毛，然后出售给佛兰德商人，佛兰德商人则把羊毛分配给佛兰德农村的纺纱工和织布工，由他们在家里加工，最后佛兰德商人又转而在英国的国际商品交易会上出售佛兰德生产的布匹[①]。许多脱离了庄园的农民变成了商人，使西欧的城市完成了从"城"到"市"的转变，从而使以商业和工业为主的城市逐渐成为社会的政治、经济、文化的中心。澳大利亚著名的历史学家 V. G. 柴尔德把城市起源和发展的社会进化过程称为"城市革命"。[②]城市的商业繁荣，商人不再局限于从事农村贸易，而是开始从事城市之间的贸易，甚至发展到海外贸易，领域也从最初的各种销售活动，拓宽到运输、保险、资金筹措等商业交易的领域，形成了一个新的商人阶层，这些职业商人阶层作为一支独立的经济和政治力量登上历史舞台并逐渐发挥其重要作用。但当时欧洲大陆还处于封建法和寺院法的支配下，这些法律不但禁止放贷收息、借本经营、商业投机和各种转手经营活动，连正常的债权让与交易，也被认为是违法的行为。另外，当时的法律不能对商业交易提供必要的法律保护，这显然不能适应商业发展的需要，于是商人们为了保护自己的利益，组织了商人的行会组织——商人基尔特(Merchant Guild)，最初的作用是通过行业自治和习惯规则来协调商人之间的关系，反抗封建的束缚，处理商人之间的纠纷，逐渐形成了商人自己的商人习惯法。

商人习惯法创设初始就天然地带有国际性。所谓贸易无国界，由于海事运输的发展，国际性的商事交易活动日益发达，这就使得商事习惯做法和惯例逐渐从一个地方、一个地

---

① ［美］哈德罗·伯尔曼著，贺卫方等译. 法律与革命——西方法律传统的形成[M]. 北京：中国大百科全书出版社，1993：407～408

② Encyclopadia Britannica.Chicago:Encyclopadia Britannica,Inc,1974：296

域向全球方向传播和发展,从而出现了跨国性商事交易,商人习惯法成为调整跨国性商事交易关系的支柱力量。我们可以认为国际商法产生于中世纪。国际性成为商法的内在的含义,在商法前面冠以"国际"二字似乎是画蛇添足[①],因为商法在全世界都是相同的[②],而商人法之所以能够逐渐发展成为世界性的法律,其根源在于商人阶层利益是共同的,即以营利为目的,因此反映在商人习惯法中,必然会有许多"惊人的相似之处",为商人法的国际化和统一化运动扫清了为数不少的障碍。

三、民族化、国家化的近代国际商法

随着资本主义生产关系的产生,商人的地位上升,反映商品经济的商人习惯法逐渐得到认可。

首先分析大陆法系的商法。法国在中世纪分为许多由君主和教主统治的领域,分别适用具有地方特点的各种不同的法律制度。为了改变这种状况,国王路易十四开始从事在全国范围内统一商法的工作。1801 年,拿破仑任命的法学家和实业家在内的 7 人委员会起草了商法典,世界上第一部商法典诞生了,其主要特点是以商行为为基础。德国是被分裂为实行许多不同法律制度的非主权国家,这种情况一直延续到 19 世纪。为了统一,选择了商法作为突破口。1871 年德意制共和帝国建立后,1897 年 5 月公布了《德国民法典》,其特点也是以商行为为基础。日本商法典产生于明治维新,当时革新势力与保守势力之间展开了尖锐的斗争,这场斗争以代表保守势力的延期论的胜利而告终。日本政府为了打破僵局,采取了名为修正实为另立新法的方针,在新法未通过时,旧法已经失效,只好施行新法,最后还是变革派胜利。日本商法典的特点是以商行为和商事主体两种标准同时作为立法基础的。总体上说大陆法系的商法的经验教训有以下两方面:一方面是受商人法影响的欧洲大陆,本来可以将商法朝着更加适应商品经济发展的方向演进,但由于简单商品生产的完善法的理念的枷锁,把商法禁锢在家庭本位、私法一体化的框架内,当商品经济发展到发达的商品经济再到现代化的商品经济时,大陆法商法系就显得落后了;另一方面是过于理论化,使简单的商品交易本质被盖在了"博大精深"的理论海洋里,像"夹生饭"一样,面对现代市场经济,要想做熟这锅夹生饭,要付出比"一步到位"更大的代价。后来大陆法系开始转变学习和研究方法,也向英美法系学习,如采用案例教学法。

---

① 徐学鹿. 商法总论[M]. 北京:人民法院出版社,1999:139
② [英] 施米托夫著,赵秀文译. 国际贸易法文选[M]. 北京:中国大百科全书出版社,1993:11

美国法学院把案例教学法作为法学教育的基础。学生主要通过阅读根据上诉法院裁决编写的案例教科书来学习法律。郎得尔曾指出："如果你阅读了大量的案例，特别是判决正确的判例，真理就出现在你的面前。"他的意思是说，学生将通过阅读法官对于案件的合理判决来学习法律推理。案例教学法的好处是，学生通过案例教学发展了他们如何解决法律问题的分析能力。如果学生掌握了如何进行法律分析，那么即使他不去记忆那些法律条文，也一样能够运用法律推理能力理解他所不熟悉的法律。这种能力将使法律工作者能够迎接不断面临的新挑战。案例教学法的特点是，学生学习法律和法律原则，不是通过死记硬背具体的法律条文，而是通过学习、研究大量的案例来掌握法律的精神和基本原则。在上课之前，学生必须认真钻研老师发的案例汇编，查阅相关的资料。在课堂教学上，基本的方式是问答式、对话式或讨论式。教师在讲课中不断提问，与学生一起就某个虚拟的案例或实例进行讨论，在讨论中引导学生总结出法律的原则、规则以及各种法律之间的关系。实践证明，案例教学法能够启迪学生的积极思维，调动学生的主观能动性，提高学生的逻辑推理能力，对学生毕业后从事法律职业大有益处。英美法系也被称为海洋法系。开放的海洋与商法有不解之缘，封闭的大陆与民法息息相关。例如在 11 世纪晚期在英格兰等地出现的康美达就是利用长距离的海上贸易的经营方式，还有船长为了筹集到必要的资金而有权卖掉货主的货物等原则，英美法系的商法是自己发展起来的，它不是王侯们的法律。

四、适应经济全球化的现代国际商法

这一时期，各国商法发展的趋势是摆脱了国内法的限制，向国际化发展。这个时代的显著特征不是喷气机，也不是原子弹，而是国际意识的重新觉醒[①]。世界各国开始重新以国际性的视角思考商法的问题，出现了大量的企图摆脱各国国内法的民族色彩的、带有世界普遍意义的新的国际商事习惯法[②]。1926 年在意大利政府倡议下建立起来的罗马国际统一私法学社，是一个政府间的国际组织，在国际商事统一法方面做过一些工作。第二次世界大战期间，统一有关商法方面的工作被迫中断，战争结束后又重新恢复。1966 年 12 月17 日联合国大会通过决议，设立了联合国国际贸易法委员会，确定了该委员会的宗旨是促进国际贸易法的逐步协调与统一。在联合国国际贸易法委员会的主持下，先后制定并通过了国际性和地区性的公约或协定，这些规则都是两大法系国家的当事人在合同中普遍采用

---

① ［英］施米托夫著，赵秀文译. 国际贸易法文选[M]. 北京：中国大百科全书出版社，1993：178

② ［英］施米托夫著，赵秀文译. 国际贸易法文选[M]. 北京：中国大百科全书出版社，1993：22

的，对当事人双方均具有法律约束力，避免了许多诉讼，有利于提高交易效率和节约交易成本。

著名的英国国际贸易法学学者施米托夫(Clive M. Schmitthoff)经过研究将国际贸易法的产生和发展分为三个阶段：欧洲中世纪商法，到近代国内的商法，再到现代的国际商法，因此可以认为国际商法的发展历程为国际性—国内性—国际性，但前后的国际性却有所不同[①]。前者的国际性是局限于商人基于其获取利益的共同目的，使商人习惯法自其产生的那一天起就天然地带有国际性，而后者的国际性与其有明显的区别，它是建立在当今世界正朝着经济全球化发展这样一个背景下的，此时，国际商事交易不断地随之向着纵深发展，货物、资本、服务、技术人员、信息等全球流动进一步加剧，使国家间的贸易竞争日趋激烈，当今时代的国际商法公约的缔结也包含了国家间利益纷争和博弈的结果。

第三节　大陆法系和英美法系商法的特点

西方国家的法制在长期的历史发展过程中，形成了大陆法系(Civil Law)和普通法系(Common Law)。两大法系都有着悠久的历史，都受到罗马法的影响，同时都对世界各国的商法的形成和发展以及国际商法的产生和发展有重大影响。无论是在大陆法系还是在英美法系，法系内部的国家之间法律结构和体制是相像的，但各国又都有本国的特点。但是法律发展到现代化阶段，法律受历史影响的痕迹已越来越不明显，且开始以积极的态度去适应现代社会的发展变化，无论这种变化的趋势是加强本国法律保护，还是全球的法律趋同化。M. 格兰特曾把现代法律的特征概括为 11 个方面，他指出现代法律是可修改的，它没有了神圣的固定性，只能将其视为对具体问题的实用解决方法，以适应变化的需要。在这个过程中，立法代替了缓慢的重复工作，各国的商事立法也体现了同样的特点。

一、大陆法系国家商法的特点

在对待商法的态度上，大陆法系国家有两种做法。有些大陆法系国家把民法和商法分别编成两部独立的法典，即民法典和商法典。一些国家早期公布的大陆法典，如法国和德国的法典，就采用了民法和商法分别编制的方法。另外也有一些大陆法系国家把商法并入民法，使商法成为民法典的一个组成部分。例如，1881 年的《瑞士债务法典》就包括了民

---

① 屈广清. 国际商法[M]. 大连：东北财经大学出版社，2004：2

法债篇和商法篇；1934 年的荷兰法典和 1942 年的意大利法典都采取了民法和商法合一的形式。采取这两种做法的国家分别有自己的理由。

自从 1847 年摩坦尼利提出"民商二法统一论"后，得到了一些国家的响应，它们开始采用民商合一的立法模式。民商合一立法体制的形成是为了适应社会经济条件变化的需要，是市场经济极大发展的结果，这种结果导致人的普遍商化。商法归于民法之中进行调整，其实质是两者同属于私法，在许多方面有着共同的原理。商法的主要主体是公司或企业，是民法中典型的法人形式，商法主体的营业行为仅是经济生活中的一部分；而民法，特别是债权制度正是关于流通领域商品交换活动的一般规定。例如，在商法票据制度中，票据权利的设定、转移、担保及付款等都是债权制度的具体化。

在采取民商合一的国家中，商法往往作为特别法，民法作为基本法，所以在立法中体现出这样的特点：①只有民法典，不制定单独的商法典，只是根据需要制定单行的商事法规。例如，《西班牙商法典》第二条明确规定：民法是基本法，商法是特别法，缺乏专门的商法规范时适用民法。②商事单行法只是民法的补充。多数商事法规都是民法的补充规定，对民法没有规定的情况所做的一种补充。例如，票据法、保险法中关于短期诉讼时效的规定，是对民法诉讼时效规定的补充；公司活动中的代理，保险行为中的代理，是对民法关于代理制度的补充。这样，商法也创设、变更了民法中的一些制度，如商业账簿、公司制度等。总之，在民商合一制的国家，民法与商法的关系就是基本法与特别法、基本法与补充法之间的关系。采用民商合一的国家有瑞士、意大利等。

在采取民商分立的国家中，除民法典之外，另制定商法典以调整国内的商事法律关系，商法是独立于民法之外的部门法。它们认为，民法与商法的区别表现在：①商事关系有着与民事关系不同的主体、客体和内容。商法主体是从事营利性活动的自然人、法人等，是抽象的经营性单位，不含有民法上自然人的身份特征。民事关系是民事主体的公民之间、法人之间基于民事活动发生的社会关系，不仅包括财产关系，还包括人身关系，也包括不具有有偿性质的社会关系。②商法中所确立的一些制度，只适用于商事关系，而不适用于民事关系，如商法中的破产制度。商法中确立的许多较短的诉讼时效制度，也是针对商事关系要求更为迅捷的流通速度而特别设定的。此外，由于商行为的特殊性，许多法律形式上的要求也不一致。例如，许多国家要求民事担保必须采用书面形式，而商事担保则不做此要求(如德国)。同样，也有一些商行为的法律形式比民法要求严格得多。③商法受习惯法和国际商业惯例影响较大。商法中的许多制度如海商法、票据法、保险法等是由商业习惯演变为成文法律的，如国际贸易术语的形成；而民法则受本国固有的传统影响，更多的是遵循原有的成文法律。

采用民商分立的国家有法国、德国、比利时、日本、西班牙、葡萄牙等。欧洲一些国家实行民商分立体制，也有历史的缘由。欧洲大陆各国在早期发展中曾经形成过为商人阶层创造的商事习惯法和商事法庭。德国学者托伦就曾指出"民法和商法的划分与其说是一种科学的划分，还不如说是一种历史的沿革，传统因素对民商分立的形式有着压倒一切的影响"。我国的立法采用民商合一的体制，以民法通则作为基本法。随着改革开放的深入，我国商事交易的规模和数量不断扩大，商事关系也日趋复杂，迫切要求一些专门的商事规范，的出台。我国从20世纪90年代起加大了对商事立法的力度，颁布了一系列商事法律规范，如1992年11月通过了《海商法》，1993年12月颁布了《公司法》，1995年6月通过了《保险法》，1997年2月通过了《合伙企业法》，1999年8月通过了《个人独资企业法》。目前，我国的这些商事法律规范以单行法规的形式作为民法的补充法出现，仍然是特别法。

二、英美法系商法的特点

英美法系的国家以英国和美国为代表，尽管两国在法律渊源等方面有许多近似之处，但在自身的发展过程中也形成了各自独特的体系，商法体系也不例外，下面我们分别加以介绍。

(一)英国商事法

英国是传统的判例法国家，没有像大陆法那样有一个形式意义上的商法，但在英国存在实质的商法。可以毫不夸张地说，大陆法系现代商法中的各项基本制度在英国法中均有类同的法律概括，这不仅表现在有关公司法、票据法、保险法、破产法等特别法中，而且表现在对商人资格、商业组织、商事合伙、商事代理等一系列的基本规定和定义概括中。

英国的商人法像大陆法系一样，也起源于中世纪的商人习惯法。但英国中世纪商法的发展比西欧大陆国家要晚，也没有像西欧大陆一样形成独立的商人法庭。这是由于英国中世纪的城市从未有过像西欧大陆许多城市一样的独立性，并且英国在中世纪时已形成了中央集权的法院系统。大约在13—14世纪时，英国的一些商业城镇建立了集市法庭(court of piepowder)，英国在1353年制定的《商品法》(Statute of Staple)确认了适用商人法的商人法庭。但进入16世纪以后，英国的普通法院和衡平法院大大扩展了它们在国内商事案件的管辖权，商人法庭趋于衰落。19世纪以来，英国在公司、合伙、破产、票据及保险等方面开始出现一系列商事制定法，这些制定法仅仅是判例法的补充，判例法仍然居于制定法无可比拟的地位。但在公司制度和票据制度上则存在例外，以成文法为主，而判例仅在解释该成文法时才发生作用。

(1) 公司法。在英国,最初是以由国王颁发特许状的形式授予公司组织法人资格,确立公司的法律地位。英国的第一部公司法是 1844 年的《股份公司法》,后经过了数次重大修改,英国现行的公司法包括《1848 年公司法》,《1967 年公司法》第一、第三部分,《1972 苏格兰公司法》的浮动担保和受让人部分,《1972 年欧洲共同体法》第九节,《1980 年公司法》和《1981 年公司法》。英国公司法涉及的公司主要形式有:有限公司、保证有限公司和无限公司。

(2) 票据法。英国的票据法指英国 1882 年的《汇票法》、1957 年的《支票法》、1970 年的《金融法》、1971 年的《银行和金融交易法》、1917 年的《公证期间汇票法》及有关修订案和判例规则。1882 年《汇票法》共六章,100 条,主要内容包括:第一章"通则";第二章"汇票";第三章"银行支票";第四章"划线支票";第五章"本票";第六章"附则"。1957 年《支票法》共八条,主要规定了对银行兑付行为的特殊保护规则,无背书支票的效力,非票据性证券的法律准用规则等。

(二)美国商事法

美国与英国同是英美法系的典型代表国家,与英国有着众多相同之处,都以商事立法作为最主要的法律渊源。英美国家虽然都有制定法,但其法律效力远不能与判例法相抗衡,法官对制定法有着较大的解释权,他可以凭以往的判例对制定法进行重新解释。但由于美国独立较晚,对法律适用的态度更为灵活与实际,并不固守判例法的原则要求,在商事立法上也体现出自己的特点,其最大的特点之一就是大量制定法的出现和广泛适用。最典型的商事立法当属《美国统一商法典》。如同英国一样,美国对商法的概念并非像大陆法系国家那样明确,即使其有《美国统一商法典》,商法也并不都在这部法典当中有所体现。美国是联邦制国家,其立法权属于各个州,根据美国宪法的规定,联邦只对有关州际或国际贸易事项有立法权,美国 50 多个州都有自己的商事立法。

1. 《美国统一商法典》

《美国统一商法典》是由美国法学会和美国统一州法律委员会合作制定的,最初公布是在 1952 年,以后又经过多次修改,因此,《美国统一商法典》不是美国国会通过的法律,只供各州自由采用。但由于该商法典详尽灵活,既保持了英美法的特点,也借鉴了大陆法的长处,可以说,不仅对美国本身,对世界商法的发展也产生了巨大的影响。现在,除保持大陆法系传统的路易斯安那州外,其他各州均已通过州立法适用了这部商法典。《美国统一商法典》大体上依货物买卖的进行顺序依次相应地对所要涉及的法律关系进行了规定。法典共 10 章，37 节，除第一章"总则"、第十章"生效日期和废除令"外，其余各章的内容参见表 1-1[①]。

表 1-1 《美国统一商法典》各章内容

内　容	相关章节
货物买卖合同	第二章"买卖"
支付手段	第三章"商业票据"；第四章"银行存款与收款"
对支付进行担保	第五章"信用证"
货物运输与仓储	第六章"大宗转让"；第七章"货栈收据、提单及所有权凭证"
相关其他	第八章"投资证券"；第九章"担保交易、账户，动产票据的出售"

2. 商法的其他内容

商法中的很多其他内容，《美国统一商法典》并没有反映，如公司法、保险法等，它们也是由判例法和制定法组成。公司法在 1795 年北卡罗来纳州首先制定后，其他各州相继制定本州的公司法，各州的公司法不尽相同。1928 年和 1950 年美国有关社会团体起草了《统一商事公司法》和《标准商事合同法》，向各州议会推荐，其中《标准商事合同法》已被30 多个州部分采用或修改后采用。它对其他州制定公司法也有着较大的影响。美国的各州也都有自己的保险法，其中最为典型的是纽约州制定的《保险法》，它是其他州立法的典范。

本 章 小 结

在当今世界经济全球化的大背景下，国际市场的统一、全球经济的融合必须通过市场规则及经济规范的统一来实现，这个艰巨的任务自然只能由国际商法担当。国际商法以确认、促进和保护国际商事交易为目的，以保护国际商事交易主体的正当权益为己任，要谋求其趋同化和一体化。国际商法是一门独立的学科，它是调整国际商事交易和国际商事组织的实体法规范和程序法律规范的总称。国际商法与其他法律部门相比，有着不同的特点，它具有技术性、迅捷性及国际性，是在国际商事交易中最为广泛适用的法律规范。国际商法的渊源包括国际条约、国际商事惯例与各国国内的商事立法。国际商法的历史具有特殊性，从其诞生的那一天起，国际商法天然地具有国际性，由中世纪的跨国性向国内法发展，

---

① Common Law p.3

随着近年国际商事交易的发展，它又重新具有国际性的特点。国际商法与国际公法、国际私法、国际经济法及各国国内商法有着密切的联系，但又不同于上述法律，从法律关系的主体、客体到法律关系的内容均有着自身的体系，是独立的、完整的法律学科。

第二章

商事组织法

本章导读

商事组织，作为国际商事交易最重要的主体，其核心特点是营利性。在一切商事法律关系的建立与完成中，商事组织不可或缺。本章从商人到商事组织的发展入手，介绍了商事组织的类型：个人独资企业、合伙组织和公司。重点介绍了两种典型的商事组织形式：合伙组织和公司。针对合伙组织，探讨了合伙组织的概念、法律特征、设立条件、合伙组织的内外部关系、有限合伙等；针对公司，介绍了公司的特征、法律类型、治理结构，同时阐述了揭开公司面纱理论。

学习目标

了解在当今国际社会里，商事组织的形态或种类，以及各类主体的设立和法律特征。掌握公司的概念、种类，公司治理结构、独立董事以及揭开公司面纱的理论，形成根据实践需要，正确选择适用创业商事组织形式的能力。

Key Words

Partnership，Corporation，Limited Partnership，Promissory Estoppel，Piercing the Corporate Veil，Corporate Governance，One-Man Company

商事组织是国际商事交易中最重要的主体，一切国际商事法律关系都是通过商事主体来建立及完成的，不同的国际商事组织在国际商事关系中扮演着不同的角色，发挥着其他的商事主体所无法替代的作用。本章将系统地阐述不同商事组织的特点、设立、功能及内外部关系。

第一节　商事组织法概述

商事组织是指能够以自己的名义从事营业性活动，并具有一定规模的经济组织。其最本质的特点就是营利性，在市场经济条件下，商事主体的营业无不是为了营利，而要达到此目的，就必须使交易迅速，只有这样，商事主体才能在尽可能短的时间内进行多次反复的交易[①]。各国商法概莫能外地承认商事组织的营利性。

一、从商人到商事组织的发展

一个不争的事实是现代商法是由欧洲中世纪的商人法(Merchant Law)演化并发展起来的。所谓商人法，是中世纪期间有关商人、商业事务的习惯法规和原则的总称[②]。如前所述，由于欧洲中世纪政治、宗教等因素的影响，致使商业行为不被主流社会的意识形态所接受，导致商业活动亦无法获得当时的法律保护。然而这不能阻挡商业在地中海沿岸或者整个欧洲大陆的繁荣发展，当务之急是需要有调整商人活动的规范，因此商人自发地从罗马法的万民法中寻求依据，并且直接适用到中世纪的商业活动中，经过长期的商业实践的历练，不经意间发展成为商法体系。由是观之，商人阶层这一完全有别于封建社会经济条件下的经济生活主体的新型利益集团的出现是商品经济发展的产物，而商人阶层独立立法权和司法权的谋取既是向阻碍商品经济发展的封建法律的挑战，也是促进商品经济向高层次发展的历史契机[③]。

纵观人类发展历史，经济的发展必然使社会关系发生转变，进而引发政治变革，同时带动法律也随之更迭。商事组织或商事主体制度也必然要经历一个随经济生活发展而不断发展成熟的过程。在早期人类社会，由于商品经济水平低下，生产规模狭小，从事营业的也只是单个的自然人，即使是家庭成员一起参加营业也是以家父为业主，因此仍然没有摆脱个体商的阶段。随着中世纪贸易的发展，商事主体也开始由个体商向普通合伙，由普通合伙再到有限合伙，由有限合伙进而再到股份公司转变。后在中世纪晚期，为适应商业经营需要，在有限合伙的基础上产生了更高级的商事组织形态——股份有限公司。

德国学者拉德布鲁赫指出：没有任何法律领域能比商法更使人清楚观察到经济事实是如何转化为法律关系的[④]。当历史的车轮缓缓地驶到了现代，不可否认，今日世界已非往日商人法时代的世界，今日商人之面貌已非往日商人之面貌，商事企业已经成为商人家族

---

① 王保数. 中国商事法[M]. 北京：人民法院出版社，1996：25

② 不列颠百科全书编委会. 不列颠百科全书(国际中文版)第 9 卷[M]. 北京：中国大百科全书出版社，1999：504

③ 刘凯湘. 论商法的性质、依据与特征[J]. 现代法学，1997(5)

④ Robert Howeres International Trade Law. Preface . 1999：32

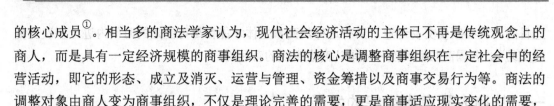

的核心成员^①。相当多的商法学家认为，现代社会经济活动的主体已不再是传统观念上的商人，而是具有一定经济规模的商事组织。商法的核心是调整商事组织在一定社会中的经营活动，即它的形态、成立及消灭、运营与管理、资金筹措以及商事交易行为等。商法的调整对象由商人变为商事组织，不仅是理论完善的需要，更是商事适应现实变化的需要，这从根本上体现了法律与现实之间互动的关系。

二、商事组织的类型

商事组织在当今社会里所起的重要作用是无可否认的，其作为国民的基本单位是现代社会经济组织的细胞，它的存续和健康，是整个国民经济持续、稳定发展的基础。在当下，商事组织主要有三种基本的法律形式，即个人独资企业、合伙组织和公司。不同类型的商事组织在法律地位、设立的程序、投资者的利润与责任、资金的筹措、管理权的分配、税收等方面均有很大不同。选择适当的法律形式，对于组织的发展以及投资者期望的实现有着极为重要的意义。下面对各种商事组织进行简要介绍。

1. 个人独资企业

个人独资企业(Individual Proprietorship)是由一名出资者单独出资并从事经营管理的企业。个人独资企业不是法人，不具有独立的法律人格，它的财产与出资人的个人财产没有任何区别，出资人就是企业的所有人，他以个人的全部财产对个人独资企业承担无限债务。个人独资企业可以聘用经理或其他职员，但经营的最高决策权仍属于出资人。出资人有权决定组织的停业、关闭等事项。

个人独资企业是人类商业发展历史上最早产生的企业形态。在原始社会末期，人类社会出现了分工，工匠的出现使手工工场等小业主产生，他们利用自己的工匠技术建立了自己的独资企业。个人独资企业历经几千年未消弭，体现了社会对商业组织形式的多元化的需求。即使在今天以购并、高科技、规模经营为主的一体化经济时代，自然人的单独经营仍能适应社会对投资主体的某些需求，究其原因是其独立的存在价值。个人独资企业是西方国家中数量最多的组织形式，它们大多属于中小型组织，对国民经济不起主要作用。有些国家如日本不允许个人投资设立从事银行、保险等事业^②。

纵观世界各国的商事立法，对独资企业不同于对合伙企业和公司企业，没有单独而详尽的法律规定。由于独资企业在法律上是自然人个人取得商号从事商业活动的一种资格的

---

① 蒋大兴. 商人，抑或企业？[J]. 清华法学，2008(4)

② 冯大同. 国际商法[M]. 北京：对外经济贸易大学出版社，1998：341

体现，因而商法中将其规范为商自然人。商自然人的人格一般以民事人格为基础，具备民事权利能力和行为能力。虽然在确立商人的地位时，有行为主义、身份主义和折中主义的立法原则区别，但作为独资企业业主在其商号范围内的经营活动，没有法律否认其是商自然人的行为。

2. 合伙组织

合伙(Partnership)是两个或两个以上的合伙人为经营共同事业、共同投资、共享利润而组成的组织。合伙组织是一种"人的组合"，合伙人与合伙组织紧密联系，合伙人的死亡、退出或破产等都将导致合伙的解散。合伙人对合伙的债务负无限责任。大多数国家法律规定，合伙组织原则上不具有独立的法律人格。个别国家如法国、荷兰等大陆法系国家及苏格兰的法律则规定合伙组织也是法人。

3. 公司

公司(Corporation)是依法定程序设立的以营利为目的的法人组织。各国法律均规定，公司具有独立的法人资格，有权以自己的名义拥有财产，享受权利和承担义务。公司是一种资本的组合，股东与公司之间是相互分离的。股东的死亡、退出一般不影响公司的存续，股东对公司的债务通常只负有限责任。公司的经营主要由专门的经营管理人员负责。在现代社会中，以股份有限公司为代表的公司已成为各国国民经济的主要支柱企业，对社会经济生活具有举足轻重的影响。

第二节　合伙组织法

[Case 2-1]①

Anderson Hay and Grain Co. v. Dunn and Welch②

81 N. M. 339，467 P. 2d 5(1970)

Tackett，Justice

This action was commenced in the District Court of Lincoln County, New Mexico, to recover $13，567.85 allegedly owed plaintiff by defendant Virgil Welch and Sam Dunn，doing

---

① 沈四宝. 国际商法教学案例(英文)选编[M]. 北京：法律出版社，2007：9

② 在本书中引用的大量英文案例中，由于英美法系判例法系，因此法官在判词中会引用大量先例，他们采用的是统一模式，例如：See Ardros Gnpania Maritima, S.A.V.Marc Rich & Co., A.G.; 579 F.2d 691，表明此案例名称为 Andros Compania Maritima 诉 Marc Rich & Co.，该案出自《联邦判例汇编》第二辑。

business as Ruidoso Downs Concession, also known as Ruidoso Downs Feed Concession. The trial court awarded judgment against Welch and dismissed the complaint against Dunn. Plaintiff appeals.

The only issue before this court is whether Dunn was a partner in the operation of the Ruidoso Downs Feed Concession. The evidence reveals that Dunn was a partner by estoppel as a matter of law. The trial court found that Dunn was not a partner; however, such finding does not have sufficient support in the evidence.

The complaint alleged that Dunn and Welch were partners. Dunn answered, alleging that plaintiff knew Ruidoso Downs Feed Concession was a sole proprietorship operated by Welch, and that he and Welch were not partners. Welch filed an amended answer alleging that he and Dunn were full partners.

Appellant sells feed to Race Track Concessions. In late 1967, the president of appellant company visited the officers of Lincoln Management, who controlled all the concessions at the Ruidoso Race Track, apparently in an effort to sell feed. In January 1968, Lincoln Management and Welch entered into a contract whereby Welch managed the feed concession and appellant dealt with Welch as manager. On May 22, 1968, Lincoln Management subleased the feed concession to Welch, who was described in the agreement as an independent contractor. Kenneth Newton, president of Lincoln Management, refused to sign the agreement unless Dunn guaranteed the note securing the sublease. Dunn had an interest in Lincoln Management. After signing the sublease contract, Dunn and Welch entered into a written agreement whereby Dunn, as co-signer of the note for $65,000, would have the sole right to maintain accounting records, inventory, controls and accounts receivable. After execution of the sublease, Newton supposedly sent a letter to appellant(the receipt of which was denied)advising that Welch would be responsible for all debts incurred by the Ruidoso Downs Feed Concession. A bank account was opened in the name of Ruidoso Downs Feed Concession, and both Dunn and Welch were authorized to sign checks and make withdrawals from the capital account. For the year 1968, Welch filed a partnership income tax return.

Credit was extended by appellant on the strength of Dunn's financial responsibility, and appellant contacted Dunn for payments on the account. In April 1968, Dunn and Welch executed a hauling contract wherein both were designated as 'parties of the second part', and me suppliers looked to Dunn as the responsible partner. The public conduct of both Dunn and Welch lead to the conclusion that they were partners, and Dunn and Welch allowed themselves to be so held out. Welch considered Dunn to be a partner, and Dunn, by his own admission, considered Welch to be a partner, as he stated to Kenneth Newton at the first meeting as a representative of the Feed Concession, 'at least I(Newton) didn't have a partner like Virgil Welch'.

Section 66-1-16, N.M.S.A., 1953 Comp.，is as follows:

'(1) When a person, by words spoken or written or by conduct, represents himself, or consents to another representing him or any one, as a partner in an existing partnership or with one(1)or more persons not actual partners, he is liable to any such person to whom such representation has been made，who has on the faith of such representation，given credit to the actual or apparent partnership, and if he has made such representation or consented to its being made in a public manner he is liable to such person, whether the representation has or has not been made or communicated to such person so giving credit by or with the knowledge of the apparent partner making representation or consenting to its being made.'

'(a)When a partnership liability results, he is liable as though he were an actual member of the partnership.'

'(b)When no partnership liability results，he is liable jointly with the other persons，if any，so consenting to the contract or representation as to incur liability, otherwise separately.'

'(2) When a person has been this represented to be a partner in an existing partnership，or with one(1)or more persons not actual partners，he is an agent of the persons consenting to such representation to bind them to the same extent and in the same manner as though were a partner in fact，with respect to persons who rely upon the representation. Where all the members of the existing partnership consent to the representation, a partnership act or obligation results: but in all other cases it is the joint act or obligation of the person acting and the persons consenting to the representation.'

Dunn，by his conduct，actions and words，furnishes substantial evidence that he and Welch were partners...It is immaterial that the parties do not designate the relationship as a partnership，or realize that they are partners，for the intent may be implied from their acts.

If Dunn did not want to be considered or held out as a partner in the feed business，he should not have allowed himself to be so associated. He consented to being held out as a partner by his actions. Consent can be implied by conduct. Holding out as a partner may be construed from acts and conduct... When appellant demanded money from Dunn on account, Dunn never said he was not a partner. When payments were past due，appellant called Dunn on the telephone and Dunn would send a check. A reasonable conclusion to draw from such occurrences is that Dunn was the responsible partner. It is sufficient if the course of conduct is such as to induce a reasonable and prudent man to believe that which the conduct would imply.

Dunn conducted himself so as to induce appellant to deal with him in the belief that he was a partner and，by so doing，created a partnership by estoppel.

The statutory tests for partnership by estoppel require (1) credit must have been extended on the basis of partnership representations; or (2) that the alleged partner must have made or consented to representations being made in a public manner, whether or not such representations were actually communicated to the person extending credit. By these statutory tests，Dunn is a partner by estoppel.

The trial court erred in not so finding.

The case is reversed and remanded to the trial court with instructions to reinstate it on the docket and enter a new judgment against Dunn and Welch.

[案情简介]

原告出售饲料给 Race Track Concession，1967 年晚些时候，原告公司的董事长会见了 Lincoln Management 的官员，他们控制了所有的 Ruidoso Race Track 的特许权。在 1968 年 1 月，Lincoln Management 与 Welch 达成了一个转许可协议意向，将食品部分许可给 Welch。1968 年 5 月 22 日，Lincoln Management 与 Welch 订立转许可合同，此合同中 Welch 作为独立的缔约方。Lincoln Management 的主席 Kenneth Newton 拒绝签署协议，除非 Dunn 为转许可协议担保，Dunn 同意担保。转许可协议签订后，Dunn 与 Welch 签订了书面合同，Dunn 作为此协议的联合签署人对$65 000 负责，将有单独的管理账户、存货清单与应收账款的权利。在转许可协议执行后，Kenneth Newton 给原告一信，建议应当由 Welch 对 Ruidoso Downs Feed Concession 产生的债务承担责任。事实上，以 Ruidoso Downs Feed Concession 名义开立的银行账户，Dunn 与 Welch 都有权签署支票或撤销，Welch 在 1968 年提交了一份合伙税收报告，原告凭其对 Dunn 的信任开出了信用证，并且原告联系 Dunn 支付时用此账户。1968 年 4 月，Dunn 与 Welch 作为合伙人共同履行运输合同，我作为供应商也将 Dunn 看成是承担责任的合伙人。Dunn 与 Welch 的行为表明他们是合伙人，他们互相之间也认可对方是合伙人，因为他们在一次谈话时是作为 Feed Concession 的代表与

Kenneth Newton 谈话的。当合同履行失败后，原告以索要欠款为由，将被告诉至法院。

新墨西哥州林肯郡地方法院判决 Welch 赔偿原告，但撤销了原告对 Dunn 的起诉，地方法院认为 Dunn 不是 Ruidoso Downs Feed Concession 的合伙人，因此不承担责任。原告不服上诉，上诉法院认为 Dunn 是一个禁止反言合伙人，地方法院判决有误，因此推翻了地方法院的判决，作出了让 Dunn 与 Welch 承担连带责任的判决。

[相关法理]

合伙的形式可谓历史悠久，它的存在已有上千年的历史，自从有了商人通过合作获取利益的行为，就有了合伙这种形式，早在古希腊、罗马时代就已广泛存在，有关合伙的法律规定也随之产生。例如，著名的《法学阶梯》就设有专门一节对合伙作了规定。[①]可见合伙组织是人类社会最古老的组织形式之一，但是上升到法律层面的合伙法律制度及受其约束的合伙制组织则出现较晚。中世纪后的欧洲，合伙组织成为商人与出资人联合牟取利益的重要工具与手段，合伙组织法律制度就发端于这一时期在地中海地区形成的商法(merchant law)。时至今日，合伙组织历经沧桑，在拂去千年尘埃后，仍然是各国商事组织中的主要形式，其强大的生命力灿然可见。

一、合伙组织概述

(一)合伙组织的概念

合伙组织(Partnership)是指两个或两个以上的合伙人为了经营共同的事业，共同出资、共享利益、共担风险而组成的商事组织。合伙组织是商事组织形式的一种，由于合伙组织成立的手续比较简便，经营方式也比较灵活，所以是很多中小投资者愿意采取的一种经营方式。在各国的经济制度中，合伙组织也发挥着其他商事组织无法替代的作用。

由于法律体系的差异，各国对合伙定义及范围的规定并不完全相同。1804 年《法国民法典》第 1832 条规定，"乃是两人或数人约定以其财产或技艺共集一处，以便分享由此产生的利益及自经营所得利益的契约。"在德国，对于不同形式的合伙用不同的定义加以规定。民法典规定的合伙是指各个合伙人提供约定出资，以实现某一共同目的的一种合同。商法典中规定的合伙称为商事合伙，是指两个以上合伙人基于协议在一个商号下以经营商

---

① 冯大同. 国际商法[M]. 北京：对外经济贸易大学出版社，1998：343

事营业为目的，所建立的营利性组织。[①]我国台湾民法第 667 条第 1 款规定"称合伙者，谓二人以上互约出资、以经营共同事业之契约"。《英国合伙法》第 1 条规定，合伙是"以营利为目的而从事业务活动的个人之间建立的关系"。《英国合伙法》虽然没有明确赋予合伙以主体地位，但把它视为组织，只是又恪守合伙为人与人之间契约关系的古老法律原则；同时在合伙的成立上又不以书面契约为必要条件，采取了较为灵活的态度。[②]根据美国《统一合伙法》第 6 条的规定，美国的普通合伙是两个或两个以上的人作为共有人共同出资，共同经营，共享收益，共担风险，进行营业的团体。20 世纪 90 年代美国又修订了《统一合伙法》，修订后的合伙法加强了合伙的组织性，在财产权上也已向集团所有权靠拢。[③]从以上立法可以看出，随着社会经济的愈加专业化与规模化，组织迅速成为市场的主导主体形式。由于合伙之灵活、门槛低、设立方便、纳税少等诸多优势使合伙这一古老的商事组织形式焕发了新的魅力。而各国也普遍承认合伙的组织体地位，其也被称为除自然人和法人外的"第三类主体"。各国立法逐渐从侧重于合伙的契约性转移到合伙的组织性，正如学者所言"合伙的契约性，仅是一种构成合伙人内部的凝集作用的手段，充其量只能称其为浅层次的目的，而更深层次的目的即终极目的，则在于通过内部的聚合形式，共同对外发生法律关系，以聚合后的组织体对外活动或对抗第三人"[④]。注重组织性"是合伙者在当时条件下为最方便地完成持久的商业活动所为的明智选择"。[⑤]

关于合伙组织立法，虽然世界各国的法律体系有较大差异，但对于合伙组织法而言，均采用成文法形式立法。大陆法系国家一般将合伙法放在民法典或商法典中加以规定，如德国、日本、法国等国家。英美法系国家关于合伙的立法一般是以单行法的形式出现的，英国现行的合伙法是由《1890 年合伙法》和《1907 年合伙法》组成的。美国的合伙法属于州法，为了统一各州的合伙法，美国的统一州法全国委员会(the National Conference of Commissioners on Uniform State Law)在 1914 年和 1916 年起草了《统一合伙法》(Uniform Partnership Act，简称 UPA)[⑥]和《统一有限合伙法》(Uniform Limited Partnership Act，简称 ULPA)两部标准法，其中《统一合伙法》已经得到大多数州的采用，除乔治亚州和路易斯安那州以外。因此一般认为，美国的合伙组织分为两类，一类是一般合伙(General

---

① ［德］罗伯特·霍恩著；楚健译.德国民商法导论(中文版)[M]. 北京：中国大百科全书出版社，1996：267

② 夏利民. 组织法. 北京：人民法院出版社，1999：74

③ 赵威. 国际商法概念[J]. 政法论坛，1999(3)

④ 马骏驹，余延满. 合伙民事主体地位的再探讨[J]. 法学评论，1990(3)

⑤ 江平，龙卫球. 合伙的多种形式和合伙立法[J]. 中国法学，1996(3)

⑥ 最新版本为：统一合伙法 Uniform Partnership Act (1997)，以下简称为 UPA(1997)。

Partnership)，另一类为有限责任合伙(Limited Liability Partnership，LLP)。一般合伙完全由一般合伙人组成，合伙人均对合伙的债务承担无限连带责任，有限责任合伙中的合伙人则由一般合伙人和有限责任合伙人组成；一般合伙人对合伙债务承担无限连带责任，而有限责任合伙人对合伙债务通常仅承担有限责任，在例外情况下对合伙债务承担无限连带责任。

中国的合伙组织法颁布于 1997 年，在确立合伙组织的法律地位，规范合伙组织设立与经营，保护合伙组织及其合伙人的合法权益，鼓励民间投资，促进经济发展方面，发挥了积极作用。然而，随着社会主义市场经济体制的逐步完善，经济社会生活中出现了一些新的情况和问题，合伙组织法的有些规定已不适应现实要求，有鉴于此，中国政府于 2006 年对该法做了全面的修改，吸收了西方国家的一些先进合理的制度，并与中国的《公司法》相衔接，形成较为完善的中国商事组织法体系。

(二)合伙组织的法律特征

与其他的商事组织相比，合伙组织具有以下法律特点。

1. 合伙协议为合伙组织成立的基础

合伙组织以合伙人自愿达成的合伙协议(Partnership Agreement)为成立的基础，无论合伙协议是书面的还是口头的，合伙协议是合伙人之间建立合伙关系，确立各合伙人的权利义务，以及设立合伙组织的前提，是联结合伙人之间关系的纽带。因此，合伙关系的性质，也被认为是契约关系，合伙契约对合伙人的共同经营、利益分配进行了约定，各合伙人则通过合伙契约建立起伙伴关系。这种契约与买卖、租赁等契约不同：买卖、租赁等契约的当事人订立契约的目的各不相同，互相履行达到各自的目的；而合伙契约则是为了实现共同的目的而签订的。

2. 合伙组织由合伙人共同出资、共同经营

合伙人共同享有合伙和承担合伙的权利与义务，各合伙人均既是出资者，也是经营者，在合伙组织中具有相同的地位，共享合伙的收益，共同承担合伙经营中所遇到的风险。合伙人原则上享有平等参与合伙事务管理的权利，每个合伙人都可以对合伙事务进行干预，除非合伙协议有特别的约定，每个合伙人都有权对外代表合伙组织从事合伙业务活动。正是由于合伙组织的这一特点，合伙组织不能像其他商事组织那样委托他人经营，也不能像独资组织那样进行独自经营，从而使合伙具有特定的经济法律关系。一般来说，合伙人的出资形式比较灵活，除可以用一般的财产如货币、房屋、土地等作为出资外，还可以以劳务作为出资。

3. 合伙人对合伙组织的债务承担无限连带责任

这是合伙组织的最重要的法律特征,即合伙成员必须为合伙的债务承担无限连带责任。当合伙财产不足以清偿合伙债务时,各合伙人对未清偿的那部分合伙债务承担连带的清偿责任,即债权人有权请求任何一位合伙人履行合伙的全部债务,合伙人也将以个人所有的财产为合伙债务承担清偿责任,而不以出资为限,但事后该合伙人可以依合伙协议,就其多承担的部分向其他合伙人进行追偿。合伙组织是"人"的组合,通过合伙契约,合伙人建立起一个为实现共同目的而进行活动的实体,因此合伙人的死亡、破产或退出,都可能影响到合伙的存续。正因为合伙人需要对合伙组织的债务承担无限的连带责任,所以合伙组织不具备法人资格。

(三)合伙组织的利弊

投资者在投资前,通常会考虑以什么样的身份进入市场参与交易,来获取商业利益,这就会涉及投资模式的选择。合伙组织作为一种商事组织,与其他商事组织相比既有有利的一面,也有不利之处。

1. 合伙组织之利

尽管各国关于合伙的法律有所不同,但是对于设立合伙组织的态度是一致的,它不是一个纳税主体。例如在美国,合伙组织因其不是法人无须交纳组织所得税,实行"先分利后纳税"原则,而法人组织除投资人的所得需要交纳个人所得税外,法人组织本身还必须交纳组织所得税,采取"先纳税后分利原则",属于"双重纳税",这是合伙组织最为吸引投资者的地方。投资人还可以在他们各自的纳税申报表上主张按比例分担合伙组织人为的经济损失,这样投资人就受到了"税收庇护"(Tax Shelter)。此外合伙设立的手续比较简单,费用较少;合伙人之间联系紧密,每个合伙人均有参与管理的权利,内部机构设置简单、灵活,不受国家的强制性干预,这样使得组织的管理成本相对较低,而决策效率高。美国政府对合伙组织的监督和管理比较松,不要求合伙组织公开组织账目和年度报告,合伙组织的经营有较大的自由和灵活性,大大降低了合伙组织的经营成本。

2. 合伙组织之弊

由于合伙组织是典型的"人合性"组织,其建立基础是出于对合伙人的信任,合伙人对合伙组织债务承担无限连带责任,因此合伙组织的合伙人数量是有限的,合伙人之间的联系是非常紧密的,因而规模一般不大,当组织发展形成一定规模时,会出现难以募集大量资本的瓶颈。合伙组织存续时间不稳定，一旦有合伙人死亡或退出，合伙一般即告解散，这不利于合伙组织的长期稳定发展。

从以上合伙组织的利弊分析可以看出，合伙组织主要是一种适合于中小规模组织或家族组织经营的商事组织形式。

二、合伙组织的设立

合伙组织一般基于合伙人之间订立的合伙合同而成立。合伙合同是规定合伙人之间权利义务的法律文件，是确立合伙人在出资、利润的分配、风险及责任的分担、合伙的经营等方面权利义务的基本依据，对每一合伙人均具有拘束力。

合伙组织设立的手续一般比较简便，但各国法律有不同的要求。如按照美国《统一合伙法》的规定，合伙得依合伙人的协议而组成，无须政府的批准，但必须要有合法的目的；如果某些行业如律师业、医师业，必须要有执照才能开业者，则必须要向有关主管部门申领开业执照。英国的合伙法对合伙的商号名称要求相当严格，合伙的商号一般应以合伙人的姓氏命名，在合伙人的姓氏之后，可加上商号或公司字样，但不得加上"有限"的字样，否则每天罚款五英镑。同时，根据《1916 年商号名称注册法》的规定，凡在联合王国设有营业所的商号，如在商号名称中没有包含合伙人的真实姓氏或没有包含合伙人的真实教名的开头字母者，均须向主管部门进行注册登记。登记事项应包括以下几点：①商号名称；②所营事业的一般性质；③主要营业地点；④每个合伙人的现用教名、姓氏和曾用名；⑤合伙人的国籍；⑥合伙人所拥有的其他组织。上述注册手续必须在合伙组织开始营业后 14 天内完成。如日后商号的名称有所变更，则须于变更后 14 天内再行登记。按照德国法律的规定，合伙组织必须在商业登记册上办理登记。全体合伙人必须事先提出合伙申请，在申请书中应载明每一合伙人的姓名、职业和长期住所，组织的名称和开设地点，以及开始营业的日期等。[①]

三、合伙的内部与外部关系

1. 合伙内部关系

合伙的内部关系指合伙成员之间的权利义务关系，合伙组织的内部关系是指合伙组织

---

①　冯大同. 国际商法[M]. 北京：对外经济贸易大学出版社，1998：345

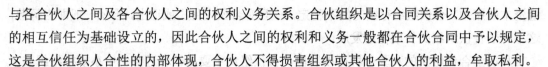

与各合伙人之间及各合伙人之间的权利义务关系。合伙组织是以合同关系以及合伙人之间的相互信任为基础设立的，因此合伙人之间的权利和义务一般都在合伙合同中予以规定，这是合伙组织人合性的内部体现，合伙人不得损害组织或其他合伙人的利益，牟取私利。

合伙人一般享有下列权利：对合伙组织财产的共同支配权、对合伙组织经营活动损益的共担、对合伙组织事务共同决策权的享有，以及对合伙组织负有的竞业禁止和交易限制义务及查账和监督权。其中事务的执行指为实现合伙设立的目的而进行的各种业务活动的具体实现。合伙与其他商事组织不同，没有代表组织为意思表示的专门机构，原则上每一个合伙人均有权执行合伙事务，代表合伙对外进行业务往来。每一合伙人均有根据合伙合同规定的比例取得利润的权利，如果合同中没有规定，则应根据各国合伙法的规定分配利润。英、美、德等国合伙法规定，合伙人应平均地分配利润，而不考虑合伙人出资的多少，法国法则规定应按合伙人的出资比例分享利润。中国的合伙企业法规定在合伙协议没有约定分配比例的情况下，合伙人可以协商，协商不成的，由合伙人按照实缴出资比例分配、分担；无法确定出资比例的，由合伙人平均分配、分担。这一规定综合了英美法系和法国的规定，更加具有可操作性。每一合伙人都有权了解、查询有关合伙经营状况的各种情况，负责日常业务的合伙人不得拒绝。合伙人有权随时查阅合伙组织的账目并提出质询。一些国家对合伙人的这项权利加以限制，以保证合伙组织的经营管理能够顺利进行。如法国法律规定，不参与日常管理的合伙人一年内查阅合伙账目一般不得超过两次。合伙人有获得补偿的权利。合伙人为处理组织的正常业务或维持组织的正常经营，维护组织的财产利益而垫付的个人费用或因此遭受的个人财产损失，合伙组织或其他合伙人应予以补偿，但在原则上，合伙人不得向合伙组织请求支付报酬。

合伙人一般应当履行下列义务：

(1) 缴纳出资的义务。合伙人在签订合伙合同之后，有义务按照合同规定的时间、数额、方式缴纳出资。如合伙人到期拒不缴纳出资而使合伙组织无法成立或给其他合伙人造成损失的，其他合伙人有权要求其赔偿。合伙人一般可以以金钱、实物、技术或劳务出资。

(2) 忠实的义务。合伙人对合伙组织及其他合伙人负有忠实的义务。合伙人必须为合伙组织的最大利益服务；不得擅自利用合伙组织的财产为自己牟取私利；不得经营与合伙组织相竞争的事业；应及时向其他合伙人报告有关组织的各种情况和信息。合伙人违反忠实义务所获得的利益，必须全部转交给合伙组织。

(3) 谨慎和注意的义务。参与经营管理的合伙人在执行合伙业务时，必须谨慎和小心。如因其失职而给合伙组织造成损失，其他合伙人有权请求赔偿。

(4) 不随意转让出资的义务。由于合伙人之间存在着"相互信任"的关系，合伙人未经其他合伙人同意不得将其在合伙中的出资及各项权利转让给第三人，也不得吸收第三人入伙。但大多数国家均允许合伙人在一定条件下将请求根本利润的权利转让或遗赠给他人。除合伙契约另有规定外，合伙人的死亡或退出，即引起合伙的解散。

2. 合伙外部关系

合伙的外部关系指合伙组织与第三人之间的关系。合伙组织的外部联系主要体现在合伙组织与第三人的关系上。因合伙组织不具法人性质且具有人合性质，其外部关系突出体现的问题便在于合伙组织债务的清偿问题。合伙组织的外部关系主要涉及合伙组织的对外代表权，合伙组织与第三人之间的债务关系等问题。无论合伙的内部关系如何，合伙对外是以一个整体与第三方发生法律关系，正确处理合伙与第三人之间的关系，有利于保护善意第三人。各国法律一般都规定普通合伙人之间对第三人适用相互代理原则，即每个普通合伙人作为其他合伙人的代理人，合伙组织的合伙人在处理合伙业务时，除非有明确的反证，都会被认为有合伙组织的默示授权。

合伙人在执行合伙业务中侵犯了他人权益的，由合伙人承担赔偿责任。合伙的债务应首先以合伙财产清偿，合伙财产不足的，由合伙人承担清偿责任。对合伙人是否承担无限连带责任，各国的规定有所不同。《德国民法典》规定合伙人对合伙债务承担无限连带责任，合伙财产不足以清偿共同债务时，各合伙人应按照对亏损负担的比例分担债务，如果一合伙人无力交纳应负担的债务，其余合伙人应按比例承担这部分债务。这种规定考虑到了合伙人内部财产的共有关系和共同经营关系，每一个合伙人均负有清偿全部合伙债务的义务。而《日本民法典》则只要求合伙人承担无限责任，不要求承担连带责任，合伙债权人在债权发生时不知合伙人的损失分担比例时，可以对各合伙人就同等部分行使权利。

四、合伙组织的解散

合伙组织的解散有两种情况，一种是自愿解散，另一种是依法解散。所谓自愿解散是指合伙组织依合伙人之间的协议而解散。例如，当合伙章程订有期限时，合伙组织即于该期限届满时宣告解散；如果合伙章程中没有规定期限，合伙人之间也可以在事后达成协议，宣告合伙组织的解散。所谓依法解散是指合伙组织按照合伙法的有关规定而宣告解散，主要有以下几种情况：①除合伙人之间另有协议外，如合伙人之一死亡或退出，合伙组织即告解散；②当合伙组织或合伙人之一破产时，合伙组织即告解散；③如因发生某种情况，致使合伙组织所从事的业务成为非法时，该合伙组织即自动解散；④如因爆发战争，合伙人之一系敌国公民时,合伙组织也应解散;⑤如在合伙人中有精神失常,长期不能履行其职责,或因行为失当使组织遭到重大损失,或因组织经营失败难以继续维持时,任何合伙人均有权向法院提出申请,要求法院下令解散合伙组织。此外,合伙人原则上有权提出退出合伙。但各国合伙法对此项权利都有一定的限制,以保证合伙组织的稳定发展。如《德国民法典》第 723 条规定,合伙契约如果订有期限,合伙人只有在有重大事由发生时,方可提出退伙。所谓"重大事由"主要是指其他合伙人已严重违反合伙契约所规定的义务。如果无此重大事由发生,合伙人退伙,应对其他合伙人赔偿由此而遭受的损失。法国法律则规定,合伙人退伙不得损害第三人的权利和利益。合伙组织解散时,在清偿组织的债务后,所有合伙人都有权参加财产的分配。如组织的剩余资产不足以清偿其债务,合伙人以其个人财产负无限连带清偿责任。

五、有限合伙

(一)有限合伙的概念和起源

有限合伙(Limited Partnership)是一种特殊类型的合伙组织,是指由至少一名普通合伙人(General Partner)和至少一名有限合伙人(Limited Partner)组成的组织,前者对合伙组织的债务负无限责任,后者则只负有限责任,即仅以其出资额为限对合伙承担有限责任。在这种商事组织中,普通合伙人积极主动地经营合伙组织,他们掌管并控制着合伙组织,有权对外代表合伙组织,对合伙组织的债务承担无限连带责任;与此相反,有限合伙人是消极的,不能执行合伙组织的事务,也不能代表合伙组织行事,但对以其出资额为限对合伙组织的债务承担有限责任。

有限合伙是在普通合伙的基础上经过创新改造并逐步发展起来的商事组织,要想真正了解有限合伙制度,必须弄清它的来龙去脉。我们一直在坚持一个观点,就是法律制度的存在不是书斋里预设的作品,而是人类实践的结果。所以对任何法律制度的理解不能完全脱离该制度所为之服务并且对之加以调整的历史[①]。于是我们有必要探索一下有限合伙的历史发展脉络,通常认为有限合伙起源于欧洲中世纪。随着欧洲地中海地区海上贸易的发展和扩大,单个商人已不再适应较大规模的商业冒险,于是"卡孟达契约"(Commenda)便应运而生。一些人将其资本交由船东或航海者 navigator 支配,从事海外贸易,盈利按出资额通过协议分配;一旦亏损,业主仅以出资额负有限责任,船东或航海者则承担无限责任。

---

① [英] 巴里·尼古拉斯著;黄风译. 罗马法概论[M]. 北京:法律出版社,2000:3

"卡孟达契约"主要在普通商人与海运商人之间订立，它一般规定，由普通商人提供资金，由海运商人负责经营、贩卖货物，普通商人的风险及责任以其出资为限。[①]当时，统治着欧洲的教会法仇视商业投机和放贷生利，所以出资者的行为冒着极大的法律风险和商业风险，因而可以获得四分之三的利润，且仅以其投资为限承担风险责任，从事航行的组织家则以双方投入的全部财产独立从事航海交易，可以获得未来利润的四分之一，这种契约后来便演变为有限合伙。这种经营方式虽然表面上好像不公平，但"在 12 和 13 世纪，生命是廉价的，资金则是非常短缺"。[②]

大约在 15 世纪，"卡孟达契约"沿着大陆法系和英美法系两个不同路径发展，最终演变成为两种相对稳定的组织形式。在大陆法系国家，它是两合公司的前身，被 1801 年的《法国商法典》确认。《法国商法典》第 23 条规定，"有限合伙是根据契约成立，其中一个或数个合伙人负无限责任，一个或数个合伙人只以其出资定额为限而负责任的合伙"。随后的《德国商法典》第 171 条、172 条也规定，有限合伙是指为了在某一商号的名义下从事商业营业而建立的一种商事合伙。在这种合伙中，有两类合伙人：即至少一个无限责任合伙人和一个有限责任合伙人，有限责任合伙人在其出资的范围内对合伙的债权人承担责任。另一形式的发展却大相径庭，此种模式由法国探险家和殖民者带入美国，逐渐演化为现代英美法系中的有限合伙制度。1793 年，在沃尔夫诉卡维界标案中，法院判决认为，任何一个实际分得了一个组织利润的人，都应当对组织未清偿的债务承担连带责任。后来在公众反对下，立法者对债务提供救济以减轻债务责任，最初的救济方式即为有限合伙，但普通法一直没有接受。[③]直到 1822 年，纽约州制定了全美第一部《有限合伙法》，1916 年，美国统一州法委员会制定了《统一有限合伙法》(简称"ULPA")，1976 年又对该法进行了修订，称为《修正统一有限合伙法》(简称"RULPA")。《修正统一有限合伙法》经 1985 年的再次修订已日臻完善，其主要内容是允许有限合伙人在较高程度上参加合伙事务，同时并不丧失其有限责任的待遇。目前，美国大多数州(35 个州)都采纳了这一立法。英国则于 1907 年制定了《有限合伙法》，并一直施行至今。[④]

通过对有限合伙制度的追根探源，一个清晰的历史进程显现在我们的眼前，有限合伙作为一项古老的制度在发展途径中出现了岔路，颇令人玩味的是在有限合伙的发祥地将其

① 冯大同. 国际商法[M]. 北京：对外经济贸易大学出版社，1998：350

② 伯尔曼著；贺卫方，高鸿钧，张志铭，夏勇译.法律与革命[M]. 北京：中国大百科全书出版社，1993：429

③ 徐学鹿. 商法研究.[M]. 北京：人民法院出版社，2000：607

④ 冯大同. 国际商法[M]. 北京：对外经济贸易大学出版社，1998：344

演变成两合公司，但不得不面对的现实是，随着世界经济活动的日益复杂，使得两合公司形式中一方面无限股东的投资风险更加突出，另一方面两种身份的股东在公司中的地位不平等，公司易被少数无限责任股东操纵，财务基础不稳；股东责任不同且不易被人分辨，基于此，两合公司对投资人的吸引力日趋衰落，极少被投资者采用，有的国家如日本甚至在立法中将其废除。与大陆法系走相反路线的英美法系，选择将"卡孟达契约"以有限合伙法模式作为进路，时至今日，有限合伙在英美等普通法系国家得到了长足发展，衍生出了风险投资，反观其在其发祥地却变得销声匿迹了，这是否是在向人们昭示着什么？法律制度的价值取向之一便是成为其对所处时代经济发展的有力工具，没有工具性价值，法律的目的性价值便成了空中楼阁，成了无法划归为现实的海市蜃楼。[①]法律制度要实现其价值，对一个国家发挥其应有的作用，需要与其国情高度相容，适应经济发展的需求，促进生产力提高，这正应验了中国的那句俗话："桔种淮南则为桔，桔种淮北则为枳"。

(二)有限责任合伙人与普通合伙人的权利和义务

1. 有限责任合伙人的权利和义务

有限责任合伙人的权利和义务主要有以下几项：

(1) 有限责任合伙人不参与组织的经营管理，他的行为对组织无拘束力；如果一旦参与了组织的经营管理，在此期间他就要对组织的一切债务承担责任。

(2) 有限责任合伙人的名称不得列入商号名称，如果列入，他将对合伙的债务承担无限责任。

(3) 有限责任合伙人有权审查组织的账目。

(4) 有限责任合伙人的死亡、破产不影响组织的存在，不产生解散组织的效果；但如果负无限责任的普通合伙人一旦死亡或退出，除组织章程另有规定外，组织宣告解散。

(5) 有限责任合伙人的股份经普通合伙人的同意之后，可以转让给别人。

(6) 有限责任合伙人不得发出通知解散组织。与普通合伙相比较，有限合伙的设立较为复杂。大多数国家均要求有限合伙必须在有关主管机关注册登记，并提交合伙章程。根据英国1907年《有限合伙法》的规定，该章程应载明以下事项：①组织的名称；②所营事业的一般性质；③主要营业地点；④每个合伙人的姓名；⑤合伙组织的经营期限及开业日期；⑥注明系有限合伙组织，并载明有限合伙人的姓名；⑦每个有限责任合伙人出资的金额，并注明是以现金还是以其他东西作为出资。按照美国统一合伙法规定，有限合伙人的

---

① 吕忠梅，陈虹. 经济法原论[M]. 北京：法律出版社，2008：123

出资必须是现款或财产，不得以劳务作为出资。

2. 普通合伙人的权利和义务

如前所述，普通合伙人经营着有限合伙，普通合伙人所享有的权利要比有限合伙人大得多，其所享有的权利同普通合伙中的普通合伙人所享有的权利完全相同，而且这些权利不会因为有限合伙人的退出而消灭[①]，必须要等到有限合伙完成了清算程序之后才消灭。概而言之，普通合伙享有两项权利：①经营管理权：普通合伙人有权代表合伙事业在合伙协议约定的范围内从事有限合伙的经营管理。②对外代表权：在合伙协议约定的范围内，普通合伙人有权代表合伙以合伙的名义同他人订立合同，而且该合同对整个合伙事业均具有约束力。由于普通合伙人拥有有限合伙经营的控制权，如果没有一定的限制，普通合伙人很有可能会"肆意妄为"，损害有限合伙人的利益，因此一般国家都对普通合伙人的权利的行使规定了诸多的限制条款。例如美国有限合伙法律明确规定：在下列事项上，除非得到所有有限合伙人事前的同意或者事后的追认，否则，普通合伙人无权：①从事有损合伙事业及经营的行为；②在合伙事业正常业务范围之外，占有、转移合伙事业的财产；③接纳普通合伙人入伙或者违反章程及协议的约定，接纳新的有限合伙人入伙。

根据权利义务相一致的原则，一般有限合伙法在赋予普通合伙人经营权利的同时，也规定了其与此对应的责任，即普通合伙人对有限合伙的债务承担无限连带责任，并且这项责任是强制性法律规范，当事人不得通过协议改变该责任条款的规定，如果各普通合伙人之间对于合伙债务规定了清偿比例，这个比例对于该有限合伙的债权人不发生法律效力。换言之，任何一个普通合伙人仍然负有以自己的全部财产偿付全部合伙债务的义务；且不受其约定的债务清偿比例的限制，此种安排只在普通合伙人内部发挥效力，待有限合伙的全部债务清偿完毕以后，普通合伙人之间方可以按照事先约定的债务清偿比例分担债务，此种场合下与前述普通合伙人的责任是一样的。

(三)有限责任合伙与风险投资

在以高科技为主导的知识经济时代，有限合伙之所以具有顽强的生命力跨时空转换、越政治体系的藩篱而蓬勃发展，其根本原因在于它将"人和"与"资合"有机地结合在一起，并将其创新成融资工具——风险投资，使合伙这种古老的组织制度焕发新的活力。

风险投资(Venture Capital)是对专家(Adventure Capitalist)发起的、缺乏资金的、不太成

---

①　依一般惯例，如果有限合伙组织中全部有限合伙人死亡或退出，也不会导致合伙组织的消灭，可以将其转换为普通合伙。

熟的技术密集性组织所做的小规模投资。在创业公司发展壮大后，风险投资者收回可观的收益，然后寻找新的投资目标。这样形成资本的良性循环，壮大高新产业同时获得丰厚利润。一般来说，有限合伙制组织中的普通合伙人以管理能力或不超过有限合伙人总出资额的 1%的现金加入合伙，每年收取总出资额的 2%～3%的管理费，投资收益一般按照 20%：80%在普通合伙人和有限合伙人之间分配。这样，专业人士通过自己的投资管理技能为所有合伙人带来收益。通常创业投资项目的收益是投资额的 3 倍以上，因此，成功的经营管理会带来数倍于投资资金的回报，这远远超过其他任何理财方式，而且集合资金的实力也是任何单一投资人无法企及的，能够承担一定的风险，是一种理想的投资工具。从普通合伙人角度来看，如果有限合伙组织资金规模为 1 亿元，那么普通合伙人最多出 100 万元，就可以 1：100 的财务杠杆效应支配 1 亿元的资金，保守地估算，如果投资收益比为 1.5 倍，为计算方便起见，忽略管理费，那么获益为 5000 万元，普通合伙人可以分到 1000 万元，有限合伙人分得 4000 万元，他们的投资收益率分别是 1000%和 40%。这还是很保守的估算。实际上，无论是普通合伙人还是有限合伙人都将有更可观的收益。[①]普通合伙人以专业技能、辛勤工作和全部身家取得投入资金的数十倍回报，而有限合伙人不需劳心费神，得到的是其他任何理财方式无法达到的高收益，实现共赢。可见有限合伙制度设计的精巧之处在于普通合伙可与有限责任合伙"相安于一个屋檐之下而无事"，能和谐共存，兼顾了法律划分的科学性和分工调整的合理性，使有限合伙成为一种廉价、创新的金融工具，既克服了普通合伙缺乏对投资者承担责任的保护屏障，筹集资金渠道狭窄的缺陷，吸纳了公司中具有良好畅通的融资渠道的设计，又避免公司的"双重征税"、管理成本高的弱项，实现社会资源的最佳配置，可谓独具匠心。有限合伙取普通合伙与股份有限公司二者之长而舍二者之短，这也是有限合伙历经沧桑，仍然具有旺盛的生命力的原因。

(四)安全港规则(Safe Harbour)

如前所述，有限合伙人对合伙债务承担有限责任可以说是有限合伙制度的核心，因此从权利与义务对等原则出发，各国一般也都规定有限合伙人不能参与合伙组织的运营。美国 Dunn 法官指出："有限合伙人不对有限合伙组织的债务承担法律责任，他们不像普通合伙人那样对合伙组织的债务承担无限连带责任，但是，如果他们参与合伙组织事务的管理，则他们应当对合伙组织的债务承担无限连带责任[②]。"实践中，有些有限合伙人实际

---

① 姚佐文，陈晓剑. 有限合伙制风险投资公司的形成原因与治理机制分析[J]. 中国软科学，2001(10)

② Western Camps,Inc. v. Riverway Ranch Enterprise,138Cal.Rptr.918(Cal.App.1977)

参与了有限合伙组织的经营活动，甚至还掌控着合伙组织，此种场合下，有限合伙人显然在做着普通合伙人的事务，那么他是否应当承担与普通合伙人相同的责任，即对合伙组织的债务承担无限连带责任？对此，美国的《统一有限合伙法》的态度经历了从开始坚持"控制原则"到"安全港原则"的转变。

美国 1916 年《统一有限合伙法》(ULPA)中第 7 节规定："有限合伙人不像普通合伙人一样承担个人责任，除非他在行使作为有限合伙人的权利和权力之外，参与了对合伙经营的控制"，这一规定被称为"控制原则"，显然其态度是十分鲜明而严格的，限制有限合伙人参与合伙组织的经营管理，由此认为判定一个有限合伙人是否参与了有限合伙的实际经营管理，关键不在于有限合伙人是否向合伙提供了建议和向普通合伙人进行建议、咨询，而在于实际上当有限合伙人对某一事项作出决定时，他是否向普通合伙人一样具有最终决定权。

然而美国的有限合伙制度没有在此停滞，而是在实践中随着将有限合伙制度不断创新并延伸至高科技企业和金融行业，发展成为风险投资。相应的，为了鼓励投资，降低有限合伙的投资者的法律风险，于 1976 年对 ULPA 适时地进行了修订，其中第 303 条采用列举的方法明确规定下列几类行为不属于控制：担任有限责任合伙或其普通合伙人的雇员或代理人；为有限合伙担保；提起派生诉讼；要求或参加合伙人会议；对改变有限合伙业务、解散清算有限合伙企业、抵押合伙财产、承担非常规债务、有限合伙人与普通合伙人的接纳与除名、有限合伙协议中规定的其他事项进行投票表决等[①]，同时还规定："除非有限责任合伙人对有限责任合伙的控制与普通合伙人大致相当，否则债权人只有在交易时知道有限责任合伙人的实际控制，才能够要求其承担无限责任。"这就是著名的"安全港原则"，实际上是赋予有限合伙人对合伙企业的一部分管理权。1985 年对该授权条款作扩大解释，即"列举的事项并不意味着有限合伙人参与其他合伙事务构成对企业的控制"[②]。根据"安全港"条款的规定，有限合伙人实施了上述行为，并不改变他们的有限合伙人身份，他们并不当然地对合伙债务承担无限连带责任。有限合伙人对有限合伙的控制的程度与该有限合伙人是否承担无限责任的关系越来越淡化了，只有在具体交易中，债权人证明在交易时基于有限合伙人的控制，信赖其为普通合伙人，才能够揭开有限合伙人承担有限责任的"面纱"。然而到了 2001 年，ULPA 再度修订，规定即使有限合伙人参与了有限合伙的管理和控制，也不再承担无限责任。从三次修订变化看，不仅废除了"控制原则"，建立了"安

---

① RULPA1976, S303
② RULPA1985, S303(c)

全港"并日趋宽松，使有限合伙越来越为金融机构、风险投资所利用。在有限合伙制投资银行中，有限合伙人提供大约99%的资金，分享约80%的收益；而普通合伙人则享有管理费、利润分配等经济利益。管理费一般以普通合伙人所管理资产总额的一定比例收取，大约3%。而利润分配中，普通合伙人以1%的资本最多可获得20%的投资收益分配[①]。这样既可以最大限度地利用法律为有限合伙人所提供的有限责任保护，又能充分调动管理资源保持合伙事务管理的高效运转。美国合伙制投资银行保持了100多年的辉煌历史，直到1999年高盛公司上市合伙制才退出历史舞台。客观地讲，"安全港"条款的规定，一方面保护了债权人的权益，维护了交易安全；另一方面，也避免了不适当地加重有限合伙人的责任。

[案例评析]

本案的争议焦点是被告Dunn是否是Ruidoso Downs Feed Concession的合伙人，是否应当与Welch对本案原告共同承担连带责任。

本案的法官Tackett认为：根据《美国统一合伙法》，当一个人通过口头或书面或为某种行为的方式，代表他本人或同意由他人代表自己时，无论他是否是现存合伙组织的合伙人，或与一人或多人不存在合伙关系，他将对该代表行为向被代表人及相对人，即基于对该代表行为的信任而为某种行为的人负责任。当产生合伙人责任时，他将被视为合伙人并承担一个真正合伙人所应承担的责任。在本案中，Dunn通过他的行为以及他的言语等其他表达方式，为证明他是Welch的合伙人提供了实质性的证据。与此相比，Dunn与Welch是否有建立合伙关系的意愿，或者说他们是否意识到其双方之间存在合伙关系已经不再重要。在本案中，如果Dunn不想作为合伙人，或想避免被视为合伙人的情况发生，他不应该让自己与Welch以及Ruidoso Downs Feed Concession有过于密切的关系。实际情况是，Dunn非但没有尽量避免这种现象发生，反而以行为默示了其合伙人的身份及地位。例如，当某克付款项到期时，原告打电话给Dunn请求付款，Dunn表示同意支付，通过多种与此类似的情况表明，Dunn应当是合伙人。这一结论的依据在于Dunn的行为足以让一个理智的、谨慎的相对人有充分理由相信其为真正合伙人。法律上对此称之为"不容否认的合伙人"或者"禁止反言合伙"。该种合伙成立的要件为：首先，相对人的信任以及其基于此种信任而为的任何行为，都是建立在合伙人的表述基础之上的；其次，被主张为合伙人的一方必须以公开的方式表明其为合伙人，或者同意他人以该种方式作此表示，但是该种表示不以直接向特定相对人作出为要件。因此，Dunn被认定为具有合伙人身份。对于本案例，我本人对其审判依据，以及审判结果没有不同意见，以行为特征而判定其具有合伙关系的

---

① 马广奇. 美国投资银行的组织形式、治理结构与激励约束机制[J]. 金融教学与研究，2006(5)

标准在美国已经通过法律予以认可。所以，本案中，只要 Dunn 的行为符合法定的认定合伙关系的标准，足以让一个理智的、谨慎的相对人有充分理由相信其为真正合伙人的事实，那么，该行为人即可被视为合伙人，同时，该种关系被视为合伙关系。

本案涉及的法律问题是被告 Dunn 是否构成英美法系上的"禁止反言合伙"(Partner by Estoppel)。在有关合伙组织的内外部关系问题上，最难处理的实践问题就是合伙内部关系中并非合伙人地位，而其行为表现为以合伙人身份行事，他是否需要承担合伙人的责任问题。这是因为，在实践中，各国都规定有商事组织登记程序，依该规定各种商事组织必须进行公示登记，由于个中原因，一些投资者不愿意以公开的身份出现在商事登记簿中[①]，但实际上他是合伙组织的真正合伙人，掌控着合伙组织的一切商事活动，于是便出现了他们是否应当承担合伙责任的问题。对此，英美法从判例中确立了一项著名的"禁止反言合伙"原则。英国的法官通过判例认为：某人尽管不是某一合伙的真正合伙人，但是，假如他的行为使与之从事交易的人(第三人)善意地认为他是真正的合伙人，那么，该某人就要像他就是真正的合伙人一样对第三人承担合伙人的责任。这一原则由判例法上升为成文法，1890 年该规则经过立法者和法学家的诠释、升华，便形成了《1890 年合伙法》第 14 条禁止反言合伙制度的规定："如果某人以言辞、文字或行为表明自己，或同意别人表明自己是某一特定合伙的合伙人，他应对接受并相信这种表示而对该合伙施以信用的人承担责任，不论这种表示是否已由作出表示或同意作出该表示的禁止反言合伙人向施以信用之人作出或发出通知；如果某个合伙人去世后，原合伙事务仍以原商号的名义继续进行，原商号的继续使用或已故合伙人的名字作为商号的一部分继续使用，这种使用并不当然地使已故合伙人的遗产对合伙人死后的合同之债负责。"美国的情况与此完全相同，在美国 UPA(1914) 被各州接纳为法律之前，美国的许多州法院已经经常地通过判例表明他们的观点："某些人虽然就其内部关系来说彼此不是合伙人，但如果他们对外表明自己是合伙人，那么这些人是相对于第三人的合伙人；要承担合伙人的责任。"美国 UPA(1914)将其完善、发展，形成了"禁止反言合伙"制度：如果某人以其言辞或书面或行为表明，或者某人同意另一人对其他人表明该某人是一个现存合伙的合伙人，或该某人与一个或数个不是实际合伙人的人一起是一个合伙人，他应对接受这种表示，并相信这种表示而贷款给该实际的或表见的合伙的人承担责任。如果他以公告方式如此表明或同意这种表明时，不管这种表明是否已由作出表明或同意作出表明的表见合伙人向贷款的人作出或通知，或者作出表明或同意

作出表明的表见合伙人知悉此事,表见合伙人都应负责[①]。美国 UPA(1997)第 308 条(liability of purported partner)(a)款规定: "若某人经由言辞或行为,伪称自己是或同意他人声称自己是某一合伙的合伙人具有合伙关系,则该伪称合伙人(purported partner)应对向其作出声明并因信赖该声明而与实际的(actual)或伪称的(purported)合伙为交易的人承担责任。"

值得注意的是,英国的《1890 年合伙法》同时使用了两种称谓: Partnership by Estoppel 和 Apparent Partnership,我国学者一般将前者译为"禁止反言合伙",后者译为"表见合伙",并认为二者唯一的差别仅仅在于"前者强调表见合伙人对这种表见行为的后果不能否认,应承担相应的责任;后者强调善意第三人有足够的理由(因某些表面现象)相信行为人是合伙人,但在该法中二者的内涵实质上是一致的[②]。"

大陆法系国家如法国、日本、瑞士、意大利及我国台湾地区,都直接或间接地规定了有限合伙人的表见合伙制度。《法国商事公司法》第 28 条规定:简单两合公司的有限责任股东不得从事任何对外的经营活动,即使根据一项委托,也不得从事此类活动;在违反这一禁止性规定的情况下,有限责任股东和全体无限责任股东一起,对公司的应被禁止的行为所产生的债务和义务负连带责任;根据其从事的被禁止的活动的次数或重要程度,有限责任股东可被宣布对公司的所有义务或仅对一部分义务负有责任。中国的《合伙组织法》在 2006 年进行全面修改后,对于普通合伙组织没有规定"禁止反言合伙"制度,只在有限合伙组织中有相似的规定,我们认为称其为表见合伙制度更为恰当。该法的第七十六条第一款规定:第三人有理由相信有限合伙人为普通合伙人并与其交易的,该有限合伙人对该笔交易承担与普通合伙人同样的责任。

罗尔斯在其《正义论》中阐述正义的作用时说,"正义是社会制度的价值,正像真理是思想体系的首要价值一样[③]。"依此之见,法律制度也是一项社会制度,它的建立和发展也应当以追求"正义"为其价值。禁止反言合伙源于衡平基本原则,是"允诺禁止反言"(Promissory Estoppel)制度的延伸,其理论基础是保护交易安全,维护公共政策、诚实信用的贯彻。德国学者所称的"外观主义"与英美法上的禁止反言制度如出一辙。外观主义是指以交易当事人行为的外观为准来认定商事交易行为的效果。

法律的真谛在于实践,如何运用这一制度使其达到预想的社会效果,是各国普遍关注的问题,但都认同适用这个原则应当十分审慎,因为这一原则本身就是为了防止不公正结

---

① 马强. 合伙制度问题研究[J]. 中国人民大学学报, 1999(3)
② 房绍坤,王洪平. 论表见合伙制度[J]. 国家检察官学院学报, 2006(6)
③ Jawls. J 著;何怀宏等译. 正义论[M]. 北京:中国社会科学出版社, 2001

果的发生，一旦适用不当，既不能实现公平正义，维护交易安全，又会适得其反损害另一方的利益。根据英美法的规定及判例法确认的规则，禁止反言原则的适用是十分严格的。有一个判例是有力的佐证：1963年，被告杰弗瑞和卡芬尼遇到原告J建筑公司的负责人，在此以前，杰弗瑞一直是原告的客户，并总能及时付款。杰弗瑞带卡芬尼到原告处，当着卡芬尼的面介绍说："这是我的新合伙人，我们准备做生意，我不再用名为J的账户了，而是用Perry Masonry，卡芬尼有许多钱投入这笔生意。"卡芬尼没有说话，原告开立了名为Perry Masonry的账户并开始交货，开给Perry的发票是用载有Perry Masonry名字的支票付款的，另外，支票上还有小字："安第斯公司分公司"。原告的职员没有注意过这些小字。当原告收不到货款时，停止发货，原告财务经理D找到被告收取欠款，卡芬尼则告诉D，他不负责，并且说这是个公司，他不承担个人责任。D说，"你曾说你是合伙人。"卡芬尼则否认。法官则认为，在同原告交谈时，卡芬尼让杰弗瑞说话，他不做声，杰弗瑞说卡芬尼是合伙人并将投入许多钱给Perry Masonry公司，卡芬尼完全明白杰弗瑞陈述的含义，此时，如果他拒绝做卡芬尼的合伙人，他有义务向原告做一个否认的表示以避免原告误信其为合伙人，卡芬尼没有这样做，因此，他应当被看成是一个禁止反言合伙人对原告承担责任。这一案件的处理实际上贯穿着这一原则：权利人看到其他人将要实施有损其权利的行为时有义务维护其权利，他不能以沉默诱导或鼓励行为的发生然后再听到他抱怨。行为的义务来自物主对其财产的控制。因此，当事人知道他人将自己声称为合伙人时却以沉默对待，则该当事人要承担合伙人的责任。表明达到第三人的方式也会对禁止反言合伙的构成产生直接的影响，表明行为可以由某人直接针对某特定第三人作出，也可以由某人在公开场合以公开方式对一般社会成员表明自己的"合伙人身份"，这种表明行为称为直接表明行为。在直接表明行为实施的情况下，只要这种表明为第三人所知悉并信赖之，从而对该人或该合伙施以信用，表明行为即成立。但在生活中，有时表明行为并非由该某人作出，而是由其他人向第三人作出，如上面案例中卡芬尼并不直接实施表明行为而是由其他人(杰弗瑞)实施表明行为，这种表明行为称为间接表明行为。在间接表明行为实施的情况下，尽管第三人善意地信赖该表明行为并基于该信赖实施了交易行为并受有损害，这也不能当然地要求该某人承担禁止反言合伙人的责任，此时，要考察该间接表明行为是否为该某人所同意或知道以及其所采取的救济措施。

　　一般情况下，根据英美法的规定及判例法确认的规则，禁止反言原则的适用必须具备下列条件：①行为人表明(hold out)自己是合伙人。就是指行为人实施了表明行为，即行为人表明自己是某个合伙的合伙人或同意他人表明自己是某个合伙的合伙人，但事实上并非如此。这种表明行为包括以言辞表明、以文字表明以及以一定的积极行为等方式实施了虚假行为。②被禁止反言人明知或应知事实真相。③受害人(相对人、债权人)善意地信赖被禁止反言人的行为或陈述。如果某人表明自己或允许别人表明自己是某现存合伙的合伙人,在第三人知道这种表述并因信任而对实际的禁止反言合伙施以信用时,表明人或被表明人要对该第三人负责。④基于信赖,受害人实施了一定的行为。第三人基于对表明行为的依赖而与声明人从事了交易活动并导致了自己处境的改变。这种改变,通常都是使第三人自己的利益遭受了损失,特别是财产上的损失。⑤受害人不了解事实真相,也不具备了解事实真相的条件。第三人信赖表明行为必须是基于善意而且并无过错,否则,第三人不得提出禁止反言合伙诉讼。

英美法上"禁止反言合伙"实际上是其法律体系中的"允诺禁止反言"(Promissory Estoppel)[①]原则的延伸,是商法上的诚实信用原则在具体法律制度中的体现。诚实信用原则要求尊重他人利益,以对待自己事务的注意对待他人事务[②],保证法律关系的当事人都能得到自己应得的利益,其平衡了当事人之间和当事人与社会的两方面的利益,以维护商事交易的安全。合伙组织的成立基础是合伙合同,合伙人经营时与外部当事人发生的交易也主要是合同,使这种从合同制度中延伸到商事主体的制度创新有了坚实的理论支撑,也因此广为世界各国法律所吸纳。

第三节 公 司 法

[Case 2-2]

Perpetual Real Estate Services, Inc. v. Michaelson Properties, Inc.

United States Court of Appeals, Fourth Circuit, 1992

974 F.2d 545

Brief Fact Summary:

The defendant, Aaron Michaelson, formed Michaelson Properties, Inc. (MPI), for the purpose of entering into real estate ventures. MPI entered into two joint ventures with Perpetual Real Estate Services, Inc. (PRES), the plaintiff. One of the joint ventures was for the purpose of building condominiums. Michaelson and his wife personally guaranteed a portion of the

---

① "允诺禁止反言"是英美法系国家的一般契约理论,其基本内涵是"My word is my bond",言行一致,不得出尔反尔。

② 徐国栋. 民法基本原则解释[M]. 北京:中国政法大学出版社,1996:79

financing. Several condo purchasers filed suit against the joint venture and PRES ended up paying the settlement. PRES then sued Michaelson and MPI, arguing that MPI was merely the "alter ego" of Michaelson, and thus subject to veil piercing.

Rule of Law and Holding:

In addition to showing that an individual used the corporation as a mere "department, instrumentality, agency, etc.", more is required to pierce the corporate veil, at least in Virginia. It must also be shown "that the corporation was a device or sham used to disguise wrongs, obscure fraud, or conceal crime". In this case, the defendant did not use the corporation for fraudulent purposes and therefore the veil piercing attempt failed.

Content:

Wilkinson, Circuit Judge.

In this case plaintiff has sought to pierce the corporate veil of its former business partner, Michaelson Properties, Inc. (MPI), and to hold MPI's sole shareholder, Aaron Michaelson, personally responsible for MPI's contractual liability. The jury returned a verdict in plaintiff's favor, and the district court upheld the jury's decision to pierce MPI's corporate veil. We reverse. The jury instructions in this case misstated the applicable standard under Virginia law, and the jury verdict improperly stripped Michaelson of the limited liability to which his business partner had agreed in the course of their negotiations. Virginia law will not permit the corporate veil to be pierced in this case, and we remand for entry of judgment in Michaelson's favor.

In August 1981, defendant Aaron Michaelson formed Michaelson Properties, Inc., for the purpose of entering into joint real estate ventures. MPI was incorporated under the laws of the state of illinois with initial paid-in capital of $1,000. Michaelson was the president and sole shareholder.

MPI subsequently entered into two joint ventures with Perpetual Real Estate Services, Inc. (PRES), the plaintiff in this case, involving the conversion of apartment buildings into condominiums. The first was formed in October 1981, and was known as Bethesda Apartment Associates (BAA). Under the BAA partnership agreement, each partner was to contribute $100,000 to a working capital fund, and MPI was to put up a $1 million letter of credit. Michaelson and his wife, Barbara, agreed to personally indemnify PRES against any loss on MPI's letter of credit. The BAA partnership sold the last condominium unit in 1983, and distributed about $600,000 in profits to each partner in 1985.

The second partnership, known as Arlington Apartment Associates (AAA), was formed in November 1983. Under the AAA partnership agreement, both PRES and MPI contributed $50,000 in capital, and each agreed to share pro rata in satisfying any liabilities of the partnership. The partnership also borrowed $24 million from Perpetual Savings Bank, PRES's parent corporation, but only after Aaron and Barbara Michaelson agreed to personally guarantee repayment of $750,000 of the loan. When an additional $2.1 million was needed to complete the project, MPI could not come up with the money so PRES loaned MPI $1.05 million, again after PRES secured a personal guarantee of repayment from the Michaelsons.

During 1985 and 1986, the AAA partnership made various distributions of the profits from the condominium units. Prior to each distribution, the partners made the determination, as required by the partnership agreement, that they were leaving sufficient assets to permit the partnership to meet its anticipated expenses. Three distributions were made to PRES and MPI, totaling approximately $456,000 to each partner. MPI then authorized distributions of its profits to its sole shareholder, Aaron Michaelson.

In 1987, more than a year after the last of these distributions, several condominium purchasers filed suit against AAA, asserting breach of warranty claims in the amount of $5.5 million. Shortly before the case went to trial, counsel for AAA entered into settlement negotiations. The case was ultimately settled for $950,000. PRES paid the full amount on behalf of the partnership; MPI made no contribution toward the settlement since its profits had been distributed years earlier.

PRES then filed this diversity action against Michaelson and MPI. The complaint sought indemnity from MPI pursuant to the AAA partnership agreement and asserted that Michaelson had received unlawful distributions from MPI. PRES also asserted two theories for holding Michaelson personally responsible for MPI's debt: (1) that Michaelson had made an oral promise during settlement negotiations to answer for MPI's debt; and (2) that MPI was Michaelson's "alter ego or mere instrumentality" and that MPI's corporate veil should be pierced. Both parties and the district court agreed that Virginia law controls.

The district court entered summary judgment on the contractual indemnity claim against MPI. The remaining counts proceeded to trial. At the close of the evidence, Michaelson moved for a directed verdict. On the unlawful distribution count, Michaelson argued that the applicable statute of limitations had expired. The district court agreed, and entered judgment in

Michaelson's favor. On the "veil piercing" count, Michaelson argued that PRES had failed to justify disregarding the corporate form under Virginia law—that PRES had failed as a matter of law to prove that Michaelson had used MPI as a "device or sham" to "disguise wrongs, obscure fraud, or conceal crime", as required by Cheatle v. Rudd's Swimming Pool Supply Co.... The court denied this motion, and submitted both the veil piercing and oral promise counts to the jury.

The jury subsequently returned a verdict in favor of PRES on the veil piercing count, but decided in Michaelson's favor on the oral promise count. Michaelson filed a motion for J.N.O.V. which was rejected by the district court.

Michaelson appeals.

Michaelson makes two principal arguments on this appeal. He first argues that the district court's jury instruction on veil piercing misstated the standard applicable under Virginia law. Second, he argues that under the appropriate standard he is entitled to judgment as a matter of law. We will address these arguments in turn.

Virginia courts have long recognized the basic proposition that a corporation is a legal entity separate and distinct from its shareholders. A fundamental purpose of incorporation is to "enable a group of persons to limit their liability in a joint venture to the extent of their contributions to the capital stock." This concept of limited liability "supports a vital economic policy", a policy on which "large undertakings are rested, vast enterprises are launched, and huge sums of capital attracted".

Virginia courts have assiduously defended this "vital economic policy", lifting the veil of immunity only in "extraordinary" cases. Under Virginia law, plaintiff bears the burden of convincing the court to disregard the corporate form, and must first establish that "the corporate entity was the alter ego, alias, stooge, or dummy of the individuals sought to be charged personally." This element may be established by evidence that the defendant exercised undue domination and control over the corporation, Beale and the jury instruction in this case fairly described this aspect of the test. Under this element of the test, the court properly permitted the jury to consider such factors as whether Michaelson observed corporate formalities, whether he kept corporate records, whether he paid dividends, and whether there were other officers and directors.

The Supreme Court of Virginia has specifically held, however, that proof that some person "may dominate or control" the corporation, or "may treat it as a mere department, instrumentality, agency, etc." is not enough to pierce the veil. In Virginia, "something more is required to induce the court to disregard the entity of a corporation". Hence, plaintiff must also establish "that the corporation was a device or sham used to disguise wrongs, obscure fraud, or conceal crime".

The jury instruction in this case simply failed to communicate the essence of Virginia law in this area. Virginia adheres to a rigorous standard requiring proof that the defendant used the corporation to "disguise" some legal "wrong". This strict standard contrasts starkly with the rather soggy state in which the law was submitted to the jury, which was permitted to impose personal liability on Michaelson if it found that Michaelson dominated MPI and used MPI to perpetrate "an injustice or fundamental unfairness". The fact that limited liability might yield results that seem "unfair" to jurors unfamiliar with the function of the corporate form cannot provide a basis for piercing the veil. Virginia law requires proof of some legal wrong before it undermines this basic assumption of corporate existence.

It is true, as PRES points out, that the requirement of "injustice or fundamental fairness" follows the language of this court's opinion in DeWitt Truck Brokers, Inc. v. W. Ray Flemming Fruit Co.DeWitt, however, did not involve Virginia law, but applied a different standard that permits the corporate veil to be pierced "in appropriate circumstances even in the absence of fraud or wrongdoing." That is plainly not the law in Virginia, and the judgment cannot stand.

Ordinarily, an erroneous jury instruction would require the case to be remanded for a new trial. Under the correct standard of Virginia law, however, we think for the reasons that follow that PRES is unable to raise a triable issue with respect to piercing the corporate veil in this case.

The district court pointed to several factors established by the evidence that purportedly justify such action. The district court noted that there was evidence from which a jury could find that Michaelson was the sole shareholder of MPI, that he was the sole director of MPI, that corporate formalities were not observed, that corporate capitalization was not adequate, and that corporate records did not indicate payment of any dividends.

Michaelson has offered his own version of the evidence on these issues, and has suggested that the court's findings were clearly erroneous. We shall not reach this question, however, since the findings of the district court focus primarily on the first part of the test announced in Cheatle, and ignore the second half of that test. Even if we assume that MPI was Michaelson's "alter ego, alias, stooge, or dummy," or that Michaelson exercised "undue domination and control" over MPI, PRES's attempt to pierce the corporate veil must fail unless Michaelson used MPI to "disguise wrongs, obscure fraud, or conceal crime". The district court found—and PRES appears to concede—that there was no evidence that Michaelson used the corporation to "obscure fraud" or "conceal crime". The only question, then, is whether a reasonable jury could have found that Michaelson somehow used MPI to "disguise wrongs".

PRES has simply failed to show that Michaelson used the corporate form to "disguise wrongs". PRES and MPI had entered into a longstanding contractual relationship, and PRES had full knowledge of the nature of its corporate partner, including its ownership structure and capitalization. PRES even participated in the decisions to distribute money to itself and to MPI after determining that the AAA partnership had sufficient assets to cover its anticipated expenses, and PRES apparently sought no limitations on what MPI did with those funds. PRES has sought on appeal to attack MPI's distributions to Michaelson by labeling them an unfair "siphoning" of funds. It was entirely foreseeable to PRES, however, that MPI would distribute those funds to Michaelson, its sole shareholder. When MPI did distribute the funds, it did so well before any claims were filed against the partnership and in a manner that PRES has not shown would violate Virginia law.

PRES points out, however, that in a number of contexts PRES did negotiate personal guarantees from Michaelson, and insists that such guarantees weaken MPI's corporate veil. We think, to the contrary, that they fortify it. Courts have been extraordinarily reluctant to lift the veil in contract cases, such as this one, where the "creditor has willingly transacted business" with the corporation. In other words, courts usually apply more stringent standards to piercing the corporate veil in a contract case than they do in tort cases. This is because the party seeking relief in a contract case is presumed to have voluntarily and knowingly entered into an agreement with a corporate entity, and is expected to suffer the consequences of the limited liability associated with the corporate business form, while this is not the situation in tort cases. Thus, in contract cases, where "each party has a clear and equal obligation to weigh the potential benefits and risks of the agreement," courts have emphatically discouraged plaintiffs seeking to disregard the corporate form. In such cases, courts have required proof of some form of misrepresentation to the creditor: Unless the [corporation] misrepresents its financial condition to the creditor, the creditor should be bound by its decision to deal with the [corporation]; it should not be able to complain later that the [corporation] is unsound. Here PRES and MPI were joint venturers in real estate, each familiar with the other. PRES has failed to point to anything that suggests that

Michaelson misled PRES as to its financial condition—there is simply no indication that Michaelson used MPI to "disguise" anything. While PRES has asserted that Michaelson misled PRES by making an oral promise to contribute personally to the settlement of the lawsuit. Michaelson testified that no such promises were made, and the jury agreed with him. PRES has not appealed from this aspect of the judgment, and we will not interfere with it.

Absent some evidence of misrepresentation, "courts should not rewrite contracts or disturb the allocation of risk the parties have themselves established." Parties to a commercial transaction must be free to negotiate questions of limited liability and to enforce their agreements by recourse to the law of contracts. PRES surely understood that principle, and thus went to the trouble of securing Michaelson's personal guarantees on several matters. Michaelson and his wife signed documents agreeing to personally indemnify PRES against loss on MPI's letter of credit and to personally guarantee repayment on two loans to MPI. The amounts were very specific: the Michaelsons were to be personally liable for up to $1 million on the letter of credit, and for $750,000 and $1.05 million on the two loans. Significantly, the AAA joint venture agreement included no personal guaranties by Michaelson, and the jury, as noted, found that Michaelson had made no oral promises to answer for MPI's debt. As a matter of contract, then, Michaelson was entitled to insulation from personal liability on the claims from the AAA partners, and it is not our place to restructure the parties' agreement.

From the outset, MPI was a limited liability corporation formed for the express purpose of entering joint ventures in real estate. The parties in this case expressly put the issue of limited liability on the bargaining table, and settled on an agreement that required MPI not Aaron Michaelson—to answer for the debts of the partnership. Exceptions to this rule were plainly spelled out by the parties in writing. The jury verdict stripped Michaelson of the protections against personal liability to which he was entitled under the settled corporate law of Virginia. It awarded to PRES a new contract—one that bestowed on PRES a personal guarantee on the part of Michaelson that PRES had been unable to obtain at the bargaining table—apparently on the ground that the actual agreement resulted in a "fundamental unfairness". Be that as it may, Virginia law plainly says that fairness is for the parties to the contract to evaluate, not the courts. Our task is rather one of enforcement.

In conclusion, PRES is a disconsolate joint venturer who now wishes it had been doing business with an individual, and not a corporation. That was not the case, however, and, for the foregoing reasons, we reverse and remand with directions that the district court enter judgment for defendant Michaelson.

[案情简介]

本案被告创建了 Michaelson Properties,Inc.(MPI)，以进入房地产行业，且被告是该公司唯一的股东。原被告共同经营了两个公司，其中一个从事的是建筑住房设施。后购房者以违反担保条款为由提起诉讼。在判决前，原告与购房者达成和解协议并单独给予了全部赔偿。后原告针对被告和其公司 MPI 提起诉讼，要求 MPI 根据其合伙协议给予赔偿，并声称被告从 MPI 出售非法所得，要求被告对其公司 MPI 债务承担连带责任，即适用"揭开公司面纱"原则。陪审团支持原告的请求，地区法院也支持陪审团的决定揭开 MPI 的公司面纱。但上诉法院推翻前述判决，认为陪审团错误地阐释了 Virginia law 的适用标准，其决定也不合理地剥夺了被告对其公司享有有限责任的权利，不应适用"揭开公司面纱"原则，应还押候审。

[相关法理]

公司是当今国际社会最重要的一种商事组织形式，是以营利为目的社团法人①。公司法是规定公司设立、组织、经营、解散、清算以及调整公司内外部关系规则的总称。现代公司的一个重要特征就是，公司是一个法人团体，是一个完全区别于组成该团体的成员的法律实体。中世纪的时候，有法人地位的实体已经出现了，主要是一些经皇室特许而组成的牧师会、寺院或自治城市一类的宗教团体或公共组织。到了 17 世纪初，在英国和荷兰正式出现了有法人地位的商业公司，它们经皇室特许，经营外贸业务，典型的如 1600 年成立的东印度公司和 1602 年成立的荷兰东印度公司。一般认为，公司的历史是由合伙向无限公司、两合公司，然后到股份有限公司及有限公司进行发展。公司作为一种法律制度，雏形在中世纪时期的西方国家就已存在。经过数百年的发展，西方国家不但逐步形成完善的公司法律体系，而且还具有良好的商事公司传统，公司内部组织的种种运作机制规范合理、为世人所熟知。

---

① 传统的公司理论认为公司从事经营活动的目的在于获取利润，并把其分配给公司的投资人，这是公司的本质属性和制度价值。然而进入 20 世纪以后，一系列社会问题导致了人们的质疑，并提出了社会责任概念。

一、公司的概念及其基本特征

1. 公司的含义

各国的公司立法都对公司含义进行解释，但无论从理论上还是在实践中，各国公司法对公司的定义都集中在下述三个内容上，即法定性、营利性和法人资格上，即公司是指依公司法的规定成立的，以营利为目的的组织法人。

如《美国标准公司法》(1999 年)对公司下的定义为：公司是按公司法的规定而设立的，以营利为目的的法人组织。英国公司法对公司的定义也基本一样。但大陆法系国家(例如法国和德国)的公司法分成有限责任公司法和股份公司法，因此没有对公司下统一的定义，但内容是一致的。在英文中，公司可以用 Corporation 表示，也可以用 Company 表示。但在用 Company 表示时，在公司名称后应添加"Ltd."或"Inc."来表示，或者，可在公司的名称后直接用公司的缩写"Corp."表示。如福克斯公司可用"Fox，Inc."或"Fox Corp."来表示。

2. 公司的基本法律特征

公司作为法人(corporate body)，具有以下几个法律特征。

(1) 公司股东对公司债务承担有限责任(limited liability)。公司是股东以其出资额为限，对公司承担有限责任，这是各国公司法的共同规定，也是公司区别于其他组织形式的关键。《美国标准公司法》第 3.22 条规定：公司的股东就其购买的股份，除了支付发行的对价外，或支付认缴协议中规定的对价外，对公司及其债权人不承担额外的责任，这是商事组织法历史性的进步。

(2) 公司具有独立的财产所有权(ownership of property)。公司的初始财产来源于股东的投资，但一旦股东将投资的财产移交给公司，这些财产从法律上便属于公司了，而股东则丧失了直接支配和使用这些财产的权利，换来的则是按照出资比例享受一系列利益的权利。

(3) 公司独立地享有民事权利和承担民事责任，包括起诉和应诉权(sue and to be sued)。

(4) 公司实行统一的集中管理制(centralized management)。公司的管理体制由公司的章程规定，但是不能与公司法的强制性规定相悖，必须实行股东大会、董事会(监事会)以及经理三位一体的管理方式，而不能采用合伙的分别管理的管理方式。

(5) 公司的永久存在性(perpetual existence 或 continuity of life)。相对于合伙组织而言，公司具有永久存在性，公司强调资本的联合，因此股东的股份转让、股东的死亡或破产都不影响公司组织的存续。

3. 各国公司法简介

一个国家立法模式的选择，不仅受到法律内容的制约，还受到其立法传统、立法体系的影响，以及社会发展的影响，具有可变性。公司法也不例外，各国的公司法有着较大的差异。下面我们可以从表 2-1 中明显地看到各国公司法的不同。[①]

表 2-1 各国公司法简介

各国公司法	简 介
法国公司法	1. 法国属于民商分立的国家，公司法属于商法的范畴 2. 法国第一部近代公司立法是 1807 年的《法国商法典》；1867 年法国颁布了《公司法》，对公司制度做了专门的规定 3. 由于《法国商法典》制定得较早，而有限责任公司出现得又较晚，法典中规定的公司类型不全，因此，在 1925 年，又制定了单行的公司条例《有限公司法》，正式承认了有限公司的法律制度 4. 在 1966 年，法国又制定了统一的商事公司法
德国公司法	1. 德国也属于民商分立的国家，公司法属于商法的一部分 2. 最早在 1861 年颁布的《德国商法典》中对有关商事公司的内容做了规定，在 1892 年，颁布了单行的《有限公司法》，在 1897 年进行了修改 3. 1937 年颁布的《股份法》取代了《德国商法典》中对股份有限公司和股份两合公司的规定，确立了德国的公司法制度
英国公司法	1. 英国最早在 1720 年实施了有关公司制度的《布伯尔法》(Bubble Act 1720)，1825 年后，相继颁布了一系列单行的公司法规 2. 1862 年，英国首次颁布了以《公司法》命名的法律，此后，公司法经过了数次修改 3. 1944 年，英国制定的《合作股份公司法》中确立了公司发起人数、法定资本注册、保护投资者利益三个原则，这三个原则至今仍是各国公司法的重要内容 4. 英国加入欧洲经济共同体后，根据欧洲公司法指令及随着欧盟理事会新的《关于欧洲公司法规范》生效 (2004 年 10 月)，公司法势必还要作出进一步的修改
美国公司法	1. 美国联邦议会没有公司法方面的立法权，各州有公司法的立法权 2. 美国统一州法律委员会和美国法学会分别在 1928 年和 1950 年制定的《统一公司法》和《示范公司法》，尤其是美国法学会制定的《示范公司法》，对各州的公司立法影响较大，经过 6 次修改，1984 年的新版本《示范公司法修正本》在短时间内得到了许多州的采用

[①] 屈广清. 国际商法[M]. 大连：东北财经大学出版社，2004：25

二、公司的类型

各国公司法的不同，公司的类型也有所不同。从公司法理论的角度，依据不同的标准可以将公司划分成多种多样的类型。

(1) 根据公司股东对公司享有权利和承担义务的不同，公司分为有限责任公司和无限责任公司。无限责任公司的全体股东对公司债务负有连带责任(joint and several liabilities)，连带责任是按股份分担的。由于无限责任公司自身的局限性，无法适用社会化的大生产，因此很多国家都已经将其摒弃，只有为数不多的国家如德国、日本仍然许可设立无限责任公司以及它的变形，即两合公司和股份两合公司，但现实中投资者也很少采用此种模式，它们正日渐消亡。

(2) 根据资金来源及其管理形式的不同，将公司分成有限责任公司和股份公司，这两种公司类型是当今社会中的基本公司形态，因此本章将集中介绍这两类公司。

(一)有限责任公司的基本法律特征

有限责任公司，是指股东人数较少，不发行股票，股份不得随意转让，股东对公司承担有限责任的公司。有限公司于1892年首创于德国，其目的在于融合合伙组织与股份有限公司的优点，以适应中小型组织，特别是家族组织的客观需要。其后法国、意大利、卢森堡、比利时等国相继采用。英国的"Private Company"和美国的"Close Corporation"近似于此类公司。在美国各州公司法中，一般都独辟一章，专门规定有限责任公司的各项特点。但同时也需要指出的是，近年来，美国各州出现了一种英文名称为"Limited Liability Company"(简称LLC)的立法。如果用中文直译也是"有限责任公司"，但LLC与我们传统意义上的有限责任公司即"closely held corporation"是不同的，LLC实际上既具有公司的性质，如具有法人资格，股东承担有限责任，股份可以转让，公司可以永久存在，又具有合伙性质，如LLC在税法上享有一次性交纳所得税的优惠。当然，LLC的另一个特点就是各州立法都要求LLC的成员(股东)之间签订经营协议(operating agreement)，这种协议特别重要，它往往会把LLC中的各类责任和权利具体化，从而给予其新的特征。要说明的是，本章在阐述有限责任公司时，并不包括LLC的内容。在英国、美国和加拿大等国家都没有独立的有限责任公司法，而是作为公司法的一章存在的；在法国、德国和意大利等大陆法系国家，则是以独立的单行法规出现的。有限责任公司的法律特征有以下几个方面。

(1) 公司法禁止有限责任公司向公众招募股本。各个股东所认购的股份比例通常由股东们相互协商而定。之后，由公司向其出具股份证书，以证明其在公司内部享有的权益和承担的风险比例。各国公司法都规定了有限责任公司的法定资本额都要少于股份有限公司的法定资本额。

(2) 具有较明显的人合性质。一般公司法理论认为，有限责任公司是资合性与人合性的统一体，就公司本身而言，其具有典型的资合性特点，但有限责任公司因其成员之间存在着某种个人关系，即股东之间的相互信任，所以具有人合性。有限责任公司模式是德国法学家智慧凝结的产物。依据德国联邦法院的判决，有限责任公司的股东不仅在与作为团体的公司关系上，而且在股东的相互关系上，也须履行合伙法上的诚实信用义务。这种诚实信用义务是有限责任公司存在的基础，其经营的成败主要取决于各股东的才干信用以及彼此之间的信任。有限责任公司的人合性特点决定了股东之间比较了解和熟悉，许多都是同一家庭的人员或亲朋熟友，他们具有天然的相互信任和长期合作共事的基础。

基于上述原因，各国公司法一般对有限责任公司的股东人数均有限制。如英国公司法规定有限责任公司股东人数不得超过 50 人；美国特拉华州公司法规定不得多于 30 人；法国公司法规定不得高于 50 人，如果超过 50 人，则必须转变成股份有限公司，否则股东人数须降到 50 人，或者解散该公司。中国公司法规定设立有限责任公司的人数只有上限规定，即 50 人以下。但近一时期，这种传统的理论受到了质疑，甚至有些国家已经有所松动。如法国政府于 2004 年 3 月 25 日颁布了关于"简化公司法及公司各种程序"(simplification du droit et des formalités pour les entreprises)的法令，将股东人数上限从 50 个上升为 100 个。这一改革举措简单而有效地跨越了"人数限制"的瓶颈，使投资者不至于因股东人数上限这一要素而不选择有限责任公司，从而在一定程度上弥补了有限责任公司股东人数相当有限的不足[①]。

(3) 公司行政管理机构比较简单。股东人数较少的公司一般不设立股东大会和监事会，董事会是最高权力机构，主要股东一般都是董事会成员，并直接参加公司管理。有限责任公司的设立和解散程序也相对比较简单。

(4) 公司的财务报告不予公开，只需按照公司章程规定的期限送交给各股东审阅即可。

由于有限责任公司具有上述特点和长处，它基本上是以资合公司为基础又吸收了人合公司的特点，这类公司不仅在海外属于得到广泛运用的直接投资形式，而且在我国也得到了普遍的接受。目前，在中国法律体系中存在着不同形式的有限责任公司，它们分别是：

---

① 施鹏鹏. 法国有限责任公司的新发展. http://droitcompare.fyfz.cn/blog/droitcompare/index.aspx，2009 年 1 月 25 日

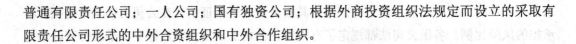

普通有限责任公司；一人公司；国有独资公司；根据外商投资组织法规定而设立的采取有限责任公司形式的中外合资组织和中外合作组织。

(二)股份有限公司

股份有限公司(publicly held corporation)，是指全部资本划分成等额的股份，其股份以股票形式依法公开发行和自由转让的一种公司组织形式。股份有限公司最本质的特点就是其股票是公开发行和自由转让的。

我国公司法对股份有限公司的定义为：股份有限公司是指其全部资本分为等额股份，股东以其所持股份为限对公司承担责任，公司以其全部资产对公司承担责任。公司法的第三章和第四章又对我国股份有限公司的特点作出规定。股份有限公司的基本法律特征如下。

1. 全部资本分为等额股份

股份有限公司的注册资本都是以股票为计量单位的，即每一股票在注册资本中所代表的金额是一致的、相等的，整个注册资本在某种意义上说，也可以用股份数来表示。因此，在股份有限公司中，股票是均分股东权益的凭证，股东是以其握有的股票数(即占注册资本的比例)来享有股东权益的。

2. 股份以股票形式公开发行并可以流通

在股份有限公司中获准上市的公司，又称上市公司(listed corporation)，它可以通过发行股票来筹集资本，其股票可依法在证券交易所进行流通。

3. 实行所有权和经营权相分离

股份有限公司是典型的资合公司，股东作为公司的所有权人，与公司的董事会及管理层是分离的，即负责股份有限公司的决策和管理活动的是董事会和管理层。公司法把股东大会、董事会、管理人员及监事会各自的职权作了较为具体的规定。

4. 公司的账目必须公开

公司法规定，以募集设立方式成立的股份有限公司必须公告其财务会计报表。财务会计报表主要包括资产负债表、损益表、股东权益变动表、现金流量表、财务情况说明书及利润分配表等。

5. 股份有限公司的规模较大

一般情况下，股份有限责任公司的股东人数众多，内部管理机构权责分明、效益高，竞争力强。根据西方国家公司法的规定，西方国家的股份有限公司，尤其是在证券交易所公开挂牌上市的公司，其特征与我国公司法的规定基本相似。股份有限公司在一国的经济、政治和社会生活中起着举足轻重的作用。

三、"揭开公司面纱"理论

公司是现代组织的基本形态，建立公司制度的最重要的贡献就是确立了公司的独立法人地位，使公司股东对公司债务承担有限责任。从历史上看，有限责任制度的产生曾为公司在社会经济生活中发挥重要的作用奠定了基础，它像一股神奇的魔力，推动了投资的增长和资本的积累。在公司法中，有限责任制度也居于核心地位，并被一些学者称为公司法的"传统的奠基石"(traditional cornerstone)。公司法的许多规则在很大程度上是由有限责任制度决定的，它是组织发展过程中的一种巨大的历史进步。曾有西方学者称有限责任公司是当代最伟大的发明，其产生的意义甚至超过了蒸汽机和电的发明①。所以，按照一般的理解，现代组织制度的主要内容乃是有限责任制度，即股东以其对公司的出资对公司承担有限责任。

有限责任制度自产生以来，就逐渐成为促进经济发展的有力的法律工具。市场竞争充满了风险，风险总是与投资的利润相伴随的。如果对股东的责任没有限制，而单个的股东又不能完全控制公司，那么当公司欠下大笔债务时，有可能使众多的单个股东破产。所以有限责任是减少风险的最佳形式。有限责任对投资者广泛参与投资形成了有效的刺激。社会经济的发展需要靠投资推动，但鼓励投资应通过良好的法律形式实现，只有当立法者为资本设计出有限责任这种特殊形式，投资者才能通过此形式而自由地扩大其权力。有限责任不仅减轻了投资风险，使投资者不会承担巨大的风险，同时使股东的投资风险能够预先确定，即投资者能够预先知道其投资的最大风险仅限于其出资的损失，这就给予投资者一种保障。从有限责任制度的发展历史来看，这一制度在历史上的作用主要是通过鼓励投资的作用来实现的。公司的上述特点使这一制度在历史上发挥出巨大的作用，并且随着社会经济的发展，这一制度必然会释放出新的能量，发挥出更大的作用。正因如此，有限责任制度曾经被视为公司法上的帝王原则。

然而公司作为商事交易的主要组织形式，并未也不可能从根本上解决市场交易的风险问题，相反却为一些人逃避和转嫁风险打开了方便之门。在公司法史上，英国的萨洛蒙诉

---

① Janet Dine.Company Law. 第 4 版. 北京：法律出版社，2003：1

萨洛蒙公司一案(Salomon v. Salomon & Co. Ltd.)可以说将公司有限责任的异化推向了顶峰。萨洛蒙是一个多年从事皮靴业务的商人。在1892年,他把自己拥有的靴店卖给了由他本人组建的公司,转让的价格为39 000英镑。此后,公司发行了每股1英镑的股份20 007股,他的妻子和五个子女各拥有1股,萨洛蒙本人拥有20 001股(这主要是为了达到当时法律规定的最低股东人数7人)。公司还以其所有资产作担保向萨洛蒙发行了10 000英镑的债券,其余差额用现金支付。公司不久陷入困境,一年后公司进行清算。若公司清偿了萨洛蒙的有担保的债权,其他的无担保的债权人就将一无所获。无担保的债权人认为,萨洛蒙和其公司实际上是同一人,公司不能欠他的债,因为自己不能欠自己的债,公司的财产应该用来偿还其他债权人的债。初审法院和上诉法院都认为,萨洛蒙公司只不过是萨洛蒙的化身、代理人,公司的钱就是萨洛蒙的钱,萨洛蒙没有理由还钱给自己,从而判决萨洛蒙应清偿无担保债权人的债务。但是,上议院推翻了初审法院和上诉法院的判决。英国上议院认为,萨洛蒙公司是合法有效成立的,因为法律仅要求有七个成员并且每人至少持有一股作为公司成立的条件,而对于这些股东是否独立、是否参与管理则没有作出明文规定。因此,从法律角度讲,该公司一经正式注册,就成为一个区别于萨洛蒙的法律上的人,拥有自己独立的权利和义务,以其独立的财产承担责任。本案中,萨洛蒙既是公司的唯一股东,也是公司的享有担保债权的债权人,具有双重身份。因此,他有权获得优先清偿。最后,法院判决萨洛蒙获得公司清算后的全部财产。这样的判例使股东仅负有限责任的思想在法律上获得了最高的体现,基于这一原因,该判决被评价为后患无穷的、不幸的判决。有限责任制的主要弊端是在股东滥用公司人格而损害债权人的利益时,债权人不能对股东直接提出赔偿的请求。

由此可以看出,随着人类社会的发展,公司有限责任的负面效应也日益凸显。公司的运作是靠人来实现的,每一个公司背后站立的都是个人。在某些情况下,董事可能利用公司的人格从事各种欺诈行为,并为自己谋取非法所得,股东因此获得的股息、红利等会超出其全部投资额,但仅承担其出资额范围内的风险,而债权人却可能因为有限责任而变得两手空空,所以有限责任制注重了对股东的保护,却忽略了对债权人的保护。在公司法史上,英国的萨洛蒙诉萨洛蒙公司一案,可以说是为股东牟取法外利益开了先河。公司有限责任制度是一柄双刃剑,既为奋发进取者提供了保护伞,也充当了巧诈舞弊者的护身符。一旦独立人格和有限责任被滥用,公司即足以其法人面纱从法律上隔断股东与公司债权人之间的联系,遮盖股东在公司经营中的地位差别,其结果将导致社会公共利益、公司债权人利益和其他利害关系人利益遭受损害。

股东有限责任原则与公司独立法人格作为一种制度安排,其法理旨为在股东与公司债权人之间建立风险与权利的平衡。当这一平衡为公司法人格与股东有限责任的滥用所打破时，便需要一种衡平的法律制度来纠偏、矫正，即"揭开公司面纱"理论。"揭开公司面纱"(Piercing the Corporate Veil)理论发端于英美国家的案例(但是最早出现在英国还是美国，至今仍有不同的认识[1])，在大陆法中称为"直索(Durchgriff)责任"[2]。所谓公司面纱，即公司作为法人必须以其全部出资独立地对其法律行为和债务承担责任，公司的股东以其出资额为限对公司承担有限责任。公司与其股东具有相互独立的人格，当公司资产不足偿付其债务时，法律不能透过公司这层"面纱"要求股东承担责任[3]。法律既应充分肯定公司人格独立的价值，将维护公司的独立人格作为一般原则，鼓励投资者在确保他们对公司债务不承担个人风险的前提下大胆地对公司投入一定的资金，又不能容忍股东利用公司从事不正当活动，谋取法外利益，将公司人格否认作为公司人格独立必要而有益的补充，使二者在深沉的张力中，形成和谐的功能互补[4]。如果公司独立人格——有限责任制的介入则将股东意识到的投资风险限制在其出资额范围内，并可能将其中一部分转嫁给公司外部的债权人，使股东享有的权利与承担的风险失去均衡。相反，债权人作为公司重要外部利害关系人，无权介入公司内部的管理，缺乏保护自己的积极手段。其在股东仅负有限责任的体制下，一旦公司因经营管理不善等原因造成亏损，必将蒙受重大损失。可见，有限责任制注意了对股东的保护，却对债权人有失公正[5]。有限责任公司对债权人利益的这种不公正如果长期坚持下去，将会造成道德公害[6]。公司的有限责任制和独立人格像罩在公司头上的一幅面纱(Veil)，它把公司与股东公开，保护了股东免受债权人的追索，这样在公司的资产不足清偿债务时，不仅使债权人的利益不能得到保护，而且在一定程度上也损害了社会经济利益。当然法律可以通过规定行政的甚至刑事的责任来制裁不法行为人，但这些责任并不能使债权人所遭受的损害得到恢复。"揭开公司面纱"作为一事后的法律救济手段，是在个案中，基于特定的法律事实的发生，就具体的当事人之间的具体的法律关系，揭示出公司在此特定情形下已不具备公司法人特性的真实状态，从而否认公司的独立法人格资格，并直接追索公司背后股东的法律责任的一种法律制度。其法律价值目标与股东有限责任、公司独立法人格原则一样，都是为了实现法律的公平与正义。因而，它不是对股东有限责

---

① 沈四宝. 揭开公司面纱原则与典型案例选评[M]. 北京：对外经济贸易大学出版社，2005：8
② 王利明. 民商法理论与实践[M]. 长春：吉林人民出版社，1996：544
③ 沈四宝，王军. 试论英美法"刺破公司面纱"的法律原则[J]. 经济贸易大学学报，1992(4)
④ 蔡立东. 公司法人人格否认论[M]. 民商法论丛第二卷. 北京：法律出版社，1994：327
⑤ 蔡立东. 公司人格否认论[M]. 民商法论丛第二卷. 北京：法律出版社，1994：327
⑥ 张忠军. 论公司有限责任制[J]. 宁夏社会科学，1995(4)

任原则的否定,而是对股东有限责任原则的修正与维护,其具有很强的针对性和个案性质。这正如美国法官 Sanborn 在 "United States v. Milwaukee Refrigerators Transity Co." 一案中所指出的:就一般规则而言,除非出现了相反的理由、情况,否则公司应该被看做是一个法律实体(a legal entity)而具有独立的人格;但是,当公司的法人特性被用来作为损害公共利益(to defeat public convenience)、使非法行为合法化(to justify wrong)、保护欺诈(to protect defraud)或者作为犯罪行为的抗辩工具时,那么,法律上将视公司为数个人间的组合体(an association of persons)。①

中国在 2006 年大刀阔斧地修改了《公司法》后,其第 20 条第 1 款确立了揭开公司面纱制度②。揭开公司面纱制度与股东有限责任制度一张一合,共同构成了现代公司制度的核心内容。由于该理论在一定程度上限制了有限责任制度的适用,因此在法律适用上应规定严格的条件。从英美国家的审判实践来看,运用该原则时法官都十分谨慎,只有这样,才能在不颠覆法人人格独立和公司有限责任的前提下,通过个案公司法人人格否认,达到提升公司整体信誉的作用。

四、公司治理结构

(一)公司治理结构概述

良好的公司治理结构(Corporate Governance)是公司竞争力的源泉和经济长期增长的基本条件。近年来,公司治理结构正在全世界范围内越来越成为经营者、投资者、债权人、执法者和立法者关注的焦点,尤其是在美国发生安然事件和世通事件之后,更加引起各国的注意,并开始着手研究如何改革公司治理结构,以便加强对公司的监管。

在 20 世纪的 80~90 年代,公司治理在世界范围内得到法学家以及经济学家的重视。在西方公司制度发展的进程中,公司治理是伴随着股份公司的出现和两权分离的实现而产生的。在 20 世纪 30 年代,美国著名的公司法教授伯尔乐(Berle)和米恩斯(Means)在其《现代公司与私有财产》一书中,对公司股权结构日益分散后产生的股份公司所有权和经营权

---

① 陈荣文. 过犹不及:股东有限责任的辩证. http://vip.chinalawinfo.com/index.asp, 2009 年 2 月 11 日

② 《中华人民共和国公司法》第 20 条规定:公司股东应当遵守法律、行政法规和公司章程,依法行使股东权利,不得滥用股东权利损害公司或者其他股东的利益;不得滥用公司法人独立地位和股东有限责任损害公司债权人的利益。公司股东滥用股东权利给公司或者其他股东造成损失的,应当依法承担赔偿责任。公司股东滥用公司法人独立地位和股东有限责任,逃避债务,严重损害公司债权人利益的,应当对公司债务承担连带责任。

相分离的现象作了高度的总结，指出了其在公司制度发展中所产生的巨大历史作用。但同时也指出，公司股东在从两权分离中获得巨大益处的同时，也承受了其负面影响和作用，即"股东的个人利益绝对服从于有控制权的经理团体"，也就是说，所有权和经营权的分离，又给公司的股东带来了另一个问题，即股东在失去了对公司的直接控制权和经营权之后，如何使拥有经营权的管理者们能为实现股东的利润最大化而尽职尽力地工作。由于管理者一旦掌握公司管理权之后，其在信息资源方面的优越地位使股东无力与之并驾齐驱，因此，管理者在各种经济利益的诱因下，有条件在股东不知情的情况下，使公司逐渐成为经理层谋利的工具。西方国家的公司治理就是在这样的条件下和环境中产生和发展起来的。

关于公司治理结构的含义，到目前为止，世界各国尚没有一个公认的定论，但是，人们对公司治理机制产生的背景(原因)，公司治理机制要实现的目的，公司治理结构的主要框架，股东、董事和管理人员之间如何分配经营管理权，如何发挥社会中介机构的作用，以及社会责任在规范公司行为中的意义等方面都具有很多共同点[①]。公司治理结构是一种联系并规范股东(财产所有者)、董事会、高级管理人员权利和义务分配，以及与此有关的聘选、监督等问题的制度框架，规定如何在公司内部划分权力。良好的公司治理结构，可解决公司各方利益分配问题，对公司能否高效运转、是否具有竞争力，起到决定性的作用。公司治理机制实际上是一种制度性的安排，它是在法律保障的条件下，处理所有者、董事会、经营者三者之间的权力分配与制衡关系而产生的委托代理关系的一整套制度安排，以保障投资者的利益最大化及其最终控制权，维护公司各个相关利益者的关系。

西方的公司治理结构通常有英美模式、日本欧洲大陆模式等。英美模式重视个人主义的不同思想，在组织中是以平等的个人契约为基础。股份有限公司制度制定了这样一套合乎逻辑的形态，即依据契约向作为剩余利益的要求权者并承担经营风险的股东赋予一定的组织支配权，使组织在股东的治理下运营，这种模式可称为"股东治理"模式。它的特点是公司的目标仅为股东利益服务，其财务目标是"单一"的，即股东利益最大化。在"股东治理"结构模式下，股东作为物质资本的投入者，享受着至高无上的权力。它可以通过建立对经营者行为进行激励和约束的机制，使其为实现股东利益最大化而努力工作。但是，由于经营者有着不同于所有者的利益主体，在所有权与控制权分离的情况下，经营者有控制组织的权利，在这种情况下，若信息非对称，经营者会通过增加消费性支出来损害所有者利益，至于债权人、组织职工及其他利益相关者会因不直接参与或控制组织经营和管理，

---

① 沈四宝，王军，焦津洪. 国际商法[M]. 北京：对外经济贸易大学出版社，2002：128

其权益必然受到一定的侵害，这就为经营者谋求个人利益最大化创造了条件。由于股东在失去了对公司的直接控制权和经营权之后，需要考虑如何使拥有经营权的管理者们能为实现股东的利润最大化而尽职尽力地工作。亦即产生了公司制度上的新问题，即股东应如何在这种情况下动员、制约和监督公司经理层依法、依德经营的问题。当然美国公司的治理结构与英国也有所不同，在其发展过程中呈现出和其他国家不同的特点。从英美法系内部来说，自美国独立以来，公司法的发展过程明显快于英国。美国第一部成文公司法施行于1795年，而其董事会中心主义以成文法的形式于19世纪便已确立，而"英国直到1906年才在'自动过滤器公司案'的判决中改变了这一观念"[1]。另外从世界范围上看，美国公司的治理结构中的董事会中心主义一开始就显得比较"激进"，其在20世纪的发展过程中，不断地注入了许多"理智"的成分，既体现了现代公司治理结构的发展趋势，又体现了对股东利益的"终极关怀"。单从这一点看，美国公司法中的董事会中心主义既有巨大的理论价值，又有巨大的实践意义[2]。

日本和欧洲大陆尊重人合，在组织的经营中，提倡集体主义，注重劳资的协调，与英美形成鲜明对比。在现代市场经济条件下，组织的目标并非唯一地追求股东利益的最大化。组织的本质是系列契约关系的总和，是由组织所有者、经营者、债权人、职工、消费者、供应商组成的契约网，契约本身所内含的各利益主体的平等化和独立化，要求公司治理结构的主体之间应该是平等、独立的关系，契约网触及的各方称为利益相关者，组织的效率就是建立在这些利益相关者基础之上。为了实现组织整体效率，组织不仅要重视股东利益，而且要考虑其他利益主体的利益，采取不同方式的对经营者的监控体系。具体讲就是，在董事会、监事会当中，要有股东以外的利益相关者代表，其目的旨在发挥利益相关者的作用，这种模式可称为共同治理模式。

(二)公司治理结构模式

股份公司产生以来，其内部权力构造就一直以一定的理论为基础，随着社会经济的发展而不断演变。公司权力中心的定位，是公司内部权力构造的核心问题，由此而展开的一系列对权力的分配与制衡，便是公司法人治理结构的主要问题。法人治理结构的合理与否将直接关系到公司能否健康、有效率地运作。

在国际上，公司治理结构模式(Company Control Model)可以大致分为美国型和德日型，这是各国的法律、制度安排和金融管制上的差异等因素造成的。

---

① 陈东. 英国公司法上的董事"受信义务"[J]. 比较法研究，1998(2)
② 束小江，宗延军. 略论美国公司治理结构制度[J]. 河北法学，1999(6)

1. 美国公司治理结构模式

美国的主要法律渊源是判例法，但在公司法方面，公司建立和经营所依据的法律大都是成文法。以家庭色彩为特征的古典组织(独资组织和合伙组织)在 19 世纪 40 年代以前的美国占据了主导地位[①]。发达国家确立了公司设立的准则主义，股东大会作为公司最高权力机构也被确立下来。表现为：公司的董事经由股东大会选举产生，公司增资、减资和章程的修改须由股东大会批准；公司经营的重大事项由股东大会决策。董事会不拥有独立于股东大会的法定权力，其执行公司业务决策须完全依照章程授权和股东大会的决议，因此美国公司治理结构模式是单层模式，如图 2-1 所示。

这种股东大会至高无上，董事会完全依附于股东大会的权力分配格局被称为股东大会中心主义。随着科技的迅速发展，生产力水平不断提高，组织间的竞争日益激烈，大规模的现代股份公司大量涌现，以股东大会作为公司权力中心的定位已越来越不能适应公司的发展。世界各国的公司立法纷纷顺应了公司在实践中的这种发展变化，因势利导，先后废除了股东大会中心主义而改为采取董事会中心主义。《德国股份公司法》第 76 条规定由董事会领导公司；《法国商事公司法》第 98 条则更为明确地规定："董事会拥有在任何情况下以公司名义进行活动的最广泛的权力，董事会在公司宗旨的范围内行使这些权力，法律明确赋予股东会议的权力除外。"英国也在 1906 年的"自动过滤器公司案"的判决中改变观念，确定了董事会中心主义。然而随着公司规模的进一步扩大，董事会的规模也越来越庞大，同时由于其又是会议体制度，效率难免受到影响。为了高效决策，逐渐地在董事会下产生了一个人数更少、更精炼的权力中心——经理。公司的经营权便控制在经理手中。当今的一些大型公司中，实际掌管公司经营的是以公司总裁为首的管理层而非董事会，也有人称之为经理中心主义，但其影响力有限。

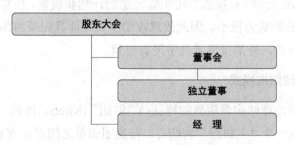

图 2-1　美国公司治理结构图

---

① 梅慎实. 现代公司机关权力构造论[M]. 北京：中国政法大学出版社，1996：18

在一家典型的美国上市公司里，组织所有权是相当分散的。理论上，公司的董事会由股东选出并代表股东利益，董事会任命高级管理人员并审批重大的投融资决策。如果组织经营效率不高，或者董事会不能起到监督作用，不满意的股东就可以发起代理权竞争(proxy fight)来推选新的候选人，但是在实践中，这种做法非常费时费力，而且经常无法成功。因此，不满意的股东们一般选择出售公司股票，来向市场发出强烈的信号。如果不满意的股东越来越多，那么公司股票的价格就会低于正常水平。这时候，就可能出现正确查知原因的外部投资者，他们将会在股票市场上收购这个公司的股票而获得组织的控制权，进而以股东身份采取更换管理者或董事会等措施以使组织恢复经营活力，并从由此带来的股价上升中获得收益。因此只要存在这种市场机制，即便没有监管者，公司管理者也会由于害怕被更换而自觉按照股东利益的要求从事经营活动。这种公司治理结构模式强调股票市场的流动性，要求上市公司增加信息透明度，禁止内幕交易，用市场机制对组织管理者进行监督和激励，以保护股东的利益。美国模式的理念是组织管理者只需对股东负责，组织经营目标是公司市场价值最大化。美国型公司治理结构可称为市场型公司治理结构，它的主要特点是利用规模经济和专业化管理，通过产品市场、经理人市场和资本市场的竞争抑制管理人员的道德风险，降低代理成本，对管理者控制、风险分担和资本需求进行平衡。

2. 德国公司治理结构模式

德国组织的公司治理结构与美国的截然不同。一家典型的德国公司股份是由几个大股东集中持有的，而这些大股东又被其他公司控制，形成金字塔似的持股结构。德国公司治理结构模式的另一特点是银行对公众公司的持股。德国银行一方面自己大量持有公众公司的股份，另一方面又替个人和机构投资者保管股份，并获得其代理投票权。这样，持股公司和银行作为"内部投资者"直接监督组织管理层的计划和决策，相对而言，其他投资者(称为"外部投资者")的影响力很小，因此敌意收购少见。而且如果内部投资者与管理层合谋侵害外部投资者的利益，外部投资者几乎没有对策。

3. 日本公司治理结构模式

日本组织的公司治理结构最明显的特征是"财团"(Kiretsu)体系。财团是一组关系密切的公司，它们通常以一个"主银行"为核心，在集团成员之间存在着长期的商业往来关系。"主银行"和其他金融机构拥有集团中大部分组织的股份，公司反过来再持有银行或集团中其他公司的股份，形成交叉持股，从而导致可供外部投资者购买的股份数远小于总股份数。公司的大部分债务融资来源于财团中的银行或其他成员，集团内组织间的管理层和董事会成员可以交叉任职，集团中最重要组织的高层经理组成总裁委员会(president committee)。这样就形成了组织集团中的一个控制集团。日本组织集团中的另一个控制集团是公司职工。在日本组织中，职工对组织特有的投资是不可或缺的，相应也就产生了年功序列制和终生雇佣制。所以职工也是组织的利益相关者(stakeholder)中一个强大的集团，在公司治理结构中不可能不考虑他们的影响。日本公司的两大控制集团(股东和职工)如果从各自立场出发坚持控制权的话，将会产生利益对立，此时就必须通过当事者的谈判解决。

德日模式比较接近，常被称为德日型公司治理结构，其共同的特点是组织型公司治理结构，它的主要特点是经济组织有助于克服有限理性、机会主义以及市场的不确定性，经济组织还有利于消除信息压缩的现象。它的结构特点与英美截然不同，它是股东大会下设董事会与监事会，如图 2-2 所示。

图 2-2　德日公司治理结构图

中国尽管大规模地修改了公司法，但其公司治理结构仍没有发生实质性的改变，继续沿用类似于德日模式的公司治理结构，但同时也汲取了英美公司法的独立董事制度，形成了适合中国国情的公司治理结构。

(三)股东与股东大会

1. 股东

一般认为凡是对公司投资或基于其他的合法原因而持有公司资本的一定份额并享有股东权利的主体均是公司的股东(Shareholder)。股东的法律地位就投资人成为公司股东的动机而言，主要有三类：投资股东、经营股东和投机股东。因动机不同，股权内容可能有所差异，但各类股东的法律地位一律平等。股东的法律地位既表现在股东与公司之间的法律关系中，也表现在股东相互之间的法律关系中。股东与公司间的关系表现为股东享有股权，股东将自己的财产交由公司进行经营，按其投资份额对公司享有一定权利并承担一定义务，这种权利义务的总称即股权。股权是股东法律地位的具体化，又是股东具体权利义务的抽象概括。股东之间的关系表现为股东平等原则，只要具有股东身份，不论有何个体差异，

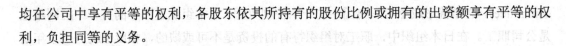

均在公司中享有平等的权利，各股东依其所持有的股份比例或拥有的出资额享有平等的权利，负担同等的义务。

2. 股东大会

一般公司原理认为，股东大会(General Meeting of Stockholders)由全体股东组成，其性质是公司的最高权力机关，这得到了大多数国家的认同。但实际上，如前所述，囿于现代各国的公司法对股东大会的权限都在不同程度上加以限制，股东大会的地位和作用日益下降。许多国家的公司法都以不同的方式把公司的经营管理权交给董事会或执行会处理，而对股东大会干预公司经营管理的权力加以限制。公司的治理结构是牵涉到公司的股东及相关利益者的利益能否实现和公司能否正常运作的重大问题。通常认为"现代公司的治理结构发展的新趋势，主要表现为股东大会的权力逐渐缩小，而董事会的权力日益扩大。"[①]在公司治理结构从股东会中心主义到董事会中心主义，再到经理中心主义的变迁中，美国一直引领其他国家与地区公司法研究的方向和制度的改革。大陆法系国家也受到了影响，进一步限制了股东大会的职权。一些国家公司法规定，选任董事与解任董事的权力已不属于股东大会，而是属于监察大会。如《德国股份有限公司法》规定，股份有限公司设监察会与董事会两重机构，监察会的成员由股东大会选任与解任，而董事会的成员则由监察会选任与解任，股东大会不能直接干预。又如，按照法国1966年公司法的规定，股份有限公司可以采取董事会制，也可以采取监察会与执行会制，究竟采取哪一种管理制度，可在公司注册时作出决定，也可在日后由股东大会决定。

(四)董事会与董事

1. 董事会

公司治理结构不同导致董事会与股东会的法律关系也有所不同。一般而言，无论是英美的单层架构还是日德的双层架构，都有以下特点：股东会是公司的权力机关，董事会(Board of Directors)是公司的执行机关。董事会是由股东大会选举产生的，代表他们对公司的业务活动进行决策和领导的专门人才。根据公司初始章程的有关规定，所有董事组成的一个集体领导班子就是董事会。

董事会是公司法人治理结构的重要一环，对其职权的法律规定将对公司之运营产生举足轻重的影响。这类法定职权不得以章程变更或以决议形式变更，否则交易安全也就难以

---

① 吴建斌. 现代公司治理结构的新趋势[J]. 中国法学, 1998(1)

保证。关于董事会职权的规定需要解决两个问题，其一是立法方式，其二是职权的具体内容。在立法方式上各国有所不同，主要有三种模式：一是采取列举式明确授予董事会各种职权；二是采取排除式规定必须由股东会行使的重要权力，除此之外的权力则由董事会行使；三是立法未对董事会职权作出具体规定，而将其赋予公司章程去规定。各国关于董事会职权在具体内容上存在一定的差异，但各国为了提高公司运营效率，均赋予董事会比较广泛的职权。中国《公司法》采用了列举式方法，关于董事会法定职权的规定主要列举了十一项，大体可以分为执行股东会决议、决策公司运营方案、制定公司基本管理制度及架构公司内部管理层等方面。中国台湾地区"公司法"第192条(关于董事之选任)规定："公司董事会，设置董事不得少于三人，由股东会就有行为能力之股东中选任之。民法第85条之规定，对于前项行为能力不适用之。公司与董事间之关系，除本法另有规定外，依民法关于委任之规定。"第202条(关于董事会职权)规定："公司业务之执行，由董事会决定之。除本法或章程规定，应由股东会决议之事项外，均得由决议行之。"

2. 董事

董事(Member of the Board, Director)是指由公司股东会选举产生的具有实际权力和权威的管理公司事务的人员，是公司内部治理的主要力量，对内管理公司事务，对外代表公司进行经济活动。占据董事职位的人可以是自然人，也可以是法人，但法人充当公司董事时，应指定一名有行为能力的自然人为代理人。各国公司法均对董事的资格和任期作了相应的规定。各国关于董事的任期规定不一，短则一两年(如美国规定为一年；日本商法典规定，董事任期不超过两年，公司成立之初的首任董事任期不得超过一年)，长则五六年(如德国、奥地利、瑞士、比利时等国)。中国《公司法》规定，董事任期由章程规定，但每届不得超过三年。董事每届任期届满后，连选可以连任。中国台湾地区的公司法关于董事任期的规定与本法规定基本一致，其第195条是这样规定的：董事任期不得逾三年，但得连选连任[①]。除董事的任期外，我国《公司法》还同时规定了董事任期届满时的诚信义务。例如，董事任期届满未及时改选，或者董事在任期内辞职导致董事会成员低于法定人数的，在改选出的董事就任前，董事仍应当按照法律、行政法规和公司章程的规定，履行董事的职务。当然不只我国对董事卸任时的诚信义务有规定，其他国家或地区对此都有涉及。我国台湾地区"公司法"第195条规定："董事任期届满而不及时改选，延长其执行职务至改选董事就任时为止。期满仍不改选者，得继续限期令其改选，至改选为止。"

对于董事的资格，西方各国公司法都有规定，但各国的规定有多有少，各不相同。例

---

① 王保树. 中国公司法修改草案建议稿[M]. 北京：社会科学文献出版社，2004：280

如英国公司法中对董事的资格作了限制：①关于破产者担任董事的限制。②关于在法院有前科者当选董事的限制。③关于年龄的限制。④关于董事资格股的限制，即要求董事必须拥有一个最低数额的公司股份作为他们担任董事的资格股。这样做的原因有二：一是可以直接刺激他们在为公司服务的过程中贡献出其最大的才智和能力，以使自己在公司的投资中获得尽可能大的收益；二是作为他们担任董事职务的品质担保。如果董事玩忽职守，违反法令和股东大会的决议擅自行动，并给公司造成损失的话，其资格股就作为对公司损失的赔偿，最低数额由各公司内部细则规定。美国的公司内部细则中，对董事还有其他方面的限制，主要是对其居住地、国籍及法人能否担任公司董事作出规定，如美国的南达科他州要求至少有一个董事为本州居民等。另外美国还对董事的品行和能力有一定要求，主要有三点：服从公司的最高利益、勤奋和忠诚。美国法律还规定，如果一个董事符合上述要求，被选任，则应当在注册地办事处详细登记董事的简况，特别是要求写上年龄和出生日期，以便到时令其退休。[①]

西方国家公司法对董事的任期几乎都没有具体的规定，任期的长短都由公司内部细则予以规定。根据各国的实践，董事的任期一般为 3 年。而在此，我国《公司法》倒是作了明确的规定，董事的任期由公司章程规定，但任期不得超过 3 年。在这里特别介绍一下美国《标准公司法》关于董事任期的特别规定，即董事分组(classification of directors)。公司章程可以将全体董事划分为两组或者三组以规定他们的交错任期。每组人数尽可能是总人数的一半或者三分之一。在此情况下，第一组董事的任期在其被选任之后的第一届股东年会时终止，第二组董事的任期在其选举之后的第二届股东年会时终止，第三组董事(如果有的话)的任期则于其选举之后的第三届股东年会时终止。此后举行的每届股东年会上选举的董事任期须为一年或者两年或者三年，按照交错的情况分别接替任期终止的董事[②]。与"一刀切"式的任期制度相比，此种灵活安排的优势是显而易见的：一方面能够保证董事会每年都有"新鲜的血液"补充进来，可以及时调整公司运营中的问题；另一方面也保持了公司董事会的相对的稳定性，不至于因董事的频繁更替导致公司的经营方针不延续。正因如此精巧的制度设计，使得美国的《标准公司法》一经问世，就被全美的绝大多数州转换成为其州立法。

3. 董事的信托义务

现代公司法的显著特征是组织所有权与经营权相分离，董事在公司经营管理活动中的

---

① 徐学鹿. 商法研究[M]. 北京：人民法院出版社，2000：68
② 沈四宝译. 最新美国标准公司法[M]. 北京：法律出版社，2006：92

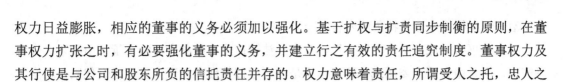

权力日益膨胀，相应的董事的义务必须加以强化。基于扩权与扩责同步制衡的原则，在董事权力扩张之时，有必要强化董事的义务，并建立行之有效的责任追究制度。董事权力及其行使是与公司和股东所负的信托责任并存的。权力意味着责任，所谓受人之托，忠人之事，即为信托责任的意思。

信托是指信托委托人将信托财产交给了信托受理人，信托受理人虽然取得了所有权，却不享有为自己的利益或按自己的意志来支配的权利，只有为信托委托人或其指定的其他人利益，按照信托委托人的意愿来支配他人财产的义务。它是普通法对世界法律制度的重要贡献之一，它起源于英国中世纪的土地用益关系，即土地所有人将土地交付他人占有、使用，但是约定土地收益让渡给原土地所有人指定的受益。[①]所谓董事的受信托义务是在18世纪、19世纪由英国大法官法庭(the Court of Chancery)为拥有资产或为其他人利益行使代表资格功能的人精心设计的一种义务[②]。董事的信托义务(fiduciary duty)主要包括注意义务(duty of care)、忠诚义务(duty of loyalty)和披露义务(duty to disclose)。在 Aronson v. Lewis 案中,特拉华州的法官指出:"Business judgment rule is a presumption that in making a business decision the directors of a corporation acted on an informed basis, in good faith and in the honest belief that the action taken was in the best interests of the company. Absent an abuse of discretion, the judgment will be respected by the courts. The burden is on the party challenging the decision to establish facts rebutting the presumption."。 商业判断规则是美国法院在长期司法实践中逐步发展起来的一项关于董事注意义务及忠实义务的判例法规则。公司董事在作出商业决策时是以熟悉情况为基础、怀有善意并且真诚相信所采取的行为符合公司的最佳利益。在不存在滥用自由裁量权的情况下，法院将尊重董事们的商业判断，以事实推翻这一假定的举证责任在原告。换言之，我们按照从大陆法系的概念逻辑分析，商业判断规则的构成要件为：一是系争案件涉及商业决策(a business decision)的争议；二是董事对系争交易不具有个人利害关系(disinterestedness)；三是已履行其注意义务； 四是已履行其忠实义务；五是没有滥用裁量权。

4. 独立董事

众所周知，目前世界各国根据其特殊的经济发展模式、组织成长历史、人文背景和社会环境已经形成了不同的公司治理结构模式。独立董事(independent director or outside director)是英美法系国家，尤其是美国判例法中的一个创造。独立董事是英美单层制董事会

---

① 张淳. 信托法原论[M]. 南京：南京大学出版社，1994：100

② Robert R Pennington. Directors, Personal Liability. London. BSP Professional 2000：33

公司治理结构模式中最具特色的内容之一。

独立董事必须保证两个"独立"。首先是法律地位上的独立。独立董事由股东大会选举产生，不是由大股东委派或推荐，也不是公司雇佣的经营管理人员，他们代表公司全体股东和公司整体利益，不能与公司、公司的内部人、大股东存在任何影响其作出独立客观判断的关系。其次是意思独立。独立董事以超然的地位，履行自己的职责，监督高层管理人员，检讨董事会和执行董事的表现，确保其遵守最佳行为准则；就公司的发展战略、业绩、资源、主要人员任命和操守标准、薪酬等问题作出独立判断。

20 世纪 70 年代的美国，由于几家公司卷入了向政府官员行贿等丑闻及一些性质恶劣的不当行为中，使股民对公司失去了信心，引发了很多对公司董事会及经理层不信任的法律诉讼案。这促使美国证监会要求所有上市公司设立由独立董事组成的审计委员会，以审查公司的业务报告、控制公司内部的违法行为。纽约证券交易所、全美证券商协会、美国证券交易所也要求上市公司董事会多数成员为独立董事。1977 年经美国证监会批准，纽约交易所引入一项新条例，要求每家上市公司"在不迟于 1978 年 6 月 30 日以前设立并维持一个全部由独立董事组成的审计委员会，这些独立董事不得与管理层有任何会影响他们作为委员会成员独立判断的关系"。20 世纪 80 年代，组织圆桌会议、美国律师协会商法分会不仅要求上市公司董事会多数成员为独立董事，而且要求董事候选人的任命完全授权给由独立董事构成的提名委员会。20 世纪 90 年代，《密歇根州公司法》在美国各州公司立法中率先采纳了独立董事制度(第 450 条)，该法不仅规定了独立董事的标准，而且同时规定了独立董事的任命方法以及独立董事拥有的特殊权利。

当然，公司卷入政治丑闻只是独立董事制度产生的诱因，其本质原因在于美国公司机关构造的单一制造成内部监督失控的制度缺陷和现实问题。美国的公司机关构造只有股东会和董事会，没有设置监事会之类的专门监督机构，而是由董事会承担监督职能。但随着内部人控制的愈演愈烈，董事会的监督职能日渐萎缩。美国之所以要建立独立董事制度正是基于公司被内部人控制的客观事实。被现代公司理论所称的内部人控制(insider control)，是指在两权分离的现代组织里，经理人员事实上或法律上掌握了公司控制权，他们的利益在公司的战略决策中得到了充分体现。在美国公司中，董事虽然由股东选举产生，但公司的高层管理人员和内部董事能对董事提名产生影响，这就使得以高层管理人员为核心的利益集团可以长期掌握董事会控制权，从而使董事会在确定公司目标及战略政策等方面无所作为，丧失了监督经营者的能力。由此可以看出，独立董事制度的形成是美国在其公司机关构造单一制模式下对其内部监督机制的改良，在公司内部主要扮演监督者的角色。然而让人颇感意外的是被誉为投资者利益的"卫士"的独立董事制度没有能够有效发挥作用，爆出了安然、世通等大型公司的财务丑闻，使美国股市出现了对上市公司的信任危机，整个资本市场市值损失了 7 万多亿美元[1]。为了重塑投资者的信心，美国 2002 年制定了萨班斯-奥克斯利法案(Sarbanes-Oxley Act，简称 SOX 法案)，该法案主要任务是加强对组织的监管，明确规定上市公司审计委员会的成员必须全部由独立董事组成。

中国证监会在《上市公司章程指引》第 112 条以选择性条款的形式引入独立董事制度。2001 年 1 月，证监会通知要求"基金管理公司必须完善治理结构，实行独立董事制度，其人数不少于公司全部董事的 1/3，并多于第一大股东提名的人数"，首次对独立董事的数量作了规定，从而拉开了我国上市公司规范化建设独立董事制度的序幕。从总体上看，独立董事的"威力"还不够大，以至于不少人对制度的有效性有所怀疑，独立董事在我国成了"花瓶董事"，形式作用多于实质作用，《指导意见》只是证监会表示要强化公司监管的一个政策宣言而已，甚至有学者提出不如把对公司内部监控的监管突破点放在如何完善我国已有的监事会制度上，不妨借鉴日本的做法，在监事会中引进独立监事[2]。但是所谓开弓没有回头箭，既然已经选择了引进独立董事制度，在修改后的公司法仍然要求上市公司设立独立董事的情况下，并且通过证监会颁布法规的形式，将其具体化。

(五)监事会

从各国公司立法看，尽管对监事会(board of supervisors)这一履行监督职责的机构称谓不同，有的称为监察人，有的称为监事会，有的称为监察会，有的称为审计员，有的称为会计监察人，但在本质、功能上并无大差别。[3]

监事会制度的产生是有其理论基础的，因此它是公司制度客观性的表现。西方经济学家认为，在组织所有权与经营权分离的原则下，作为组织所有者的股东，由于不具备经营组织的能力与经验或没有足够的时间与精力，以及由于股东分散化导致的直接管理成本的无限增大，需要将组织经营权交给专业管理人员来掌管、执行。基于此，股东与管理人员之间形成了私法上的委托代理关系。然而，在这种委托-代理关系中，股东(委托人)关心的是自己财产的安全、保值和增值，董事、经理(代理人)却有着自己的利益驱动因素。正如亚当·斯密所指出："在钱财的处理上，股份公司的董事为他人尽力，而私人合伙公司的伙员，则纯是为自己打算。所以，要想股份公司的董事监视钱财用途像私人合伙公司伙员

① http://www.cctv.com/program/jjxxlb/20060717/101102.shtml，2009 年 3 月 18 日

② 汤欣. 公司治理与上市公司收购[M]. 北京：中国人民大学出版社，2001

③ 梅慎实. 现代公司机关权力构造论(修订本)[M]. 北京：中国政法大学出版社，2000：504

那样用意周到，那是很难做到的。"[1]

董事、经理(代理人)在代人理财的过程中，既拥有庞大的权力，又有自己的利益考虑所在。可以肯定，他们很难像组织主那样追求公司资产的有效使用，甚至可能牺牲公司及股东的利益来追求自己的最大利益。在这种情况下，决策不当、滥用权力乃至中饱私囊的行为势必引起公司及股东利益的损失，这种损失便是著名的"代理成本理论"(Agency Costs)[2]，它把如何在保证公司经营者拥有一定"弹性"权力的条件下，对其进行有效的监督约束，以减少代理成本和控制代理风险的难题摆在了各国立法者面前。在这种背景下，公司监事会制度孕育而生，并通过各国公司立法的发展(主要是大陆法系国家)逐步趋于成熟与完善。

近代以来，由于分权制衡学说(Separation and Balance of Powers)的影响，在公司内部组织机构设置上体现了分权和制衡的原则。分权制衡理论本是由英国的洛克和法国的孟德斯鸠提出、美国的汉密尔顿等人发展的一种政治学说，资产阶级取得政权后，被确认为宪法的一项基本原则。该理论也成为公司监事会制度逐步发展与完善的理论依据。依该理论，公司的重大问题决策权由作为公司权力机构的股东会行使，公司的经营管理权由作为公司业务执行机构的董事会行使，公司的监督检查权由作为公司监督机构的监事会行使。

近年来，随着各国生产力水平的提高和现代公司制度的发展，在经营的效率化、合理化、专业化前提下，将公司权力逐步集中于直接经营的董事身上已成为时代的必然，于是股东会的权力弱化，董事会的权力不断加大。权力趋于腐败，绝对的权力导致绝对的腐败。随着董事会中心主义的盛行，董事会的权力日益膨胀和扩大，公司治理结构的制衡效果受到严峻的挑战。有鉴于此，西方大陆法系国家的公司立法在继续坚持"以权力制约权力"的原则下，扩张董事会权力与加强监事会的监管职能双管齐下，遏制董事会的经营管理人员拥权自重。例如日本在1994年修订《商法典》时，侧重对监事会及个别股东监督权作了调整和补充，将监事人数下限从两人提高到三人，以壮大监事会的监督力量；将监事的任期从至多两年延长为三年，以加强监事的身份保障；规定监事会中必须有公司外人员，以保证监督工作的公正性；大公司必须设立监事会，除行使法定的16项权力外，还可决定监察方针，对公司业务、财务状况的调查方法及其他有关监督事项，以求得现代公司治理结

---

① 亚当·斯密著；郭大力，王亚南译. 国民财富的性质和原因的研究(下卷)[M]. 北京：商务印书馆，1974：303

② 在经济学上，代理成本是指对委托人或代理人而言，难以零成本(zero cost)确保代理人所作决策可以永恒达到委托人所希望的最佳决策(optional decisions)。

构中的权力均衡和协调①。正是在分权制衡理论的指导下，西方各国公司监事会制度逐步趋于成熟与完善，在规范公司经营活动、保护股东合法权益方面发挥着愈来愈重要的作用。

综上可见，在代理成本、分权制衡和出资者所有权理论基础上产生、发展并不断趋于完善的公司监事会制度的价值功效越来越被人们所认可，显示出旺盛的生命力，成为了现代公司法人治理结构中必不可少的组成部分。

在股份公司中除了董事会以外，还要建立监事会的国家主要是大陆法系国家，他们实行二元制的公司治理。目前，监事会制度主要存在以下几种不同的模式②。

1. 德国模式

监事会(Aufsichtsrat)监督公司业务管理活动并可参与决策。监事会为德国股份公司必设机关，并有相当大的权限，包括任免董事及对其进行一般监督。据德国公司治理专家小组 2001 年制定的《上市公司治理规则》(Corporate Governance Rules for German Quoted Companies)，监事会的职权包括：定期对董事会经营公司提出建议，对公司长期目标之实现进行监督；任命董事会并保证其长期继任计划有序；要求某些交易必须得到监事会批准；制定董事会信息披露和汇报义务，任命审计师对年报进行审计，批准监事会成员与公司之间的合同等。因此，德国监事会已经不仅仅是监督者，而兼有决策者角色。而德国的董事会负责公司基本业务政策的制定和一般业务的执行，相当于英美的经理部门。德国监事会的另一个特点是职工参与。在德国最大的 100 家组织中，职工和工会代表占监事会近 50%的席位。

2. 日本模式

在日本，监事会是与董事会平行的监督机关。日本的监事会又叫监察委员会，监事叫监察人，其职能是对董事进行监督。1974 年前，日本监事只有会计监察之职。是年，日本对商法进行修改，规定监事的职责不仅包括会计监察，还包括业务监察。此外，根据商特例法，大公司还要设立会计监察人，会计监察人由公认会计师及监察法人担任，职责是对会计的合法性进行监察。与日本类似的还有我国台湾的"公司法"，我国公司的监事会与日本的也类似。

---

① 王书江，殷建平. 日本商法典[M]. 北京：中国法制出版社，2000：236
② 杜景林，卢谌译. 德国股份法、德国有限责任公司法、德国公司改组法、德国参与决定法[M]. 北京：中国政法大学出版社，2000：44

3. 法国模式

法国监事会不是必设机关，因而是一种混合模式。法国股份有限公司传统上有董事会而无监事会。1966年以后，借鉴德国双层委员会制，但是否设置监事会由公司章程自行规定。在设置监事会的情况下，监事会负责监督，董事会则负责执行。与德国不同的是，法国监事会不具有任命董事会的权力(董事会由创立大会或普通股东大会任命)，而更多地履行监督职责。

从中国公司法看，监事会是由股东会选举产生的，履行监督公司业务执行状况以及检查公司财务状况的权力机关。但在实际生活中，公司规模，尤其是股份公司规模越来越大，股东人数增多，出现了大多数股东的投机股东化现象[①]，股东关心的是自己在股市的投资收益，而不是公司的经营状况，股东大会形同虚设，股东以及股东会、股东大会显然不可能有效行使公司经营的监督权，监督董事业务的执行情况。正是基于此，监事会凭借出资者(股东)赋予的监督权，代替股东专职行使监督董事及董事会的职权，成为保护股东利益、防止董事会独断专行的必然选择。

虽然中国1994年的《公司法》也设置了监事会职权行使的相关规定，但在实践中仍普遍出现监事会虚化现象。监事会仅作为公司的摆设机构，并未发挥其在公司法人机关权力制衡机制中应有的监督职能，监事会只是个"橡皮图章"，是一个可有可无的咨询机构。大多数公司监事会的监事在列席董事会时处于不说话或不愿说话的状态，"明哲保身"的中庸之道大为盛行，对董事会或董事个人违反法律、行政法规、公司章程或其他损害公司利益的行为保持缄默，监事会的监督无从谈起，监事的义务和责任界定不清，监事不"监事"的法律后果不明。究其原因，观念上的因素占了主要成分，公司监事会制度存在的理论依据和价值功效尚未被广泛接受和认可。对此我们试图运用比较分析方法，以揭开其中的困惑。在西方国家，公司的监督机制以内部监督机制为主，以外部监督机制为辅，内外部监督机制相得益彰，共同维护公司的正常运作。仅就公司的外部监督机制而言，虽因各国的法律传统、公司制度以及市场环境的不同，其规定有很大区别，但其又蕴涵着诸多相似之处。一方面，西方国家的外部监督机制大多建立在成熟发达的市场经济以及浓厚的民商法律传统之上；另一方面，公司的内部监督机制是公司的自我约束和监督，而公司的外部监督机制是凭借司法权和政府的行政权对受害人以权益救济，防止公司权力的肆意，是一种事后救济。此外，西方国家的外部监督机制的启动具有严格的程序要求，一般较少以司法权、行政权干预公司微观经济事务。

---

① 周剑龙. 论股份有限公司经营的内部监督机制——中国公司法发展之前瞻[J]. 法学评论，1995(1)

与西方国家不同的是，我国是在缺乏商事法律传统，市场机制不健全的背景下开始组织的公司化改造和建立现代组织制度改革的。因此，在公司制衡关系中，外部监督机制极其鲜明地带有传统计划经济下组织监督模式的烙印。以政府行政部门为主体，以行政权力对组织微观经济事务的直接或间接干预为主要行为方式，是我国公司外部监督机制的显著特征。以行政权为主体的公权监控在公司制衡中发挥着主要作用，相比之下，公司内部制衡机制的作用和影响则极其微弱。主要表现在：①法律制度的建设侧重于在公司外部设置行政制衡力量，而对完善《公司法》中公司内部监督制衡机制则关心不够；②公司内部制衡机制的形式化，也使得制衡目的的实现不得不过多地依赖于外部监控力量①。

毋庸置疑，公司外部监督机制过于强大，是内部监督机制，即监事会制度无法有效运作的原因之一。依照市场经济的要求，以及借鉴国外公司监督机制的先进经验，以《公司法》为核心强化公司内部监督机制，制约和规范外部监督机制，作为公司监事会法律制度建设的着力点，是完善我国公司监事会制度的必然选择。这种努力不仅与我国社会主义市场经济的进程相协调，可以弥补现有体制的缺陷，而且能从根本上及时、有效、经济地防范公司权力滥用所带来的恶果。首先，在公司立法中尽快完善监事会制度，构建有效的公司内部监督体系。例如，重新配置监事会职权，改进监事会选任和解任制度，保障监事会依法、依公司章程独立行使监督权，强化监事的义务和责任。其次，强化公司的规范化管理，使特定的监事会制度切实运作起来。再次，制约和规范公司外部监督机制的运作，防止外部监督机制过多干涉公司正常生产经营活动。虽然公司外部监督机制作为维护公平与正义的最后保障是必要的，但在我国仍有相当一部分行政权力通过部门立法，以所谓实施宏观调控、市场监督的名义，对属于微观经济领域的公司，尤其是国有独资公司和国有控股公司的事务实施直接的部门干预，瞎指挥、乱插手、盘剥组织，又打着法律监督的旗号堂而皇之地延续其生命。这显然与我国经济体制改革的目标背道而驰。如果不能恰当地制约和规范公司外部监督机制的创设，可以肯定，只会造成各种公司外部权力，尤其是行政权力的不断扩张。因此，制约和规范公司外部监督机制的运作，防止外部监督机制过多干预公司业务已成为完善我国公司监事会制度的先决条件。最后，在公司、证券、反垄断、审计、破产、刑事等立法中注重内部、外部监督机制有效衔接，使内外机制形成合力，组成有效的监督网络。法律赋予监事会监督职权，而监事会能否有效行使监督权，在很大程度上取决于它能否保持自身的独立性。也就是说，独立性是公司监事会制度的灵魂，保持

---

① 李燕兵. 股份有限公司监事会制度之比较研究[J]. 国际商法论丛(第 2 卷). 北京：法律出版社，2000：298

自身的独立性是监事会有效履行监督权的根本前提。

世界各国公司立法中规定的监事会制度大体被分为四种模式，即公司经营监督且参与决策模式、公司业务管理监督模式、公司财务事务监督模式和公司章程任意择定经营监督模式①。然而，无论各国公司立法中规定的监事会制度是何种模式，法律配置给监事会的职权都是与其监督目标相一致的。中国修改后的《公司法》充实了监事会职权。该法第54条新增了四个方面的职权以强化监事会的功能：一是弹劾权，监事会有权对违反法律、行政法规、公司章程或者股东会决议的董事、高级管理人员提出罢免的建议；二是股东会的召集权与主持权，监事会有权提议召开临时股东会会议，在董事会不履行本法规定的召集和主持股东会会议职责时召集和主持股东会会议；三是提案权，监事会有权向股东会会议提出提案；四是诉权，监事会有权对违反诚信义务的董事、高级管理人员提起诉讼。此外还进一步加强了监督手段，例如赋予了监事会直接签单的权力。

综上所述，公司监事会制度是商事公司制度经过数百年的发展而逐步形成的，是公司法人治理结构的重要组成部分，是公司职权部门分权制衡、降低代理成本的必然选择。

[案例评析]

在 Perpetual Real Estate Services Inc. v. Michaelson Properties，Inc.一案中涉及的法律关系比较复杂，该案各方当事人之间的法律关系见图 2-3。

本案的焦点之一是基于合伙关系而产生的赔偿。原告与被告成立了合伙制的经营实体，其中一个关于建筑的项目引发了民事赔偿的诉讼，本案的原告在单独与购房者协议赔偿后，要求本案的两被告对此共同承担责任，对此似乎没有异议。本案的焦点之二是二被告中的股东 Aaron Michaelson 是否需要对其作为被告和作为 Michaelson Properties, Inc.(以下简称 MPI 公司)的唯一股东对此项赔偿承担责任，即是否需要适用"揭开公司面纱"原则。本案终审法院驳回了初审法院的判决，裁决不适用"揭开公司面纱"原则。本案的公司是一种特殊的有限责任公司——一人公司(one-man company or one member company)，仅有一个股东持有公司全部出资的有限公司或仅有一个股东持有全部股份的股份有限公司。一人公司是公司的一种特殊形态。在西方发达国家，一人公司的出现是随着市场经济的发展，个人出资经营者为追求有限责任利益，将其独资组织采取有限责任公司或股份有限公司形态的结果。自列支敦士登 1925 年《关于自然人与公司的法律》第 637 条第一次公开承认一人公司以来，许多国家或地区纷纷修改公司法或相关法律认可一人公司。时至今

---

① 梅慎实. 现代股份公司经营监督模式比较与评析[J]. 中国法学，1996(3)

日，完全禁绝一人公司的国家为数较少，而完全肯定或附条件承认者居多数，说明一人公司有其存在的社会基础，特别是对于新兴行业和风险相对较大的高科技产业而言。我国修改后的《公司法》已经明确规定允许一人有限责任公司的设立。

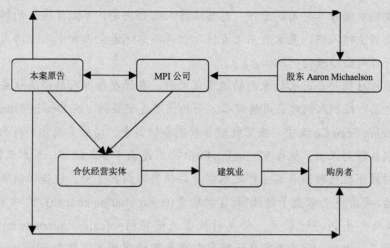

图 2-3 Perpetual Real Estate Services Inc. v. Michaelson Properties，Inc.一案的法律关系结构

一人公司的弊害同样是显而易见的。因为在一人公司中一人股东自任董事并实际控制公司，复数股东之间的相互制衡和公司内部三大机构之间的相互制衡都无法存在，一人股东难以慎独自律。没有传统有限责任公司的股东间的有效制衡机制，毫无牵制的一人股东很可能滥用公司人格，"为所欲为"地混同公司财产和股东财产，将公司财产挪作私用，给自己支付巨额报酬，同公司进行自我交易，以公司名义为自己担保或借贷，甚至行欺诈之事逃避法定义务、契约义务或侵权责任等。①这样使公司财产和股东个人财产混同，而在股东对公司承担有限责任的庇护下，即使公司形式上存在，一人股东仍可隐藏在公司面纱的背后而不受公司债权人或其他相对人的追究，使公司债权人或相对人承担了过大的风险，严重地背离了法律的公平、正义价值目标。正因为如此，各国的公司立法都在一人公司的规定中引入"揭开公司面纱"原则。

但是如前所述，揭开公司面纱原则的适用应当是个案的，从严把握的，只能在有证据证明公司股东滥用权利导致公司财产混同的情况下，才会予以揭开公司的面纱，让暴露出来的股东对公司债务承担责任。在审判实践中一定要坚持标准，依法实施，慎重权衡，审慎适用，防止滥用。不完全符合适用条件的，绝不能适用法人格否定制度。否则，不仅将

---

① 朱慈蕴. 一人公司对传统公司法的冲击[J]. 中国法学，2002(1)

导致整个公司法人制度处于不稳定状态，而且违背立法创立公司法人格否定制度的本来意义，从而严重减损公司人格独立制度的价值，影响社会经济的稳定和发展。本案中没有证据表明 MPI 公司与其唯一股东的财产混同，因此法律不能剥夺该股东所享有的法律优待，只是对特定案例中揭开其公司的面纱，忽略法律人格的决定，不做扩张性的解释，即在个案中绕开独立的法律人格，直索股东之责任，但并不意味着全面和永久性消灭公司法人人格，这是揭开公司面纱理论的核心。

从英美国家对揭开公司面纱原则的运用效果看，在保护债权人的合法权益、遏制滥用有限责任的企图，维护人们对公司的信心方面的作用是明显的。在 Dewitt Truck Brokers 诉 W. Ray Flemming Fruit Co.案中，法官就综合考虑各种因素，动用了揭开公司面纱原则，使原告的合法权益得到保护。被告 Flemming Fruit 公司是南卡罗来纳州一家水果销售代理商。它作为当地种植商之代理商将其生产之农副产品销售到用户手中。被告从销售总收入中扣除以下费用后，将余下金额交予种植商：①运输费(transportation charge)，用以支付原告(运输者)运送水果发生的一切费用；②支付被告之销售佣金(sales commission)。由于资金收付上的时间差，被告公司作为客户代理商掌握大笔销售收入。被告 Flemming 公司未支付原告运输商之运输费用，原告基于债务，对被告提起诉讼，并要求法庭依据南卡罗来纳州之法律，揭开公司面纱，追究债务公司董事长 Flemming 先生的个人责任。地方法院在庭审和充分事实调查基础上，作出揭开公司面纱，追究 Flemming 先生个人责任(individual liability)的判决。被告 Flemming 先生不服判决，提起上诉。联邦第四巡回上诉法院，经调查，维持原判决。Flemming 公司从成立之初，实际上就是一个封闭的一人公司。公司发起人是 Flemming 先生本人、其妻和他的律师。公司成立之初以每股一美元之价发行了 5 000 股股票，其后约有 2 000 股以不明确方式被清付收回。先于本案情发生时，Flemming 实际上占有该公司 90% 之流通股票。Flemming 对其余 10% 股票由谁拥有、各拥有多少完全不清楚。实际上他是公司的实际所有人。[①]本案清楚地表明，如果法庭不揭开 W. Ray Flemming Fruit Co.的面纱，否定其独立的法律人格，由其真正的股东承担原告运输商之运输费用，显然是有违于法律公平正义的价值的。

---

① 沈四宝. 揭开公司面纱——法律原则与典型案例选评[M]. 北京：对外经济贸易大学出版社，2005：78

本 章 小 结

现代国际商法源于商人习惯法，但现代商法既然是以商事组织为中心的法，就与旧的传统商法有了差异：一方面排除了小商人；另一方面排除了原始的、一次性的商业行为，这样现代商法较之旧的传统商法更加明显地具有高度发达的市场经济的法的性质。目前各国的商事组织法也在向趋同化发展，商事组织主要有三种形式，即个人独资企业、合伙企业和公司，并称为"三驾马车"，它们对于充分利用社会中小规模资本，创造就业机会，进而活络社会经济，起到了极为重要的作用。

案 例 讨 论

Supplemental Case

Dodge v. Ford Motor Co.

Henry Ford started the Ford Motor Company in 1903. By 1916, the company was worth $130 million and was paying regular dividends of over $1 million per year. And it was growing exponentially. Between 1911 and 1915, it paid out a total of $41 million in "special dividends" to its shareholders, on top of the regular dividends.

In 1916, the Ford Motor Company earned surpluses in excess of $100,000,000.00. The company's president and majority stockholder, Henry Ford, sought to stop declaring dividends for investors, and instead cut prices below the price for which they could actually sell cars, while at the same time increasing the number of persons employed by his company. Ford said that he wanted to increase the number of people who could afford to buy his cars. He stated:"My ambition is to employ still more men, to spread the benefits of this industrial system to the greatest possible number, to help them build up their lives and their homes. To do this we are putting the greatest share of our profits back in the business."

While Ford may have believed that such a strategy might be in the long-term benefit of the company, he told his fellow shareholders that the value of this strategy to them was not a primary consideration in his plans. The minority shareholders objected to this strategy, demanding that Ford stop reducing his prices when they could barely fill orders for cars and to continue to pay out special dividends from the capital surplus in lieu of his proposed plant investments. Two brothers, John Francis Dodge and Horace Elgin Dodge, owned 10% of the company, among the largest shareholders next to Ford. They sued Ford Motor Co. seeking to enjoin the new construction projects and impose a special dividend of no less than 75% of the corporation's surplus.

Quesitons:

(1) Whether the minority shareholders could prevent Ford from operating the company for the charitable ends that he had declared?

(2) Pleas explain "the corporation's role in society".

第三章

国际货物买卖法

本章导读

国际货物买卖法作为适用于国际商事交易领域中的法律规则，存在的功能是规范和保障商品交换的顺畅有序。本章在国际商法课程中居于核心地位。本章从国际货物买卖法的渊源入手，介绍了《联合国国际货物销售合同公约》(CISG)与国际贸易术语。阐释了国际货物买卖合同的订立，卖方和买方的义务，货物所有权的转移和风险的转移以及国际货物买卖合同的违约补救。

学习目标

明确要约、承诺、根本违约、预期违约等概念；认识《联合国国际货物销售合同公约》在调整国际交易中的作用；熟悉和掌握国际货物买卖中的相关法律规定，买卖双方的权利与义务，货物买卖合同在履行过程中的违约类型及违约的救济方法及条件。

Key Words

Contract，Offer，Acceptance，Fundamental Breach，Mirror Image，the Doctrine of Last Shot，Anticipatory Breach of Contract，Declare the Contract Avoided，Damages

买卖是商品社会中的基本社会行为。无论是公民个人、法人还是其他组织，均要通过买卖行为来满足自己的生活及生产的需要[①]。可见商品买卖在人类社会的经济生活中占有极其重要的地位，也是人类最早的经济活动之一。在现代社会里，人们更需要每天都进行大量的买卖活动，因此各国都有一套自己的买卖法，用来调整商品买卖过程中所产生的权利义务关系，以规范和保障商品交换的顺畅有序。可以说买卖法是商法中的不可或缺的基本法。与国内买卖法不同的是，在国际商事交易领域中，商事组织更需要有一个统一的规则来调整，以使跨国贸易得以顺利进行。

---

① 石静遐. 买卖合同[M]. 北京：中国法制出版社，2000：2

第一节　国际货物买卖法概述

国际货物买卖是指具有国际性因素的以支付价金的方式换取货物所有权的交易行为[①]。调整国际货物买卖关系的法律和规范性文件、习惯的总称即为国际货物买卖法。如何理解"货物"(goods)一词，对于国际货物买卖法来说是具有重要意义的，它是国际货物买卖法律关系的客体。虽然至今国际上没有一个统一的、准确的有关"货物"的定义，但一般认为货物是有形的动产。例如，美国《统一商法典》第 2～105 条对货物有一个相对完整的解释："'Goods' means all things (including specially manufactured goods) which are movable at the time of identification to the contract for sale other than the money in which the price is to be paid, investment securities (Article 8) and things in action."，其所描述的核心是货物为除作为支付价款之用的金钱、投资证券和诉权物以外的所有在特定于买卖合同项下时可以移动的物品(包括特别制作的货物)。《联合国国际货物销售合同公约》(以下简称 CISG)与此不同的是，采用排除法对货物进行解释。CISG 第 2 条规定：CISG 不适用以下的买卖：①供私人、家属或家庭使用而进行的买卖；②经由拍卖方式进行的买卖；③根据法律执行令状或其他令状进行的买卖；④公债、股票、投资证券、流通票据或货币的买卖；⑤船舶、气垫船或飞机的买卖；⑥电力的买卖。国际货物买卖法律关系实际上就是国际货物买卖合同关系，基于营业地位于不同国家的当事人之间就货物买卖达成的协议，也可称之为"国际货物销售合同"、"外贸合同"、"进出口贸易合同"。

在国际货物买卖中，交易双方分处两国，相距遥远，所交易的商品在流转过程中往往需要经过储存、装卸、长途运输，可能遭受自然灾害、意外事故和其他各种外来风险，并且需要办理进出口清关手续。不仅如此，由于买卖双方分属于不同的国家，还可能存在着法律冲突。因此，交易双方在订立国际货物买卖合同时应当约定法律适用。本节主要讨论国际货物买卖合同的法律适用问题。

一、国际货物买卖法的渊源

(一)国际条约

在国际买卖中，由于各国的买卖法规定不尽相同，因此产生了法律冲突，使国际商事

[①] 屈广清. 国际商法[M]. 大连：东北财经大学出版社，2004：122

交易有了难以逾越的法律障碍，增加了商事组织进行买卖交易的成本和法律风险。避免和减少法律冲突的有效途径之一便是缔结国际条约。前述国际条约是国际商法的主要渊源，不言而喻也是国际货物买卖法的重要渊源。

目前在国际上影响比较广泛的当属《联合国国际货物销售合同公约》(United Nations Convention on Contracts for the International Sale of Goods，简称 CISG)，它是有关国际组织半个多世纪以来，在推动国际货物法律统一化方面所取得的一项重要成果。为了克服各国贸易立法冲突给国际贸易带来的障碍，1934 年国际私法研究所拟订了一部《国际货物买卖法》草案，交各国政府征求意见，尔后由于第二次世界大战爆发而中断。战后，1964 年 4 月在海牙召开的外交会议上，终于通过了《国际货物买卖统一法》(The Uniform Law on Internation Sale of Goods)和《国际货物买卖合同成立统一法》(The Uniform Law on the Formation of the Contract for Internation Sale of Goods)，并分别于 1972 年 8 月 18 日和同年 8 月 23 日起生效。但是这两个公约秉承了欧洲大陆法的传统，繁琐的内容和晦涩的概念导致参加的国家不多，没有达到统一国际货物买卖法的目的。为纠正上述两个公约的缺陷，制定一部能为不同法律制度和不同社会经济制度国家所接受的国际货物买卖统一法，1969 年国际贸易法委员会成立了一个由分别代表大陆法系、英美法系和当时社会主义法系的三位法学家——法国的大卫(Rene David)、英国的施米托夫(Clive Schmitthoff)和罗马尼亚的波波斯库(Tudor Popescu)组成的专门工作组，对两个海牙公约进行修改。1980 年，工作组完成起草工作，提出了一部《国际货物销售合同 CISG(草案)》，同年 3 月在维也纳外交会议上获得通过。1988 年 1 月 1 日起正式生效。截至 2007 年 8 月 16 日共有缔约国 70 个，包括了世界主要贸易国家[①]。

1. CISG 的适用范围

首先，CISG 第 1 条规定："(1)This Convention applies to contracts of sale of goods between parties whose places of business are in different States: (a)when the States are Contracting States; or (b)when the rules of private international law lead to the application of the law of a Contracting State. (2)The fact that the parties have their places of business in different States is to be disregarded whenever this fact does not appear either from the contract or from any dealings between, or from information disclosed by, the parties at any time before or at the conclusion of the contract."，由此可见，CISG 确定一个合同是否为国际合同的标准是指当事人的营业地

---

① 张建军. 中国应撤销联合国国际货物销售合同公约合同形式的保留[J]. 西北大学学报(哲学社会科学版)，2008(5)

在不同的国家，而不论当事人的国籍、客体和法律事实是否有涉外因素，这一划分原则与中国当时的涉外经济合同法的划分有所不同①。

另外 CISG 认为，适用 CISG 的当事人的营业地必须分处不同 CISG 缔约国内，或者可以通过国际私法规则得以间接适用。例如：当事人甲的营业所在缔约国 A，而当事人乙的营业所不在缔约国内，A 国没有对第 1 条第 1 款 b 项作出保留，合同中也没有法律适用条款，如果仲裁庭根据国际私法规则决定适用 A 国法律，则应适用 CISG 而非 A 国的国内法。这实际上扩大了 CISG 的适用范围。然而对于该国的当事人以及司法机关处理案件来说，都会产生在适用法律上的不确定性，甚至会出现某种偶然性的结果。有许多国家因此对本条持反对态度并声明保留，如中国和美国等。

其次，CISG 第 3 条规定："(1)Contracts for the supply of goods to be manufactured or produced are to be considered sales unless the party who orders the goods undertakes to supply a substantial part of the materials necessary for such manufacture or production.(2)This Convention does not apply to contracts in which the preponderant part of the obligations of the party who furnishes the goods consists in the supply of labour or other services."，CISG 是针对国际货物销售合同而制定的，因此，一些在现代商事交易中的非传统合同如工业产权、劳务、金融、租赁等合同均不适用于 CISG。

2. CISG 不涉及的问题

CISG 第 4 条规定："This Convention governs only the formation of the contract of sale and the rights and obligations of the seller and the buyer arising from such a contract. In particular, except as otherwise expressly provided in this Convention, it is not concerned with:(a)the validity of the contract or of any of its provisions or of any usage;(b)the effect which the contract may have on the property in the goods sold."，显然 CISG 不涉及合同的效力，或其任何条款的效力，或任何惯例的效力。合同是否具有法律效力取决于各国国内法的强制性法律规定和公共政策，同样惯例的法律效力亦需要按照合同所适用的国内法来处理，即如果惯例不违反国内法的强制性法律规则和公共政策，它们就具有法律上的效力。

CISG 第 4 条规定："This Convention does not apply to the liability of the seller for death or personal injury caused by the goods to any person."，这里强调不适用于卖方对于货物对任何人所造成的死亡或伤害的责任。

① 在中国参加 CISG 时，对于涉外合同有一部专门的法律《中华人民共和国涉外经济合同法》，后这部法律被统一的《合同法》取代而废止，但对这一问题没有影响。

(二)国际贸易惯例

国际贸易惯例是国际货物买卖法的另一个重要渊源。如果在国际货物买卖合同中，双方当事人在合同内规定采用某项惯例，它对双方当事人就具有约束力。在发生争议时，法院和仲裁机构应当依据国际贸易惯例解决纠纷。关于国际货物买卖的国际惯例主要有以下几种。

1. 《国际贸易术语解释通则》

《国际贸易术语解释通则》(INCOTERMS 2000)是一种国际惯例。关于国际惯例本书的第一章已经作了介绍，此处不再赘述。但需要指出的是，《国际贸易术语解释通则》是国际惯例中最为成功的一个典范，在国际贸易中起着举足轻重的作用。《国际贸易术语解释通则》以不同的交货地点为标准，将交易的价格条件及费用、风险分担浓缩在三个英文字母里，简化了交易的程序，节省了交易时间和交易成本及费用。为了便于理解，它将所有的术语分为 4 个不同的基本类型。第一组为 E 组(Ex Works)，指卖方仅在自己的地点为买方备妥货物；第二组为 F 组(FCA、FAS 和 FOB)，指卖方需将货物交至买方指定的承运人；第三组为 C 组(CFR、CIF、CPT 和 CIP)，指卖方须订立运输合同，但对货物灭失或损坏的风险以及装船和启运后发生意外所发生的额外费用，卖方不承担责任；第四组为 D 组(DAF、DES、DEQ、DDU 和 DDP)，指卖方须承担把货物交至目的地国所需的全部费用和风险。表 3-1 反映了这种分类方法。

表 3-1　INCOTERMS 2000 对国际贸易术语的分类表

组别	名　称	全称(中英文)	含　义
E 组	EXW	工厂交货 Ex Works	当卖方在其所在地或其他指定的地点(如工场、工厂或仓库)将货物交给买方处置时，即完成交货，卖方不办理出口清关手续或将货物装上任何运输工具
F 组	FOB	船上交货 Free on Board	当货物在指定的装运港越过船舷，卖方即完成交货。这意味着买方必须从该点起承担货物灭失或损坏的一切风险。FOB 术语要求卖方办理货物出口清关手续
	FCA	货交承运人 Free Carrier	卖方只要将货物在指定的地点交给买方指定的承运人，并办理了出口清关手续，即完成交货。需要说明的是，交货地点的选择对于在该地点装货和卸货的义务会产生影响。若卖方在其所在地交货，则卖方应负责装货，若卖方在任何其他地点交货，卖方不负责卸货

组别	名　称	全称(中英文)	含　义
F 组	FAS	船边交货 Free Alongside Ship	指卖方在指定的装运港将货物交到船边，即完成交货。买方必须承担自那时起货物灭失或损坏的一切风险
C 组	CIF	成本保险费运费 Cost Insurance and Freight	在装运港当货物越过船舷时卖方即完成交货
	CPT	运费付至(⋯⋯指定目的地) Carriage Paid to	卖方向其指定的承运人交货，但卖方还必须支付将货物运至目的地的运费。亦即买方承担交货之后一切风险和其他费用
	CIP	运费保险费付至(⋯⋯指定目的地) Carriage and Insurance Paid to	卖方向其指定的承运人交货，但卖方还必须支付将货物运至目的地的运费，亦即买方承担卖方交货之后的一切风险和额外费用。但是，按照 CIP 术语，卖方还必须办理买方货物在运输途中灭失或损坏风险的保险
	CFR	成本加运费 Cost and Freight	在装运港货物越过船舷卖方即完成交货，卖方必须支付将货物运至指定的目的港所需的运费和费用。但交货后货物灭失或损坏的风险，以及由于各种事件造成的任何额外费用，即由卖方转移到买方
D 组	DEQ	目的港码头交货 Delivered Ex Quay	卖方在指定的目的港码头将货物交给买方处置，不办理进口清关手续，即完成交货。卖方应承担将货物运至指定的目的港并卸至码头的一切风险和费用
	DES	目的港船上交货 Delivered Ex Ship	在指定的目的港，货物在船上交给买方处置，但不办理货物进口清关手续，卖方即完成交货。卖方必须承担货物运至指定的目的港卸货前的一切风险和费用
	DDP	完税交货 Delivered Duty Paid	卖方在指定的目的地，办理完进口清关手续，将在交货运输工具上尚未卸下的货物交与买方，完成交货。卖方必须承担将货物运至指定的目的地的一切风险和费用，包括在需要办理海关手续时在目的地应交纳的任何"税费"(包括办理海关手续的责任和风险，以及交纳手续费、关税、税款和其他费用)

组别	名 称	全称(中英文)	含 义
D组	DDU	未完税交货 Delivered Duty Unpaid	卖方在指定的目的地将货物交给买方处置,不办理进口手续,也不从交货的运输工具上将货物卸下,即完成交货。卖方应承担将货物运至指定目的地的一切风险和费用,不包括在需要办理海关手续时在目的地国进口应交纳的任何"税费"(包括办理海关手续的责任和风险,以及交纳手续费、关税、税款和其他费用)。买方必须承担此项"税费"和因其未能及时办理货物进口清关手续而引起的费用和风险
	DAF	边境交货 Delivered at Frontier	当卖方在边境的指定地点和具体交货点,在毗邻国家海关边界前,将仍处于交货的运输工具上尚未卸下的货物交给买方处置,办妥货物出口清关手续但尚未办理进口清关手续时,即完成交货。"边境"一词可用于任何边境,包括出口国边境。因而,用指定地点和具体交货点准确界定所指边境,是极为重要的

2.《华沙-牛津规则》(Warsaw-Oxford Rules)

此规则是国际法协会专门为解释 CIF 合同而制定的。19 世纪中叶,CIF 贸易术语在国际贸易中得到广泛采用,但却对当事人各自应当承担的责任和义务没有统一的解释,而该规则对于 CIF 的性质、买卖双方所承担的风险、责任和费用的划分以及货物所有权转移的方式等问题都作了比较详细的解释。

3.《国际商事合同通则》(Principles of International Commercial Contracts, 简称 PICC)

国际统一私法协会在对 PICC 进行编撰时没有采用硬法形式,也没有采用示范法、指南方式,而是采用了对国际商事合同的一般原则进行重述的方式。起草者们的灵感来自美国法学会所进行的法律重述工作[①],PICC 就是与其相同性质的文件,也是一种"重述"[②]。它综合了世界两大法系关于合同法律制度的实践经验,并兼顾不同法律制度的特殊要求。因此从它诞生起就佳评如潮,使其在比较合同法的研究和国际贸易实务诸领域都占据重要

---

① 在美国,为了克服判例法的不确定性和矛盾性所带来的弊端,美国法学会全面收集有关领域的判例法,从中抽取出一般规则,并编纂成法律条文,在美国被视为一种类似于法典的、具有权威性的法律文件。

② Farnsworth, supra note 27, at 29

地位并产生了广泛影响。台湾学者谢哲胜先生认为：“国际商务契约原则虽不具有拘束力，但其不仅接近现行国际商务惯例，且试图统一崛起中的商法，并作为各国和国际立法中的模范。”[①]PICC 的成功制定意味着国际统一私法协会在“用非立法手段统一法律”的道路上迈出了关键的一步，它在实践中到底能发挥多大的作用姑且不论，但其毕竟为国际商事法律的统一提供了一种新的思路、新的模式。作为国际统一合同法运动开始以来最新、最重要的成果，它凝聚着世界各主要地区和各大法系数十位著名合同法和国际贸易法专家多年的心血和智慧，并以完美的结构、精深的内容引起世人的瞩目。[②]

(三)关于货物买卖的国内法

尽管有关国际货物买卖的国际惯例正日益增多和完善，但离国际货物买卖法的统一还有相当大的距离。各国法院或仲裁机构在处理国际货物买卖合同争议时，仍需借助国际私法规则选择适用某个国家的国内法。因此，各国有关货物买卖的国内法仍是国际货物买卖法的重要渊源之一。

1. 英美法系

成文法或称制定法(Statute)，它是由立法机关制定的法律，其中具有代表性的是英国《1893 年货物买卖法》(Sale of Goods Act，1893)，这是英国在总结法院数百年来就有关货物买卖案件所作出的判决的基础上制定的买卖法。该法于 1979 年进行过修订，现在有效的是 1979 年的修订本(以下称《英国货物买卖法》)。英国《1893 年货物买卖法》为英美法系各国制定各自的买卖法提供了一个样板。

美国《1906 年统一买卖法》(Uniform Sale of Goods Act，1906)就是以其为蓝本制定的。该法曾被美国 36 个州所采用，但是，随着时间的推移，该法已不能适应美国经济发展的要求。因此，从 1942 年起，美国统一州法委员会和美国法学会即着手起草《美国统一商法典》(Uniform Commercial Code，简称 UCC)。该法典于 1952 年公布，其后曾作过多次修订，现在使用的是 1998 年修订本。该法典第二篇的标题就称为“买卖”，对货物买卖的有关事项作出了具体的规定，其内容在世界各国的买卖法中是最为详尽的。但是，《美国统一商法典》与大陆法国家的商法典有所不同，后者是由立法机关制定并通过的法律，而前者却不是，它只是由一些法律团体起草，供美国各州自由采用的一种法律样本，它的法律效力完

---

① 谢哲胜. 英美法和大陆法的融合[J]. 国立中正大学法学集刊，2002(6)：43

② 肖永平，王承志. 国际商事合同立法的新发展——国际商事合同与联合国国际货物销售合同公约 CISG 特点比较[J]. 法学论坛，2000(4)

全取决于各州的立法机关是否予以采纳。由于《美国统一商法典》能适用当代美国经济发展的要求，因此，到 1990 年，美国各州都通过各自的州的立法程序采用了《美国统一商法典》，使它成为本州的法律。但有的州并不是全部采用，而只是部分采用。例如，路易斯安那州就没有采用该法典的第二篇——买卖法，据说是因为该州的买卖法与《美国统一商法典》的买卖法十分类似，所以就无须采用《美国统一商法典》的文本。由此可见，《美国统一商法典》是由各州赋予其法律效力的，而不是美国联邦的立法，所以，它是州法而不是联邦法。自《美国统一商法典》施行后，《1906 年统一买卖法》即被废止。

2. 大陆法系

在大陆法国家，买卖法一般作为债权篇的组成部分编入民法典，如《法国民法典》第三篇第二章，《德国民法典》第二篇第二章。这些法典通常没有专门针对货物买卖的法律条款，而把货物买卖视为动产买卖的一种统一加以规定。

3. 中国的买卖法

中国对于货物买卖法所产生的各种关系，主要由《民法通则》、《合同法》来调整。1986 年颁布的《民法通则》第四章第一节关于民事法律行为的规定、第五章第二节关于债权的规定以及第六章有关民事责任的规定，都与货物买卖有密切的关系。1999 年颁布的《合同法》中除总则外，在分则中有关于买卖合同的具体规定。

二、国际货物买卖合同的法律适用

在法学理论中，法律适用是指国家适用法律机构根据法定职权和法定程序，具体应用法律处理案件的专门活动[1]。显然这里的法律适用是广义的理解，既包括实体法规范，也包括冲突法规范。然而与之不同的是，在国际私法中，对于涉外合同的法律适用是指涉外合同所适用的准据法，而对于准据法的解释，通说认为是指经冲突规范指引用来确定国际民事关系的当事人的权利义务的具体实体法规范[2]。

实践中，相对于普通商事合同而言，国际商事合同因其具有涉外因素，其法律适用问题显得尤为重要。这主要源于各国调整货物买卖合同关系的国内立法存在差异，因此，国际货物买卖合同可能因为适用不同的法律而产生冲突。对国际货物买卖合同法律冲突的解

---

① 刘星. 法理学导论[M]. 北京：法律出版社，2005：410
② 韩德培. 国际私法[M]. 北京：高等教育出版社，北京大学出版社，2000：105

决，传统的方法是根据冲突规范来确定国际货物买卖合同的准据法。《合同法》第 126 条规定：涉外合同的当事人可以选择处理合同争议所适用的法律，但法律另有规定的除外。2007 年 6 月，最高法院颁布了《最高人民法院关于审理涉外民事或商事合同纠纷案件法律适用若干问题的规定》。其中第 8 条规定：在中华人民共和国领域内履行的下列合同，适用中华人民共和国法律：(一)中外合资经营企业合同；(二)中外合作经营企业合同；(三)中外合作勘探、开发自然资源合同；(四)中外合资经营企业、中外合作经营企业、外商独资企业股份转让合同；(五)外国自然人、法人或者其他组织承包经营在中华人民共和国领域内设立的中外合资经营企业、中外合作经营企业的合同；(六)外国自然人、法人或者其他组织购买中华人民共和国领域内的非外商投资企业股东的股权的合同；(七)外国自然人、法人或者其他组织认购中华人民共和国领域内的非外商投资有限责任公司或者股份有限公司增资的合同；(八)外国自然人、法人或者其他组织购买中华人民共和国领域内的非外商投资企业资产的合同；(九)中华人民共和国法律、行政法规规定应适用中华人民共和国法律的其他合同。该司法解释的适时出台，弥补了实践中《涉外经济合同法》废止后，涉外民商事合同法律适用规范的缺失，对各级人民法院确定和适用合同准据法产生了积极的影响。

第二节　国际货物买卖合同的订立

[Case 3-1]

Butler Machine Tool Co. Ltd. v

Ex-Cell-O Corporation(England)Ltd

(1979)[①]

1 W. L. R. 401. Court of Appeal

On May 23, 1969, the plaintiff sellers offered to deliver a machine tool for the price of £ 75,535. Delivery was to be giren in 10 months and it was a condition that orders were accepted only on the terms set out in the quotation which were to prevail over any terms in the buyes' order. The sellers' terms included a price variation clause whereby it was a condition of acceptance that goods would be charged at prices ruling at date of delivery. The defendant buyers replied on May 27, 1969, giving an order with differences from the sellers' quotation and with

---

① 沈四宝，王军. 国际商法教学案例(英文)选编[M]. 北京：法律出版社，2007：439

their own terms and conditions which had no price variation clause. The order had a tear-off acknowledgment for signature and return which accepted the order "on the terms and conditions thereon". On June 5, 1969, the sellers, after acknowledging receipt of the order on June 4, returned the acknowledgment form duly completed with a covering letter stating that delivery was to be "in accordance with our revised quotation of May 23 for delivery in···March ∕ April 1970."

The machine was ready about September 1970, but the buyers could not accept delivery until November 1970. The sellers invoked the price increase clause and claimed £ 2,892 for the increase due to the rise in costs between May 27,1969, and April 1,1970, when the machine should have been delivered. Thesiger J. gave judgment for the sellers for £ 2,892 and interest.

LORD DENNING M. R.

This case is a "battle of forms". The plaintiffs, the Butler Machine Tool Co. Ltd., suppliers of a machine, on May 23,1969, quoted a price for a machine tool of £ 75,535. Delivery was to be given in 10 months. On the back of the quotation there were terms and conditions. One of them was a price variation clause. It provided for an increase in the price if there was an increase in the costs and so forth. The machine tool was not delivered until November 1970. By that time costs had increased so much that the sellers claimed an additional sum of £ 2,892 as due to them under the price variation clause.

The defendant buyers, Ex-Cell-O Corporation(England)Ltd., rejected the excess charge. They relied on their own terms and conditions. They said:

"We did not accept the sellers' quotation as it was. We gave an order for the self-same machine at the self-same price, but on the back of our order we had our own terms and conditions. Our terms and conditions did not contain any price variation clause."

To go on with the facts of the case. The important thing is that the sellers did not keep the contractual date of delivery which was March/April 1970. The machine was ready about September 1970 but by that time the buyers' production schedule had to be re-arranged as they could not accept delivery until November 1970. Meanwhile the sellers had invoked the price increase clause. They sought to charge the buyers an increase due to the rise in costs between May 27,1969(when the order was given), and April 1,1970(when the machine ought to have been delivered). It came to £ 2,892. The buyers rejected the claim. The judge held that the sellers were entitled to the sum of £2,892 under the price variation clause. He did not apply the traditional method of analysis by way of offer and counter-offer. He said that in the quotation of May 23,1969, "one finds the price variation clause appearing under a most emphatic heading stating that it is a term or condition that is to prevail". So he held that it did prevail.

I have much sympathy with the judge's approach to this case. In many of these cases our traditional analysis of offer, counte-offer, rejection, acceptance and so forth is out of date. This was observed by Lord Wilberforce in New Zealand Shipping Co. Ltd. v. A. M. satterthwaite & Co. Ltd. [1975]A. C. 154, 167. The better way is to look at all the documents passing between the parties—and glean from them, or from the conduct of the parties, whether they have reached agreement on all material points—even though there may be differences between the forms and conditions printed on the back of them. As Lord Caims said in Brogden v. Metropolitan Railway Co. (1877)2 App. Cas. 666, 672: "… there may be a consensus between the parties far short of a complete mode of expressing it, and that consensus may be discovered from letters or from other documents of an imperfect and incomplete description…"

Applying this guide, it will be found that in most cases when there is a "battle of forms," there is a contract as soon as the last of the forms is sent and received without objection being taken to it. That is well observed in Beniamin's Sale of Goods, 9th ed. (1974), p.84. The difficulty is to decide which form, or which part of which form, is a term or condition of the contract. In some cases the battle is won by the man who fires the last shot. * 405 He is the man who puts forward the latest terms and conditions and if they are not objected to by the other party, he may be taken to have agreed to them. Such was British Road Services Ltd. v. Arthur V. Crutchlev& Co. Ltd. [1968] Lloyd's Rep. 271, 281-282, per Lord Pearson; and the illustration given by Professor Guest in Anson's Law of Contract, 24th ed., pp. 37, 38 when he says that "the terms of the contract consist of the terms of the offer subject to the modifications contained in the acceptance. In some cases the battle is won by the man who gets the blow in first. If he offers to sell at a named price on the terms and conditions stated on the back and the buyer orders the goods purporting to accept the offer—on an order form with his own different terms and conditions on the back—then if the difference is so material that it would affect the price, the buyer ought not to be allowed to take advantage of the difference unless he draws it specifically to the attention of the seller. There are yet other cases where the battle depends on the shots fired on both sides. There is a concluded contract but the forms vary. The terms and conditions of both

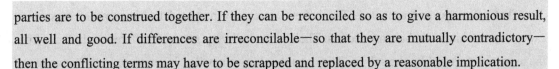

parties are to be construed together. If they can be reconciled so as to give a harmonious result, all well and good. If differences are irreconcilable—so that they are mutually contradictory—then the conflicting terms may have to be scrapped and replaced by a reasonable implication.

In the present case the judge thought that the sellers in their orginal quotation got their blow in first: especially by the provision that "these terms and conditions shall prevail over any terms and conditions in the buyer's order". It was so emphatic that the price variation clause continued through all the subsequent dealings and that the buyers must be taken to have agreed to it. I can understand that point of view. But I think that the documents have to be considered as a whole. And, as a matter of construction, I think the acknowledgment of June 5, 1969, is the decisive document. It makes it clear that the contract was on the buyers' terms and not on the sellers' terms and buyers' terms did not include a price variation clause.

I would therefore allow the appeal and enter judgment for the defendants.

LAWTON L. J.

The modern commercial practice of making quotations and placing orders with conditions attached, usually in small print, is indeed likely, as in this case to produce a battle of forms. The problem is how should that battle be conducted? The view taken by Thesiger J. was that the battle should extend over a wide area and the court should do its best to look into the minds of the parties and make certain assumptions. In my judgment, the battle has to be conducted in accordante with set rules. It is a battle more on classical 18th century lines when convention decided who had the right to open fire first rather than in accordance with the modern concept of attrition.

The rules relating to a battle of this kind have been known for the past 130-old years. They were set out by Lord Langdale M. R. in Hyde v. Wrench, 3 Beav. 334, 337, to which Lord Denning M. R. has already referred; and, if anyone should have thought they were obsolescent, Megaw J. in Trollope & Colls Ltd. v. Atomic Power Constructions Ltd. [1963]1 W. L. R. 333, 337 called attention to the fact that those rules are still in force.

When those rules are applied to this case, in my judgment, the answer is obvious. The sellers started by making an offer. That was in their quotation. The small print was headed by the following words: "General, All orders are accepted only upon and subject to the terms set out in our quotation and the following conditions. These terms and conditions shall prevail over any terms and conditions in the buyer's order."

That offer was not accepted. The buyers were only prepared to have one of these very expensive machines on their own terms. Their terms had very material differences in them from the terms put forward by the sellers. They could not be reconciled in anyway. In the language of article 7 of the Uniform Law on the Formation of Contracts for the International Sale of Goods(see Uniform Laws on Interational Sales Act 1967, Schedule 2)they did "materially alter the terms" set out in the offer made by the plaintiffs.

As I understand Hyde v. Wrench. 3 Beav. 334, and the cases which have followed, the consequence of placing the order in that way, if I may adopt Megaw J. 's words[1963]1 W. L. R . 333, 337, was "to kill the original offer". It follows that the court has to look at what happened after the buyers made their counter-offer. By letter dated June 4, 1969, the plaintiffs acknowledged receipt of the counter-offer, and they went on in this way: "Details of this order have been passed to our Halifax works for attention and a formal acknowledgment of order will follow in due course. "

That is clearly a reference to the printed tear-off slip which was at the bottom of the buyers' counter-offer. By letter dated June 5, 1969, the sales office manager at the plaintiffs' Halifax factory completed that tear-off slip and sent it back to the buyers.

It is true, as Mr. Scott has reminded us, that the return of that printed slip was accompanied by a letter which had this sentence in it: "This is being entered in accordance with our revised quotation of May 23 for delivery in 10/11 months." I agree with Lord Denning M. R. that, in business sense, that refers to the quotation as to the price and the identity of the machine, and it does not bring into the contract the small print conditions on the back of the quotation. Those small print conditions had disappeared from the story. That was when the contract was made. At that date it was a fixed price contract without a price escalation clause.

As I pointed out in the course of argument to Mr. Scott, if the letter of June 5 which accompanied the form acknowledging the terms which the buyers had specified had amounted to a counter-offer, then in my judgment the parties never were ad idem. It cannot be said that the buyers accepted the counter-offer by reason of the fact that ultimately they took physical delivery of the machine. By the time they took physical delivery of the machine, they had made it clear by correspondence that they were not accepting that there was any price escalation clause in any contract which they had made with the plaintiffs.

I agree with Lord Denning M. R. that this appeal should be allowed.

BRIDGE L. J.

Schedule 2 to the Uniform Laws on International Sales Act 1967 is headed "The Uniform Law on the Formation of Contracts for the International Sale of Goods". To the limited extent that Schedule is already in force in the law of this country, it would not in any event be applicable to the contract which is the subject of this appeal because that was not a contract of international sale of goods as defined in that statute.

We have heard, nevertheless, an interesting discussion on the question of the extent to which the terms of article 7 of that Schedule are mirrored in the common law of England today. No difficulty arises about paragraph 1 of the article, which provides: "An acceptance containing additions, limitations or other modifications shall be a rejection of the offer and shall constitute a counter-offer." But paragraph 2 of the article is in these terms: "However, a reply to an offer which purports to be an acceptance but which contains additional or different terms which do not materially alter the terms of the offer shall constitute an acceptance unless the offeror promptly objects to the discrepancy; if he does not so object, the terms of the contract shall be the terms of the offer with the modifications contained in the acceptance."

For my part, I consider it both unnecessary and undesirable to express any opinion on the question whether there is any difference between the principle expressed in that paragraph 2 and the principle which would prevail in the common law of England today without reference to that paragraph, but it was presumably a principle analogous to that expressed in paragraph 2 of article 7 which th editor of Anson's Law of Contract, 24th ed, Professor Guest, had in mind in the passage from that work which was quoted in the judgment of Lord Denning M. R. On any view, that passage goes a good deal further than the principle expressed in article 7 of the Act 1967, and I entirely agree with Lord Denning M. R. That it goes too far. . . I too would allow the appeal and enter judgment for the defendants.

Appeal allowed with costs in Court of Appeal and below. Leave to appeal refused.

[案情简介]

在 1969 年 5 月 23 日,原告(卖方)就一台机器向买方提供报价(要约),价格为 £75,535,在 10 个月内发货,但该报价附带一项条件: 即该机器价格是不固定的,视交付货物时的市场价格而定,即存在价格变动条款。该报价单称,此条件比买方任何条件优先适用。买方在 1969 年 5 月 27 日时回信,提交订单,但买方订单中也有与卖方报价中不同的条件,最主要的区别是买方认为此机器价格是固定的,不随市价的变动而变动。在买方订单中标有"以本条件为准"。1969 年 6 月 5 日,卖方收到买方的订单后,在回信中说,以 5 月 23 日所订的报价为准,在 1970 年 3—4 月份发货。货物是在 1970 年 9 月备好的,但是买方由于某种原因要等到 11 月份才能收货。到买方收货时发生物价上涨,卖方要求支付因市价上涨而增的 £2,892,因为机器价格在 1969 年 5 月 27 日到 1970 年 4 月 1 日这段时间中增长了 £2,892。原告(Butler Machine Tool Co.Ltd.)认为,其在 1969 年 5 月 23 日报价单中所报价格为 £75,535,在 10 个月内发货,报价单背后为格式合同条款,包括价格变动条款,货物价格随市场情况的变化而变动,当市场价格上升时,货物价格随之上升,交货时由于市场价格上升,所以其价格以市场价格为准而不是以合同价格为准,应该是 £75,535+£2,892。

[相关法理]

自罗马法以来,合同(contract)一直是反映交易的法律形式①。它是民法里的重要概念,但是大陆法系与英美法系对此存在着分歧。大陆法系学者强调合同是当事人的一种"合意"(consensus),如《法国民法典》第 1101 条规定: "契约,为一人或数人对另一人或另数人承担给付某物、或作或不作某事的义务的合意。"《德国民法典》第 305 条规定: "以法律行为发生债的关系或改变债的关系的内容者除法律另有规定外,必须有当事人双方之间的契约。"德国学者萨维尼如是说: 契约之本质在于意思表示一致②。英美法学者则认为合同是双方的一种"允诺"(promise)。在英美法中,一般认为合同是一种允诺,美国《法律重述·合同Ⅱ》第 1 条规定: 合同是一个允诺或一系列允诺,违反允诺将由该法律给予救济,履行允诺是法律所确认的义务。英国《大不列颠百科全书》给合同下定义: 合同是可以依法执行的诺言,这个诺言可以是作为也可以是不作为③。由此我们得出结论,英美法系认为合同是允诺,这是由于英国的历史习惯和诉讼程序所决定的,在审理案件中,法官关心的主要是如何为当事人提供救济④。不过由于这一概念仅仅强调了一方对另一方作出的允诺,而没有强调双方当事人的合意,因此也受到英美法系一些国家的学者的批评,英国著名的学者 Treitel 认为允诺是"由法律强制执行和确认的因协议而产生的债务"⑤,可见他们也在试图改变,与大陆法系接近。英国《牛津法律大辞典》给合同下的定义为: 契

---

① 王利明. 合同法新论·总则[M]. 北京:中国政法大学出版社,2000:3
② 胡长青. 中国民法债编总论[M]. 北京:商务印书馆,1934:16
③ [意]彼得罗·彭梵得著;黄风译. 罗马法教科书[M]. 北京:中国政法大学出版社,1998:307
④ 王军. 美国合同法. [M]. 北京:对外经济贸易大学出版社,2004:2
⑤ G Treitel. The Law of Contract. 7th ed. Ireland: Sweet & Maxwell 1987:1

约是二人以上或多人之间为在相互之间的设定合同义务而达成的具有法律牵制力的协议。[①]中国的《合同法》规定："本法所称合同是指平等主体的自然人、法人、其他组织之间设立、变更、终止民事权利义务关系的协议"，显然我国的《合同法》关于合同的概念与大陆法系的学说比较接近，强调合同是意思表示一致的结果。

尽管对合同的理解有不同，但合同的订立都是通过一方提出要约，另一方对要约表示承诺而成立的。

一、要约

要约(offer)是一方向另一方提出意愿，按一定条件同对方订立合同，并含有一旦对方承诺时即对提出要约的一方产生约束力的一种意思表示。提出要约的一方称为要约人(offeror)，其相对方称为受要约人(offeree)[②]。美国《合同法重述》第 24 条规定："要约是对即时进行交易的愿望的表达。这一表达能使一个通情达理处于受要约人地位的人相信，他或她只要对该要约表示同意，即接受该要约，就可以进行交易。"PICC 也对要约作了一个明确的界定："一项订立合同的建议，如果十分确定，并表明要约人在得到承诺时受其约束的意旨，即构成要约。"(A proposal for concluding a contract constitutes an offer if it is sufficiently definite and indicates the intention of the offeror to be bound in case of acceptance.)

(一)要约的构成要件

与对方订立国际买卖合同的意思表示。

(二)要约的成立要件

一项订约的建议要成为一个要约，要取得法律效力，必须具备一定的条件。如不具备这些条件，作为要约在法律上就不能成立。按照大陆法系的合同法理论对要约的解释，要约成立的要件有四个。

(1) 要约必须向要约人希望与之缔结合同的相对人发出。合同因相对人对于要约的承诺而成立，所以要约不能对希望与其订立合同的相对人以外的第三人发出。但相对人是否必须是特定的人，则有不同的看法。一种观点认为，要约必须是向特定人发出，向不特定

---

① 牛津法律大辞典(中译本). 北京：光明日报出版社，1988：205

② 任荣明，侯兴. 国际商法[M]. 北京：清华大学出版社，2004：95

人发出的订约建议是要约邀请。因为，向特定人发出的要约，一旦承诺合同就成立，而向不特定的人发出的订约建议，承诺了也不会当然导致合同成立。如我国《合同法》就将面向公众寄送的价目表、拍卖公告、招标公告、招股说明书、商业广告等视为要约邀请，不能作为要约。但各国在这方面的规定存在差异，如《欧洲合同法原则》规定：要约可以向一个或多个特定的人或向公众作出。广告的对象是社会公众而非特定的人，对于悬赏广告如寻人启事或寻物启事，各国法律一般都认为是一项要约，我国也不例外；对于普通商业广告一般则认为是要约邀请，但英美法院的一些判例认为，即便是普通商业广告，只要文字明确、肯定足以构成一项许诺，也可视为要约^①。

(2) 要约是特定合同当事人的意思表示。发出要约的目的在于订立合同，要约人必须使接收要约的相对方能够明白是谁发出了要约以便作出承诺。因此，发出要约的人必须能够确定，必须能够特定化。虽然合同双方都可以作为要约人，但作为要约人的必须是特定的合同当事人。不论是自然人或者是法人，只要是具有相应民事权利能力与民事行为能力的人，都可以作为要约人。如果是代理人，必须取得本人的授权，还必须说明谁是被代理人。作为要约人只要能够特定即可，并不一定需要说明要约人的具体情况，也不一定需要知道他究竟是谁。一个要约，如果处于能够被承诺的状态就可以，不需要一切情况都清清楚楚。如自动售货机，消费者不需要了解究竟是哪家公司安置，谁是真正的要约人。只要投入货币，作出承诺，便会完成交易。

(3) 要约必须具有缔约目的并表明经承诺即受此意思表示的拘束。要约必须以缔结合同为目的。要约要明确表示要约人打算按所提条件同受要约人订立合同的意思表示。要约一旦经过受要约人的有效承诺，要约人就必须受其约束，合同也因此而成立，要约人不得反悔对其加以否认。这一点是很重要的，很多类似订约建议的表达实际上并不表示如果对方接受就成立了一个合同，如"我打算五千元把我的钢琴卖掉"，尽管是特定当事人对特定当事人的陈述，也不构成一个要约。能否构成一个要约要看这种意思表示是否表达了与被要约人订立合同的真实意愿。这要根据特定情况和当事人所使用的语言来判断。当事人在合同中一般不会采用诸如"如果承诺合同就成立"这样明确的词语来表示，所谓"表明"并不是要有明确的词语进行说明，而是整个要约的内容表明了这一点。因此，凡不是以订立合同为目的的意思表示，都不能称之为要约。但并非所有以订立合同为目的的意思表示都构成有效要约，这还要涉及该意思表示的具体内容。

(4) 要约的内容必须具体明确。要约的内容必须具备足以使合同成立的主要条件。这

---

① 曹祖平. 新编国际商法[M]. 北京：中国人民大学出版社，2002：114

要求要约的内容必须是确定的和完整的。所谓"确定"是要求必须明确清楚，不能模棱两可、产生歧义。所谓"完整"是要求要约的内容必须满足构成一个合同所必备的条件，但并不要求一个要约事无巨细、面面俱到。要约的效力在于，一经被要约人承诺，合同即可成立。因此，如果一个订约的建议含混不清、内容不具备一个合同的最根本的要素，是不能构成一个要约的。即使受要约人作出承诺，也会因缺乏合同的主要条件而使合同无法成立。一项要约的内容可以很详细，也可以较为简明，一般法律对此并无强制性要求，只要其内容具备使合同成立的基本条件，就可以作为一项要约。合同的基本条件也没有必要全部确定，只要能够确定就是可以。但究竟怎样才算具备了使合同成立的基本条件，如果法律有类似规定的，要依据规定进行判断，最重要的是要根据具体情况进行判断。按照《美国统一商法典》规定的做法，一个货物买卖合同只要有标的和数量就是一个成立并生效的合同。因为价格、履行地点与时间可以事后确定。《联合国国际货物销售合同公约》第14条中规定：A proposal for concluding a contract addressed to one or more specific persons constitutes an offer if it is sufficiently definite and indicates the intention of the offeror to be bound in case of acceptance. A proposal is sufficiently definite if it indicates the goods and expressly or implicitly fixes or makes provision for determining the quantity and the price. ，"向一个或一个以上特定的人提出的订立合同的建议，如果十分确定并且表明发价人在得到接受时承受约束的意旨，即构成发价。一个建议如果写明货物并且明示或暗示地规定数量和价格或规定如何确定数量和价格，即为十分确定。"中国《合同法》中也有类似规定，要约的内容至少要包括标的和数量或计量方法，否则无法承诺而使合同成立。

(三)要约的撤回与撤销

1. 要约的撤回

要约的撤回是指要约发出后，在没有到达前收回要约即为撤回。由于此时受要约人还没有收到要约或撤回的通知，要约人撤回要约对其没有影响。各国法律一般都允许要约人撤回要约，只要撤回的通知先于要约达到或与要约同时到达。

2. 要约的撤销

要约的撤销是指在要约达到并生效以后，使要约归于消灭的行为。在要约撤销的法律原则上两大法系存在着严重的分歧。以下对两大法系及其有关国际公约在这方面的规定进行比较分析。

(1) 英美法国家比大陆法国家更加崇尚合同自由(freedom of contract)原则，因此英美普通法认为，要约作为一项允诺在被承诺前，如果没有对价(consideration)，原则上对要约人没有拘束力，当事人可以自由地收回其意思表示。因此英美法中要约理所当然可以撤销。英国早在 1789 年 Payne V. Cave 一案中确立了要约在受要约人承诺以前可以随时撤销的判例。因为英美普通法对承诺采用了不利于要约人的发信主义，为公平起见，对要约人撤销要约限制就比较少[①]。即使是有承诺期限的要约，限期内也是可以撤销的，其法理根据是：要约作为诺言在被承诺之前是无对价的，因而对诺言人是无约束力的[②]。

对价制度是由英国早期的诺言之诉发展而来的。据考证，英美法对价制度已经有 400 多年历史，法院实践中也发展了一系列规则，但对对价制度的定义却一直争论不休[③]。Sir Frederick Pollock 在 Dunlop Pneumatic Tyre Co. Ltd. v. Selfride & Co. ltd.(1915)一案中，将对价描述为：An act or forbearance of one parry, or the promise thereof, is the price for which the promise of the other is bought; and the promise thus given for value is enforceable[④]。显然，对价的两个条件，即容忍或为了换取对方的允诺所付出的代价。此外还有诸如承受某种损失(detriment)或责任。尽管如此，我们还是很难真正读懂它。有学者将对价理论喻为是英美合同法这座迷宫中的迷宫。对价制度是英美文化中不可分割的组成部分。它的产生、存在和被沿用至今，与其说源于人们理性的思考，不如说更多是产生于特定文化背景下的习俗、道德观念、判断是非的善恶的直觉等非理性的东西。它在这种法律文化中根深蒂固的地位决定了任何人要对它加以褒贬恐怕都是多余的[⑤]。人们已经相信"每一种文化都有其特定的法律，而每一种特定的法律也都有其特定的文化"[⑥]。然而随着现代商事交易得发展，这种制度产生许多负面的效应，它使允诺可以随意反悔，为那些不讲诚信的商人提供了冠冕堂皇的借口，对经济发展是极为不利的，其存废之争从未平息。早在 1774 年，曼斯菲尔德伯爵就在他起草一项判决中说：传统观念对于对价的要求不仅仅是处于证据上的缘故，因为当合同写成书面形式时，对对价的存在就不会发生异议了。虽然后来这一观点在 3 年后被上议院否定了，但其影响没有湮没，并且在美国生根结果[⑦]。无论怎样，我们看到的是今天，在英国和美国对对价制度的改造是有限的，与其说是由于人们对这一理论的普遍

---

① 何宝玉. 英国合同法[M]. 北京：中国政法大学出版社，1999：81

② 王军. 美国合同法[M]. 北京：对外经济贸易大学出版社，2004：51

③ 何宝玉. 英国合同法[M]. 北京：中国政法大学出版社，1999：124

④ Wayne Pendleton and Roger Vicker:Australian Business Law. Prentice Hall, Sydney, 1998：176

⑤ 沈四宝，王军，焦津洪. 国际商法[M]. 北京：对外经济贸易大学出版社，2002：202.

⑥ [德]伯恩哈德·格罗斯菲尔德著；孙世彦，姚建宗译. 比较法的力量和弱点[M]. 北京：清华大学出版社，2002：68

⑦ 王军. 美国合同法[M]. 北京：对外经济贸易大学出版社，2004：32

赞同，不如说是人们安于现状。但在德雷南诉明星建筑公司案(加州，1958 年)改变了詹姆斯·金贝尔德公司诉贝尔兄弟(联邦第二巡回区，1933 年)判例中的做法，确立了另一规则。《第二次合同法重述》第 87 条也采纳了该规则，该条规定："如果要约人应当合理地预见到其要约会使受要约人在承诺之前采取具有某种实质性质的行为或不行为，并且，该要约的确导致了这样的行为或不行为，该要约便同选择权合同一样，在为避免不公正而必需的范围内具有约束力。"《美国统一商法典》第 2-205 条对货物买卖合同的要约是否可以撤销作了规定。该条规定："如果商人在签名的书面函件中提出出售或买进货物的要约，且函件保证该要约将保持有效，则即使无对价，在要约规定的有效时间内，或如果未规定时间，在合理时间内，要约不可撤销。在任何情况下，此种要约不可撤销的时间都不超过 3 个月。而且，如果此种保证条款载于受要约人所提供的表格上，则该条款必须由要约人另加签名。"根据该条规定，不可撤销的要约应当具备以下条件：(A)要约人必须是商人。根据《美国统一商法典》第 2-104(1)条规定："'商人'是指从事此种货物交易的人，或者，虽然不是从事此种货物交易的人，但他因其职业而对与这种交易有关的做法或货物拥有专门的知识或技能，或者，他雇佣了一个代理人、经纪人或其他中间人，后者由于其职业而拥有此种知识或技能，因而可以认为他拥有此种知识或技能。"(B)要约涉及货物买卖。如果涉及其他合同，则适用合同法的一般原则。(C)要约规定了有效期限。或者如果没有规定期限，则在合理期限内不予撤销，但是无论如何不超过三个月。(D)要约须以书面作成，并由要约人签字。如果是一种表格形式的要约，有关承诺期限的条款还需要约人另行签字。如果符合上述条件，该项要约即使没有对价支持，要约人仍须受其要约的约束，在要约规定的期限内或合理的时间内不得撤销要约。

从以上分析中可以看出，英美法系原则上确认了要约无拘束力，可以随时撤销的规则，但表面上看似不公平，实际上这背后有其对价理论来支撑，它抵消了这一制度投邮原则对要约人公平的，以期建立平衡要约人与受要约人间的利益关系，确保制度公正。然而在贸易范围日益扩大和频率日益加快的今天，市场情况瞬息万变，要约人发出要约的时候，难免有考虑不周的情况或者市场情况发生巨大变化等情事出现，如果不允许要约人对要约进行丝毫的变动，甚至撤回、撤销要约，不仅对要约人不利，而且有时也会使受要约人遭受损失，完全不适用现代商事活动的需要了，不利于保障交易安全和维护交易秩序。现代英美合同法，尤其是现代美国合同法，对要约原则上可以被撤销的规则施加了很多限制，而在逐步接近大陆法系。

(2) 大陆法。在要约撤销的问题上，在大陆法系各国中，德国、日本等国限制最严，只有要约人在要约中排除其拘束力的情况下才能撤销。法国法和意大利法则显得比较"中庸"，规定了某些情况下可以撤销，如法国法对向不特定多数人发出的要约，意大利法对没有规定期限的要约，规定了可以撤销[①]。显然大陆法系一般不允许撤销要约，它虽有利于维护受要约人的利益和交易的安全，但又难以适应现代商业活动变化快的要求。

鉴于此，两大法系国家在要约的撤回和撤销问题上，都在逐步相互吸收对方的优点，以《美国统一商法典》和《第二次合同法重述》为最典型。两大法系在此问题上"不谋而合"，是国际商法趋同化的先兆。

(3) CISG。事实上，《联合国国际货物销售合同公约》、《国际商事合同通则》在要约撤回、撤销的法律问题上适时地采用了折中方案，吸收了两大法系之长处。既允许要约撤销，同时也规定了要约不可撤销的情形，对撤销进行了一定的限制，彰显其制度设计的合理性和灵活性。CISG 第 15 条规定： An offer, even if it is irrevocable, may be withdrawn，if the withdrawal reaches the offeree before or at the same time as the offer.。

与此同时也规定了要约不得撤销的两种情形：

If it indicates, whether by stating a fixed time for acceptance or otherwise, that it is irrevocable; or if it was reasonable for the offeree to rely on the offer as being irrevocable and the offeree has acted in reliance on the offer.。

(四)要约的消灭

要约的消灭，是指要约丧失了法律效力，即不再对要约人和受要约人具有法律约束力。一项要约的消灭，通常是由下列四个方面的原因造成的。

(1) 因要约人撤回或撤销而消灭。撤回的要约，是指要约被要约人发出后至受要约人收到前，即在要约生效之前将要约收回，使其不发生法律效力。撤销要约，是指要约已经送达受要约人之后即在要约已生效之后消灭要约的效力的行为。要约一旦被撤回或撤销即告消灭。

(2) 要约期间已过而消灭。要约规定了承诺的期间，而受要约人在承诺期限届满前未作出承诺，则要约自行失效。如果受要约人在承诺期满后作出承诺，只能算作新要约，只有对方再进行承诺后，合同才成立。没有规定承诺期间的要约，如果双方以对话形式磋商，则要约人发出要约后，受要约人必须对此对话要约立即承诺，否则要约失效。对话包括面对面的对话和电话对话；如果当事人以异地函电等非对话方式发出要约，则各国的法律有不同的规定。许多大陆法国家，例如，德国、瑞士与日本等国家的民法典都规定，在隔地

[①] 尹田. 法国现代合同法[M]. 北京：法律出版社，1995：50～51

人之间发出要约而又未规定承诺期间者，如果不在相当期限内或不在"依通常情形可期待承诺达到的期间内"作出承诺，要约即告失效，要约人不再受要约的约束。根据大陆法学者的解释，这个期间应包括要约到达受要约人的时间、受要约人考虑承诺的时间以及承诺到达要约人的时间。

(3) 因受要约人拒绝或提出反要约而消灭。要约可因受要约人拒绝或反要约而终止。要约一经拒绝即终止，受要约人不能再通过承诺恢复其效力。如果承诺是附有条件的，包含了新的条款或者以某种方式改变了原要约中的条款，则构成了反要约(counter offer)。反要约是一项新的要约，而不是有效的承诺。反要约构成对原要约的拒绝，使原要约终止。

(4) 因受要约人对要约内容作实质性变更而消灭。如果受要约人在承诺中对要约的条款作了扩充、限制或变更，在法律上视同受要约人向要约人发出的一项新要约，而原要约人发出的要约即已丧失法律效力。新要约必须经原要约人承诺后，合同才能正式成立。

二、承诺

CISG 对承诺(Acceptance)的含义作了解释："受要约人作出声明或以其他行为表示对一项要约的同意即为承诺。"可见承诺的实质是被要约人以声明或其他行为作出的接受一项要约的意思表示。

1. 承诺的有效条件

从 CISG 的定义和相关要求来看，一项能够导致合同订立的有效承诺必须具备以下几方面的条件。

(1) 承诺必须是受要约人作出的。这里的受要约人可以是受要约人本人也可以是受要约人授权委托的代理人，而受要约人以外的任何第三人的任何意思表示均不构成有效的承诺。

(2) 承诺必须是对要约的明示接受。这一条件涉及承诺的表达方式问题。从 CISG 来看，所谓的"明示接受"有两种方式：一种是指受要约人向要约人发出一个表示同意或接受要约的专门通知或声明。这种明示的接受可称之为"通知承诺"，也是实践中常用的一种承诺表达方式；另一种是指 CISG 第 18 条第 3 款规定的方式，即如果根据要约本身或依据当事人之间确立的习惯做法或惯例，受要约人可以作出某种行为。

(3) 承诺必须是一种对要约完全和无条件的接受。CISG 第 19 条第 1 款中规定：A reply to an offer which purports to be an acceptance but contains additions, limitations or other

modifications is a rejection of the offer and constitutes a counter-offer.。"additions"是指在受要约人作出的接受中增加了原要约中没有的内容;"other modifications"主要是指受要约人作出的接受中改变了原要约中已有的某些内容;而"limitations"则是指在受要约人作出的接受中对原要约的某些内容表示了有条件的接受。

从第1款的要求来看,CISG认为原则上一项有效的承诺在内容上应与原要约本身的内容保持一致,而不应包含上述的添加、更改或限制。但是,如果被要约人对要约所表示的接受中一旦含有了上述添加、更改或限制时怎么办?这种在内容上与原要约不一致的接受能否成为有效的承诺呢?对于这一问题,CISG第19条第2款又作了较为灵活的规定:"对要约表示接受但载有添加或不同条件的答复,如所载的添加或不同条件在实质上并不变更该项要约的条件,除要约人在不过分迟延的期间内以口头或书面通知反对其间的差异外,仍构成承诺。如果要约人不作出这种反对,合同的条件就以该项要约的条件以及接受通知内所载的更改为准。"可见 CISG 认为,发生了上述不一致的时候,首先判定这种不一致是实质性的还是非实质性的。如果属于实质性的不一致,则这种接受便自动地成为一项反要约,而不再是有效的承诺;如果是非实质性的不一致,则这种接受的最终效力要取决于要约人的表态,即如果要约人对这种不一致及时地以口头或书面方式表示反对,则这种接受便不能成为有效的承诺,否则这种包含了与原要约非实质性不一致内容的接受仍构成有效的承诺,并且在双方事后订立的合同中,受要约人所作的各种非实质性的添加、更改或限制将取代原要约中与之不一致的内容而成为双方合同中的条款或内容。

那么究竟哪些添加、更改或限制属于实质性的,哪些又是非实质性的呢?CISG 的第19条第3款规定:"有关货物价格、付款、货物重量和数量、交货地点和时间、一方当事人对另一方当事人的赔偿责任范围或解决争端等的添加或不同条件,均视为在实质上变更要约的条件。"这一款的规定有两层含义:其一是该条款明确指出,凡针对原要约在以下六个方面发生的"不一致"则为实质性的不一致:①货物的价格;②货物的品质和数量;③付款,主要包括付款时间、地点、支付手段(货币或票据)和支付方式 (信用证或托收或汇付);④交货的时间和地点;⑤赔偿责任的范围,如违约金或赔偿金的计算与支付;⑥争议的解决。其二是由于 CISG 并未从正面对非实质性的添加或不一致作出明确说明或列举,因此可以认为除第3款列举的六个方面以外,发生在其他方面的添加或不一致应属于非实质性的不一致。

(4) 承诺必须在要约规定的承诺期限内作出或作出并送达要约人方为有效;如果要约人未规定承诺期限,则承诺必须在一段合理时间内作出或作出并送达要约人方为有效。这一条件在 CISG 第18条第2款中作了明确规定。此处所说的"一段合理时间"应该是多长呢? CISG 并未作进一步的具体规定。但依照该款要求来看,这种"合理时间"长短的确定应"适当考虑交易的情况"。所谓"交易的情况",从国际贸易实践来看应主要包括交易货物的性质、货物的市场价格波动以及要约人在要约时使用的通信方法。比如,要约人使用较快速的通信方法要约,货物又属于时令性很强的或活鲜商品而且这种商品的国际市场价格波动很大,则此时承诺的"合理时间"就应短一些,反之则可以长一些。在分析和掌握这一条件时有必要分两种情况:第一,如果被要约人采用行为承诺时,则这种行为必须在要约人规定的承诺期限内或如果要约未规定此种期限则在一段合理时间内作出方为有效的承诺。第二,如果被要约人采用通知承诺,则这种通知必须在要约规定的承诺期限内或如果要约未规定此种期限则在一段合理时间内作出并送达要约人方为有效承诺。另外 CISG 还规定,除非要约本身另有约定,否则针对口头要约的承诺必须立即作出方为有效。要约中规定的承诺期限如何计算是掌握这一条件时涉及的又一重要问题。按照 CISG 要求和精神,这种计算需区别对待:首先,如果要约人在要约中既规定了承诺期限,又指明了该期限的计算方法则应按要约本身的方法来计算。例如,要约人在要约中规定"×年×月×日复到有效"或"10 天之内复到有效,从你方收到之日起算"便属这种情况。其次,要约人在要约中虽规定了承诺期限,但未指明该期限计算方法。例如,要约中仅规定"限 10 日内复到有效",而未进一步指明这 10 天从何时起计算。针对这种情况下的期限具体计算,CISG 第 20 条规定了以下的计算规则:①凡以电报或信件发出的要约,其规定的承诺期限从发电或信中落款的发信之日起计算,如果信中没有落款时间则以发信邮戳日期为发信日。②凡以电传、传真、电话等快速通信方法发出的要约,其规定的承诺期限从要约传达到被要约人时起算。

　　总之,承诺作出时或送达要约人时超过了上述所要求的承诺期限或一段合理时间的,均视为逾期承诺。从 CISG 第 21 条规定来看,关于逾期承诺的效力即逾期承诺是否构成有效的承诺,因根据逾期的原因不同而取决于要约人的不同表态:①凡承诺作出时(包括行为承诺和通知承诺)已经逾期或作出时未逾期但送达要约人时势必逾期(指通知承诺),对此类逾期承诺除要约人及时以口头或书面方式向被要约人表示承认,否则便不构成有效承诺。②凡一项承诺(仅指通知承诺)在作出时并未逾期也不会势必逾期,而是由于载有承诺的信件或其他文件传递不正常,使得承诺在送达要约人时逾期了。对这种因传递延误而逾期的承诺,除非要约人及时以口头或书面方式向被要约人表示反对,否则仍构成有效承诺。

2. 承诺的生效时间

　　根据各国合同法和 CISG 第 23 条规定,A contract is concluded at the moment when an acceptance of an offer becomes effective in accordance with the provisions of this convention.。也就是说，承诺一旦生效合同才能订立，当事人之间才能随之产生一种法律上的合同关系。由于国际货物买卖合同的订立在大多数情况下是由处在异地的当事人之间通过要约和承诺完成的，所以使得承诺何时生效这一问题显得尤为特殊和重要。关于承诺生效的时间问题，我国学者一般认为大陆法系与英美法系各国的国内立法向来存有分歧，即英美法系各国一般采用"投邮主义原则"，而大陆法系各国则采用"到达主义原则"①。

(1) 到达主义原则。所谓到达主义(Received the letter of acceptance)，即必须在承诺到达要约人时才开始发生法律效力，合同也在此时生效。承诺到达相对人，具体指承诺的通知到达要约人所支配的范围之内，如要约人的营业场所、信箱、电子邮箱等。此时，即使承诺人尚未知悉其内容，承诺也发生了法律效力。《联合国国际货物销售合同公约》、《国际商事合同通则》及大多数大陆法国家和我国基本上采取这一规则。如《德国民法典》第130条规定："对于相对人以非对话方式所作的意思表示，于意思表示到达相对人时发生效力。"在这里虽未明确指出承诺的生效时间，但承诺也是一种意思表示，当然适用这一规定。我国台湾地区"民法典"第95条中也规定："非对话而为意思表示，其意思表示，以通知达到相对方时，发生效力。"我国《合同法》第26条规定："承诺通知到达要约人时生效。承诺不需要通知的，根据交易习惯或者要约的要求作出承诺的行为时生效。"

(2) 投邮主义原则。又称送信主义(mail-box rule)，或称为发送主义(doctrine of dispatch)。该原则主要为英美法国家所采用。它是指在以书信或电报作出承诺时，承诺一经投邮立即生效，合同即告成立。采取发信主义，即使承诺函在邮局传递过程中丢失，只要受要约人能证明自己对承诺函的投邮行为确实存在而且无误，合同仍可以成立。因英美法认为，要约人曾默示地指定邮局为其接受承诺的代理人，故一旦受要约人把承诺函交至邮局，等同丁交给要约人，即使邮局不慎将承诺函丢失，也应当由要约人负责，而不能影响承诺的有效成立。如此规定，其实质是为了缩短要约人能够撤销要约的时间。

(3) CISG 的态度。CISG 对此问题作了统一规定，根据 CISG 第18条第3款规定，采用通知承诺方式承诺时，该项承诺于载有承诺的通知送达(不是作出或发出)要约人时生效(见 CISG 第18条第2款)。这一规定实际是吸收了大陆法系中的到达主义原则；而采用行为承诺方式承诺时，该项承诺于有关行为作出时生效。

---

① 当然也有学者有不同的看法，认为这是我国学者认识上的误区，因为依投邮主义，即使信函和电报在传递途中遗失，合同也照样成立，这显然不合情理，故英美法系的法官把邮递规则限定在十分狭窄的范围内，因此只是英美法系中的例外。参见夏秀渊：《论英美法合同承诺生效规则》，载《襄樊职业技术学院学报》，2007年第一期。

《国际商事合同通则》第 2.6 条中也规定：However, if, by virtue of the offer or as a result of practices which the parties have established between themselves or of usage, the offeree may indicate assent by performing an act without notice to the offer or, the acceptance is effective when the act is performed.。可见公约和通则排除了英美法的以信件与电报发送承诺通知上的发信主义，而采用送达主义。国际商事合同通则的解释说，认可送达主义优先于发信主义的理由在于：由受要约人承担传递的风险比由要约人承担更合理，因为是受要约人选择的通信方式，他知道该方式是否容易出现特别的风险或延误，他应能采取最有效的措施以确保承诺送达目的地。中国的《合同法》也采纳了送达主义的做法，规定"承诺通知到达要约人时生效"。

3. 承诺的撤回

受要约人作出或发出承诺后，如果行情变化并对自己不利或发现承诺内容有误而反悔时，能否将其承诺撤回或加以修改呢？依照 CISG，对这一问题同样需要分两种情况来回答：首先，如果受要约人采用通知承诺方式作出了一项承诺时，由于 CISG 对这种承诺的生效采取到达主义原则，所以从承诺通知发出到该承诺送达要约人之间尚有一个时间差距。这种时间差的存在使得受要约人对已作出的承诺加以修改或撤回具有可能性。故此 CISG 认为这种承诺原则上是可以撤回的，但有一个条件即撤回或修改通知必须于原已发出的承诺之前或者同时送达要约人，这种撤回或修改才有效。从实践来看，这一规定告诉我们，要想有效地撤回修改一项已发出的承诺，一般必须采用比原承诺传达方式更快的方式来传送这种撤回或修改的通知。其次，如果受要约人采用行为承诺方式作出一项承诺时，由于 CISG 规定这种承诺是于有关行为作出时生效，因此行为承诺一般是不能撤回的。

[案例评析]

1979 年的 Bulter v. Ex-Cell-O Corporation 一案是非常著名的一个判例，它涉及英美法中的 "镜像规则"(mirror image)和 "最后一枪理论"(the doctrine of last shot)的问题。它的理论是关于承诺的问题，我国学者将其称之为 "格式之争"[①]。按照商业惯例，商人之间在订立合同之前，一般要经过一个要约和反要约的交易磋商过程。最后订立合同时，往往遇到合同到底是执行这一过程中的哪一个条件，使得双方发生争议，因此有必要建立一个规则以确定到底合同以哪一个格式为准。

"最后一枪理论" 就是基于此建立的一项规则，它是英国在 BRS v. Crutchley(1967)先

---

① 姜作利. 国际商法专论[M]. 济南：山东大学出版社，2004：210

例中确立的[①]。原告将一批威士忌酒交给被告储存，原告的司机交给被告一个 delivery note，注明了适用的运输条件，此为第一枪。被告在交货时加注："以按我方条件收货"，这是所谓的第二枪，也是最后一枪。上诉法院认为，被告在交货条件上的加注条件相当于要约，而原告交货并储存则是以行为表示的接受，最后一枪赢得了战斗[②]。"最后一枪理论"在解决订立合同过程中的所谓格式之争，不仅简单快捷，而且相对公平合理。然而，随着贸易活动的日益频繁和复杂，严格坚守该理论，亦会遇到困难。有鉴于此，在 Bulter v. Ex-Cell-O Corporation 一案中，法院对该理论作了适当的变革。在上诉法院审理中，本案的三位法官采用了三种不同的方法进行论述，得出的是相同的结论，即以被告的条款为准。其中，lawton 和 Bridge 认为，应当依据传统的要约和反要约的规则，那么原告发出的要约经被告修改后，构成了一项反要约，原告回信的行为应视为承诺，其中并不包括价格变更条款。Denning 法官认为，关于格式之争的解决办法，主要有三种：一是如果另一方不反对而接受有关合同的格式文件的话，那么合同应以此格式合同为准而约束双方当事人；二是若卖方的要约中有格式文件。而买方的回复中也有另一份不同的格式文件，那么，除非买方明确提出所有条款都以己方为准，格式条款以原先卖方的为准；三是把双方的条件和条款合并起来考虑处理，当能够彼此协调进而得出合理平衡的结果，那当然再好不过，当不能做到协调时，那么双方之间的彼此冲突的条款应舍去，代之以合理的解释或推定(reasonable implication)。显然 Denning 法官没有机械地适用传统的理论，而是根据公平合理的原则对传统理论作的变通。这种灵活的处理原则，对国际商事交易规则的发展产生了重大的影响。美国的 UCC 法典第 2-207 条第 2 款采用的就是"第一枪"理论，它规定"附加条款应解释为补充合同之建议"，因此在要约方未对此建议表示认可的情况下，合同依要约的条款为准。同时，该条款在一般规定之后作出了一个"商人特别规定"，即"在商人之间，此类条款构成合同内容，但以下情形除外：(a)要约明确规定承诺仅限于要约之条款的；(b)附加条款或者不同条款实质上改变了要约的；(c)要约人在收到有关此类条款的通知后于合理时间内发出异议通知的。"根据正式评论 3，附加条款、不同条款均适用本款的规定。至于"实质性变更"的问题。正式评论 4 指出，有些条款通常"实质性改变"了合同，如果在另一当事方未明确知悉时即被纳入合同将会产生意外或极不公平的结果。典型的这类条款有：否认一般性担保的条款、在某种情况下要求保证交付 90%或者 100%的货物的条款而行业惯例允许有更大数量的误差、保留卖方在买方未能如期偿付发票时取消合同的权力的条款、要求

① 杨宜良. 国际商务游戏规则：英国法合约[M]. 北京：中国政法大学出版社，2000：14
② 姜作利. 国际商法专论[M]. 济南：山东大学出版社，2004：211

在比习惯所允许的时间或者比合理的时间短得多的时间内主张违约情形的条款。对于"实质性改变"的理解，有学者将其与商业惯例相联系，指出"一个条款被认为是实质性改变，如果其与一般商业交易中的惯常条款有显著不同，这一标准换言之就是将条款与主导的贸易习惯相比较"①。

"镜像规则"也在该案中被适用，它是普通法上的一个传统制度，诞生于 1887 年的 Langellier v. Shaefer 一案。在该案中，法官对这一规则作出经典的归纳："一方对另一方所发出的交易要约施加责任于前者，除非后者根据要约的条款对其予以承诺。任何对这些条款的修改和背离都将使要约无效，除非要约方同意这种修改和背离。"②然而，尽管有争议但是在 Bulter v. Ex-Cell-O Corporation 一案中，多数意见即是依据"镜像规则"作出判决。传统的"镜像规则"在面对现代商业交易中的格式之战时则显得过于严格和机械，它所采取的"全有或全无"的方式使得法官只能在买方或卖方的格式单中选择其一而不能从真正的意义上去判断双方达成一致的条款，而且将会鼓励当事人竞相使用格式单并通过履行合同条件下的"最后一枪"理论争取自己的格式单得以适用③。Butler 案虽然是以适用"镜像规则"判决的，但 Denning 法官对此提出了不同的看法，其在此前的 1978 年的 Gibson v. Manchester City Council 一案中曾指出"认为所有的合同都可分析为要约和承诺形式的想法是错误的"，并提出"更好的方法是去查看当事人之间往来的文件并从这些文件或当事人的行为中收集信息，判断他们是否在实质问题上达成一致，即使文件的背面所印制的格式和条件不尽相同"④。他的稳健变革的创新再次对各国的立法以及国际公约、国际惯例产生影响力。以《美国统一商法典》(UCC)和 1980 年《联合国国际货物销售合同公约》(CISG)、《国际商事通则》(PICC)为代表，他们在坚持"镜像规则"的同时又对其进行微调。UCC 第 2-207 条的第 1 款规定"明确且及时表示的承诺或者在合理时间内发出的确认书生承诺之效力，即使它规定了与要约条款或双方约定之条款不同的附加条款，但承诺人明确表示其承诺以要约人同意该附加条款或不同条款为条件的除外"⑤。商人很少关心和阅读合同背面的一般条件，视之为陈词滥调。如果买方发出订单，卖方发回销售确认，只要双方文

① See Clayton P. Gillette Steven D. Walt，Sales Law：Domestic and International (Revised Edition)，2002：73
② 拉伦茨著；谢怀栻等译. 德国民法通论[M]. 北京：法律出版社，2003：32
③ 黄立. 民法债编总论[M]. 北京：中国政法大学出版社，2002：36
④ See Ewan McKendrick， Contract Law(5th Edition)， Palgrave Macmillam，2003：30
⑤ 孙新强. 美国《统一商法典》及其正式评论(二)[C]. 香港：金桥文化出版(香港)有限公司，2001：785

件中的正面条件(品种、数量、价格)相符,即使背面条款不符,合同仍可成立①。有关 CISG 的相关规则,在本节中已经作了详尽的分析,不再赘述。PICC 第 2.22 条则更进一步,认可了双方当事人事先或事后作出"不受约束"声明的权利,这样可以防止由于一些重要条款落于合同之外而使当事人的利益受损,避免了 UCC 条款过于偏重合同易于成立而忽视对当事人个体利益保护的缺陷。但是依据 PICC 第 2.22 条确定的合同很可能会出现空缺条款的情况,其第 4.8 条规定了补充条款,即"如果合同当事人各方未能就一项确定其权利义务的重要条款达成一致,应补充一项适合于该情况的条款;在决定何为适当条款时,除其他因素外,应考虑以下情况:(a)各方当事人的意图,(b)合同的性质与目的,(c)诚实信用和公平交易原则,(d)合理性。"这样就形成了一套完整的、前后呼应的、科学的制度体系。

通过以上比较分析,我们认为对交易磋商过程的考察不能简单地通过"非此即彼"的方法确定合同的条款,而应以公平合理的原则,在个案中具体问题具体分析。在我国的社会发展处于转型时期,对传统理论进行变通的创新理念也值得我们借鉴,既不颠覆人们业已习惯并接受的规则,又通过适度的改革解决不断变化的复杂的个案。

第三节　卖方和买方的义务

国际货物买卖是指具有国际性因素的以支付价金的方式换取货物所有权的交易行为。将国际货物买卖关系纳入到法律的轨道中进行调整的规范性文件总称为国际货物买卖法。国际货物买卖法律关系的核心内容是合同双方当事人的权利义务关系。一般情况下,商事组织或个人在订立国际货物买卖合同中对价格进行谈判时,一定会按照国际贸易术语通则的解释讨论价格。如果国际货物买卖合同中适用了某一价格术语,也同时代表着双方对此次交易中的买卖双方的义务也作了约定,因为贸易术语中包含了买卖各方的义务。我们用 10 个项目列出了《INCOTERMS 2000》中所有术语下各自的责任、费用和风险等义务,如表 3-2 所示,卖方在每一项目中的地位"对应"了买方在同一项目中相应的地位。

---

① 李巍. 联合国国际货物销售合同公约评释[M]. 北京:法律出版社,2002:92

表3-2 买卖双方的义务

A 卖方必须	B 买方必须
1. 提供符合合同规定的货物	1. 支付货款
2. 许可证、批准文件及海关手续	2. 许可证、批准文件及海关手续
3. 运输合同与保险合同	3. 运输合同与保险合同
4. 交货	4. 受领货物
5. 风险转移	5. 风险转移
6. 费用划分	6. 费用划分
7. 通知买方	7. 通知卖方
8. 交货凭证、运输单证或有同等作用的电子信息	8. 交货凭证、运输单证或有同等作用的电子信息
9. 检验、包装及标志	9. 货物检验
10. 其他义务	10. 其他义务

根据合同法"意思自治"的原则，CISG 及各国的买卖法或合同法关于买卖双方当事人的权利义务的规定，都属于非强制性的规定。当事双方可以根据合同的需要和自己的意志作出不同于法律的规定并排除法律的适用。只有当买卖合同对某些事项没有作出规定时，包括 CISG 在内的各项法律才有适用的可能，也才能援引相关的法律规定来确定买卖双方当事人的权利与义务。CISG 的第 30 条至第 44 条规定了卖方的义务。卖方的义务主要包括：交付货物或单据、品质担保、权利担保共三项主要义务。这些规定是为了弥补当事人意思表示不足，以确定合同双方的权利与义务，对合同内容的漏洞进行必要的补充。所谓合同的漏洞，是指合同关于某事项应有约定而未约定。易言之，合同的客观规范内容不能包括某种应处理的事项[①]，其目的是尽量使约定不明确的合同得到履行，体现了"与其使合同无效不如使之有效"的原则[②]。本节在比较法视角下，结合各国买卖法中关于买卖双方义务问题的主要制度进行比较分析。

---

① 王利明，崔建远. 合同法新论(总则)[M]. 北京：中国政法大学出版社，2000：87

② 国际私法统一协会. 国际商事合同通则[M]. 北京：法律出版社，1996：79

一、卖方的义务

(一)交付货物

交付货物是卖方的主要义务，所谓交付货物(delivery)，根据公约的规定，卖方应依合同约定的时间、地点及方式完成交货义务。根据各国法律及 CISG 的规定，卖方应按照合同的约定交付货物，如果合同中没有对交付货物的时间、地点或方式进行具体而明确的规定，那么可以参照国内法；或者如果该合同适用 CISG，则可以参照 CISG 的有关规定进行处理。

1. 交货时间

交货时间是一个关乎经济成本利益和衡量违约行为的重要问题，因此一般当事人会在合同中作出明确的约定。如果合同中没有对交货时间进行明确规定或者双方对这一时间的理解产生了分歧，那么就应该寻求有关法律或 CISG 的解释。事实上，由于各国立法的利益保护倾向不同，因此对这一问题的规定是不尽相同的。英美法系国家的有关法律以"合理时间"(reasonable time)作为合同未规定交货时间的解决办法，如《美国统一商法典》第2-309 条第(a)款："如本章未作规定，当事人又未作约定，合同上指的发货时间或交货时间或其他合同规定的行为的时间应为合理时间。"英国《1893 年货物买卖法》第 29 条第(b)款规定："如果买卖契约规定卖方必须将货送到买方，但对送交时间并无规定时，卖方应在合理时间内履行之。""合理时间"应视具体的交易状况而定。而大陆法国家一般认为，在此种场合下，首先应当按照合同的其他条款或交易习惯确定交货的时间，如果不能确定则买方可以随时要求卖方履行，当然要给予卖方必要合理的准备的时间。典型代表是德国法，《德国民法典》第 271 条则规定："未约定给付期限或不能从情况推断给付期限者，债权人得立即请求给付，债务人也得立即履行给付。"显而易见，英美法系的"合理时间"原则具有很大的灵活性，而大陆法系则相对比较明确具体。中国的《合同法》也深受德国法的影响，但同时也吸纳了英美法的"合理时间"原则，在其第 62 条中规定：合同生效后，对履行期限不明确的，可以协议补充或者依照有关条款或交易惯例确定；如果仍不能确定，则债务人可以随时履行，债权人也可以随时要求履行，但应给对方必要的准备时间。同时在买卖合同的专章中规定，货物在订立合同之前已为买受人占有的，合同生效的时间为交付时间。

CISG 将合同的交货时间区分为具体的日期和一段时间，认为在合同没有约定也不能确定具体日期时，如果合同规定有一段时间，或从合同中可以确定一段时间时，除非情况表明应由买方选定一个日期外，应当在该段时间内任何时候交货；而在其他情况下，应在合同订立后的一段合理时间内交货。PICC 第 6.1.1 条附和了 CISG 的这一规定，并在第 6.1.2 条补充到，如果合同义务能够一次履行，那么当事人必须在上述原则确定的时间内一次履行其全部合同义务，而不能以分期履行延迟履行的时间。按照一般的国际实践，"合理时间"是作为事实由法院或仲裁庭根据货物的性质及合同的其他特点来决定的。

2. 交货地点

交货地点关系到买卖双方风险和费用的分担问题，所以买卖合同对交货的地点都十分敏感。正因如此，国际贸易术语通则中的各种贸易术语均规定了交货的地点。如果当事人在合同中已经使用了某种贸易术语，那么卖方就要按照惯例将货物交到贸易术语制定的地点，例如，FOB、CIF、CFR 等贸易术语的交货地点是装运港，而 FCA 的交货地点是承运人所在地等。只有当事人在合同中没有使用国际贸易术语，也未约定交货地点时，才会动用到适用各国法律或公约来确定交货地点的问题。

英美法系国家对交货地点的规定基本一致。英国的《1893 年货物买卖法》和《美国统一商法典》都规定，除非另有约定，对于非特定货物，交货地点是在卖方的营业处所，如卖方无营业处所时，则应在卖方的住所。但如果该契约买卖的是指定货物(特定化的货物)，且缔约时双方都已了解该货存放在其他某地，在此情况下，交货地点应该是在货物存放地点。英国法还对货物由第三方控制的情况作出规定："如买卖时货物是在第三者控制下，则除非等到该第三者向买方承认他是代表买方保管货物时，否则不能认为卖方已经交货。但本款规定不应影响货物所有权证件的签发或移转。"如卖方同意自负风险地将货物从出售时的所在地点运到另一地点交货时，则除另有约定者外，买方仍须承担货物在运输途中必然发生的变质的风险。大陆法系国家对这个问题的规定则各自不同。法国和瑞士的法律规定与英美法的规定相近，将货物区分为特定物和非特定物，特定物应于订约时该货物的所在地点交付；而非特定物应于卖方的营业所在地交付。日本法也作了如上的货物区分，所不同的是，它认为对于非特定物的交付不应在卖方营业地，而应在买方的营业地。德国法则没有将欲交付的货物区分为特定物或非特定物，根据《德国民法典》第 269 条关于"给付地"的规定，通常情况下，无论货物是否特定，卖方可选择的第一交付地，为其住所地，只有当货物交付这种债务是产生于业务经营过程中(尽管这是经常发生的)，且营业地与住所地不同时，营业地才被确定为交付的地点。但无论如何，都不能简单地依据卖方承担运费这样的事实推断货物的交付地为货物的运达地，因为这将关系到货物风险承担划分的依据。中国的《合同法》则几乎照搬了 CISG 的规定。

CISG 在确定货物交付地点的时候，除采纳多数国家对这一问题的一般性规定将交付货物的地点按照特定物与非特定物的分别确定为缔约时特定物的所在地①和卖方的营业地(seller's place of business)外，还充分考虑了国际货物买卖合同对运输的依赖。CISG 第 31 条这样规定，如果卖方没有义务要在任何其他特定地点(any other particular place)交付货物，他的交货义务首先为：如果销售合同涉及货物运输，卖方应把货物移交给第一承运人(the first carrier)，以运交给买方；只有在不属于上一款规定的情况下，才适用前述的一般性规定。这里的"承运人"是指与买方订立运输合同的任何运输公司。第一承运人会因为不同的运输方式而有所不同。传统的运输方式中通常指货运公司，随着集装箱革命发展起来的现代化多式联运(International Multimodal Transport)运输方式中，集装箱在内陆封装后，一般需要经过多种不同的运输方式，如公路运输、铁路运输、海运等运交买方，全部运输过程中涉及多个"承运人"。比较合理的处理原则是交给第一承运人即揽货方，那么卖方如果将货物交给揽货方即视为交给买方，卖方的交货义务由此完成。

3. 交货方式

在国际货物买卖中交付货物的方式一般有两种：实际交货和象征性交货。所谓实际交货是指卖方将货物置于买方的实际占有和支配之下。例如，国际贸易术语中的工厂交货(Ex Work)价格中，卖方在其所在处所(工厂、工场、仓库等)将货物提供给买方时，即履行了交货义务。所谓象征性交货是指，在合同货物涉及运输或其他无法实际交货的情况下，由卖方发运货物并将取得的提单或其他证明货物所有权的运输单证交给买方，或者在货物已由第三人占有且第三人承认是代买方掌管此项货物时，尽管买方没有实际占有货物，但形式上已经拥有了支配货物的权利。例如，英国《1893 年货物买卖法》第 32 条第(1)款规定"如按照契约的规定，卖方被授权或者必须将货物送交买方时，则将货交给一个承运人以便运交买方，不论该承运人是否由买方所指定，都应被表面地视为已经将货物交付买方"；第 29 条第(2)款规定"如买卖时货物是在第三者控制下，则除非等到该第三者向买方承认他是代表买方保管货物时，否则不能认为卖方已经交货"。

在国际货物买卖交易中，多数是涉及运输的国际货物买卖合同，因此采用象征性交货方式是主流。CIF 就是一种典型的象征性交货，卖方只要按期在约定地点完成装运，并向

---

① 按照 CISG 第 31 条的解释，物质所在地包括：the contract the parties knew that the goods were at, or were to be manufactured or produced at, a particular place - in placing the goods at the buyers disposal at that place.。

买方提交合同规定的包括物权凭证在内的有关单证，就算完成了交货义务，而无须保证到货。在这种情况下，装运单据具有十分重要的作用。它们是买方提取货物、办理报关手续、享有关税优惠、向保险人请求赔偿所必不可少的法律文件。

按照 CISG 的第 34 条规定，卖方在象征性交货的情况下，公约卖方必须按照合同约定的时间、地点和方式移交与货物有关的单据。如果买方交付承运人的货物没有清楚地注明有关合同，则卖方必须向买方发出列明货物的发货通知；如果卖方有义务安排运输，他必须负责订立必要的运输合同，用适当的运输工具，按照通常的运输条件，将货物运到指定地点，除另有约定者外；如货物由卖方运交买方过程中须经过海运，而按照一般惯例应予保险的，则卖方须将有关情况通知买方，以便其能办理海洋运输保险。如果卖方未能这样做，则货物在海运途中的风险应被视为由卖方承担，并使货物处于可交付状态的费用，如包装、容器等项费用，除双方另有约定外，由卖方承担。此外，合同应被尽可能地一次性履行，如果合同另有约定或只能分次履行，则买方可以分批付款，直至货物完全交付。

(二)卖方的品质担保义务

所谓品质担保也称瑕疵担保，是指卖方为所销售的货物的质量、特性或适用性承担所作的担保，保证其售出的货物的品质完全符合合同的要求并且没有影响买方利益的瑕疵[1]。这种瑕疵担保责任是法律基于买卖合同有偿性的特殊要求和对消费者的特别保护而规定的。这种责任的存在，对于维护有偿合同等价均衡关系，保护买卖交易的安全具有十分重要的意义[2]。

与此同时，货物的品质是商事交易的基础，也是买方实现合同目的的保障。有鉴于此，各国都在其法律中对此作出了详尽的规定。其中英国法和美国法为最典型。下面对各国法律对于货物所应具备的通常品质的规定，分别加以介绍。

1. 德国法

大陆法系的德国法把卖方对一般货物的品质担保义务称为对货物的瑕疵担保义务，即卖方应保证他所出售的货物没有瑕疵，而对特种买卖中的货样买卖的品质担保则要求卖方必须保证其所交付的货物与先前提供的样品具有同一品质。《德国民法典》规定，卖方应向买方保证他所出售的货物在风险责任移转给买方的时候不存在失去或减少其价值，或降低其通常用途或合同规定的使用价值的瑕疵；但是如果买方在订立买卖合同时，已经知道

---

① 　韩立余. 国际经济法学原理与案例教程[M]. 北京：中国人民大学出版社，2006：66

② 　崔健远. 新合同法原理与案例评析[M]. 长春：吉林大学出版社，1999：941

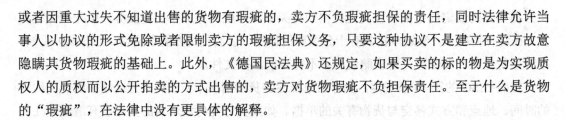

或者因重大过失不知道出售的货物有瑕疵的，卖方不负瑕疵担保的责任，同时法律允许当事人以协议的形式免除或者限制卖方的瑕疵担保义务，只要这种协议不是建立在卖方故意隐瞒其货物瑕疵的基础上。此外，《德国民法典》还规定，如果买卖的标的物是为实现质权人的质权而以公开拍卖的方式出售的，卖方对货物瑕疵不负担保责任。至于什么是货物的"瑕疵"，在法律中没有更具体的解释。

2. 英国法

英美国家法律关于卖方对货物的品质担保义务的规定，远比大陆法详尽，它区分了不同情况下的担保责任。根据英国《1893年货物买卖法》第13～15条的规定，卖方所出售的货物应符合下列默示条件(Implied Condition)：

(1) 凭说明书买卖(Sale by Descriptions)。如果买卖契约中规定凭说明书买卖时，应含有一项默示要件，即货物应与说明书相符；如兼用凭样品买卖和凭说明书买卖时，所交货物只与样品相符是不够的，还必须与说明书相符。

(2) 对商品质量或适用性的默示责任。卖方在出售货物的交易过程中，应有一项默示要件，即该契约下的货物的品质是适合商销的，但有下列情况者除外：

① 在缔约前已将货物的瑕疵特别提请买方注意者；

② 买方在缔约前已检查过货物，而该项瑕疵是在检查中应能发现者。

关于货物的适销性，根据英国法的规定，主要是指该货物具有被购买时买方对其合理期望的用途。例如，在铁路吊车案中，卖方所提供的铁路吊车能吊起出火车车厢以外的所有东西，但是它的商品名称决定了买方期望它能够吊起火车车厢是一种合理的期望，因而构成了判断该货品是否具有适销性的依据。除此之外，合理期望的用途的判断依据还要涉及货物的说明、价格及其他有关情况。

(3) 对特定用途的担保责任。卖方在出售货物的交易过程中，如买方明示或默示卖方了解购买该项货物是为了特定用途时，则除非有证据表明买方并不信赖或不可能信赖卖方的技能或判断者外，卖方应使根据有关契约供应的货物，合理地适合该项特定用途，不管此类货物通常是否为此目的而供应的。关于商品质量或对特定用途适合性的默示要件或保证，可以因存在习惯做法而附加在买卖契约中。

(4) 凭样品买卖(Sale by Sample)。在一项买卖契约中，如有条款明示或默示地说明是凭样品买卖时，该契约即为凭样品买卖的契约。在凭样品买卖的契约中，卖方应保证：①所交货物在质量上应与样品相符；②买方应有合理机会去对货物和样品进行比较；③所交货物不应存在有导致不适合商销的瑕疵，而这种瑕疵是在合理检查样品时不易发现的。

英国法律中这种品质担保默示条件的规定，原则上认为可以通过当事人的约定加以排除。也就是说，如果当事人之间没有相反的约定，可以适用默示条件；而如果他们有不同的约定，则应遵从他们之间的约定。但这一规定受到两方面的限制：第一，如果在对消费者进行销售的合同中有违反上述规定的默示条件的约定，则该约定无效；第二，在其他情况下，如果该项条款显然是不公正的或不合理的，则该项条款不应被强制执行。而在判别一项条款究竟是否公正或合理时，应注意考虑各类案件的一切有关情况，特别应注意卖方和买方彼此之间缔约地位的效力、可供利用的适当代替品和供应来源的情况，以及有关货物是否系专为买方的特别订货而制造、加工或修改的。此外，由于英国法将合同条款分为条件(condition)和担保(warranty)，而卖方的品质担保义务属于默示的条件，因此在卖方违反其义务时，实际上是对默示条件的违反，其法律后果是比较严厉的，买方可以据此提出解除合同并要求损害赔偿的权利救济。

3. 美国法

《美国统一商法典》将卖方的品质担保义务区分为明示担保(express warranties)和默示担保(implied warranties)两种。

(1) 明示担保。明示担保是指卖方以确认、许诺、说明、提供样品或模型的方式明白、具体地对其货物作出的保证，这种保证构成了买卖双方达成交易的基础(basis of the bargain)，是买卖合同文本条款的组成部分。如果卖方对货物的品质作了某种明示的担保，则卖方应提供符合这些担保的货物。明示担保的产生，不取决于卖方是否使用"担保"或"保证"这类正式用语，也不取决于卖方是否具有提供担保的特别意图。例如，如果卖方在其出售服装的标签上写明"100％纯棉"，这就是一项对货物质料事实的确认，是一项明示的担保。但是如果卖方仅仅确认货物的价值，或仅仅对货物提出意见或作出评价，并不构成担保。例如，卖方在其所出售饮料的包装上标有"喝了忘不了"的字样，就不构成一项明示的担保。

(2) 默示担保。默示担保不是由双方当事人在合同中约定的，而是依据法律的规定应当包括在合同之内的，只要买卖双方在合同中没有相反的约定，默示担保就应依法适用。

根据《美国统一商法典》的规定，只要卖方是从事某种货物交易的商人，他就有法律规定的两项默示担保义务：

第一，是对货物商销性的担保。卖方应保证其所售出的货物适合于销售。而判断合同项下的货物是否适销的标准主要有：

① 根据合同所提供的说明，货物应在本行业内可以不受异议地通过；

② 货物如果为种类物，应在说明的范围内具有平均良好品质；

③ 货物应适用于该种货物的一般使用目的；

④ 货物每个单位内部或全体单位之间的种类、质量或数量应均匀，差异不超出协议许可的范围；

⑤ 货物应按协议的要求装入适当的容器，进行适当的包装和附以适当的标签；

⑥ 如果容器上或标签上附有保证或说明，货物应与此种保证或说明相符。

第二，是对货物适合特定用途的担保。如果卖方在订立合同时有理由知道买方要求货物适用于特定用途，且有理由知道买方依赖卖方挑选或提供适用货物的技能或判断力，卖方应默示担保货物将适用于该特定用途，除非依法排除或修改此种担保。

尽管如此，《美国统一商法典》允许卖方在合同中排除或修改担保，无论此种担保是明示的还是默示的。不过在排除或限制明示担保的时候，美国法认为除非当事人能够证明这种否认或限制担保的词句或行为已经通过某种方式(比如口头或书面的)成为合同的备忘录或最终协议的条款，否则这些否认或限制明示担保的词句或行为无效。对于默示担保的排除或修改，《美国统一商法典》认为如果没有相反的表示，任何默示条款都可以用"依现状出售"、"不保质量"等用语来排除或修改；或者，如果买方在订立合同前已完全按他自己的愿望充分检验了货物或货物的样品或模型，或如果买方拒绝检验货物，那么卖方对货物中存在的一经检验就应该发现的缺陷不承担默示担保的责任；或者，默示担保也可以由交易过程、履约过程或行业惯例加以排除或修改。但是在排除或修改有关商销性的默示担保时，用语必须提及商销性；如果排除或限制以书面形式作出，其书写必须醒目，以便引起买方的注意。例如，卖方在出售一种不能在微波炉内使用的玻璃器皿时，应在合同中或商品说明书中或商品的标签上，用醒目的大号字或黑体字或其他能够吸引人注意的方式书写或印刷"勿用于微波炉内"的字样或图样。如果要彻底排除有关适用性的默示担保，可以使用"除去此处的说明，不作任何其他担保"一类的词句。但是在任何情况下，卖方都不得在合同中事先排除由于产品责任所引起的损害赔偿义务。

4. 中国《合同法》的规定

依据中国《合同法》的规定，卖方应当按照约定的质量要求交付货物。如果卖方提供有关货物的质量说明，则所交付的货物应符合说明中的质量要求；对于双方在合同中没有约定或约定不明确的，可以依据交易习惯来确定货物的质量标准；如果仍不能确定的，则可依据国家标准、行业标准履行；如果没有相应的标准则应按照通常标准或者符合合同目的的特定标准来履行。

5. CISG 对于品质担保义务的规定

CISG 认为，货物与合同所约定的数量、质量和规格以及包装方式等内容相符是最重要的，因此以标题的形式凸显出交付与约定相符的货物是卖方的重要义务。它基本上采用了英美法的规定，对于卖方交付的货物与合同不符的后果，则通过区分是否对合同目的的实现构成威胁，来判断是承担根本违约的责任还是非根本违约的责任。

根据 CISG 的规定，除当事人没有约定或约定不明确或有其他的约定外，货物相符是依据这样一些标准判定的：①货物适用于同一规格货物通常使用的目的。②货物适用于订立合同时曾明示或默示地通知卖方的任何特定目的，除非情况表明买方并不依赖卖方的技能和判断力，或者这种依赖对他是不合理的。例如，买方在一项服装销售合同中暗示他将把该批服装销往欧美地区，但是他同时指定了一名服装设计师协助卖方进行服装型号的设计，这就表明买方并不依赖于卖方对服装型号的判断，从而解除了在卖方交付的货物与买方要求不一致时卖方所承担的货物不相符的责任。③货物的质量与卖方向买方提供的货物样品或样式相同。④货物按照同类货物通用的方式装箱或包装，如果没有此种通用方式，则按照足以保全和保护货物的方式装箱包装。但是如果买方在订立合同时知道或者不可能不知道货物不符合同，卖方就无须按上述规定承担这种货物不符合同的责任。

通过与英美国家法律的比较，我们很容易发现，一方面，CISG 对卖方品质担保的义务是建立在充分鼓励卖方按照国际货物买卖合同中的约定履行义务的前提下的，因此对于货物相符的标准规定得并不详细，具体的判别依据可以由当事人根据所选择适用的国内法进一步来确定。但另一方面，CISG 对卖方承担货物相符义务的时间与风险责任的转移之间的关系作了明确的规定。一般说来，是以风险转移给买方的当时来划分卖方对货物相符义务的承担期间。例如，合同中是采用 CIF 价格术语确定买卖双方权利义务的，在货物越过船舷以前，卖方对货物承担品质担保的义务；而在货物越过船舷后，发生的任何毁损，进而导致货物丧失所应具有的品质或商销性，卖方是不承担责任的。但是如果这些货物必须经检验、鉴定或使用等手段才能知道其是否与合同的约定相符，则在其没有被检验、鉴定或使用之前，即使风险已经转移给买方，卖方也应对此承担责任。另外，如果不符合同的情形是由于卖方违反他的某项义务所致，包括违反关于在一段时间内货物将继续适用于其通常使用的目的或某种特定目的，或保持某种特定质量或性质的任何保证，那么卖方也应对在前面所述的风险转移时间后发生的任何不符合同的情形负有责任。例如，卖方在其所售的果酱上标明"保质期一年"，如果在一年内，果酱变质，则卖方对此承担责任。对于提前交付的货物出现了与合同不符的情形，CISG 规定卖方可以在约定的交付时间到来之前采取补足缺漏、更换货物等补救措施，但是卖方在行使这项权利的时候不能给买方带来不合理的损失和不便，否则买方可以请求损害赔偿。

PICC 则对于卖方品质担保义务的规定是高度概括性的，它规定如果合同中既未规定且也无法根据合同确定履行的质量，则义务人履行合同的质量应达到合理的标准，并且不得低于此情况下的平均水平。简言之，负有交货义务的卖方应尽最大的努力，使其所交付的货物的质量首先达到其同类货物的平均质量水平，这个水平是依据履约时有关市场的情况及其他相关因素确定的。

(三)权利担保的义务

权利担保：由于买卖合同的本质在于卖方向买方转让货物的所有权，因此，他就必须首先保证自己拥有处分货物的权利，无论这种处分是作为货物的所有权人亲自行使的，或者是作为代理人在授权范围内行使的。各国法律和 CISG 都规定卖方对所出售的货物负有权利担保的义务。这种义务的具体含义为：

(1) 卖方必须保证对其所销售的货物享有合法的权利；即卖方对货物享有所有权或卖方有权处分。这来源于 "No one can sell what he has not" 这个谚语。代理人可以根据授权出卖货物。正因如此，卖方必须保证对其所出售的货物享有完整的所有权，没有侵犯任何第三方的权利，并且保证不会有第三方不会对买方提出权利主张。如果卖方所出售的货物含有他人的抵押权或质权在内的请求权，将意味着买方的权利无法得到保证。

(2) 卖方必须保证对其所销售的货物拥有合法的、可转让的包括工业产权(industrial property)①在内的各种知识产权(intellectual property)。工业产权一般是指专利和商标的统称，但知识产权的概念所涵盖的范围要广泛些。在 WTO 协议中的《与贸易有关的知识产权协议》(Agreement on Trade-Related Aspects of Intellectual Property Rights，简称 TRIPS)中，将知识产权概括为八个方面：版权(copy right)及相关权利、商标、地理标志(geographical indications)、工业品外观设计(industrial design)、专利、集成电路布图权、对未公开信息的保护(trade secret)、对许可合同中限制竞争行为的控制。CISG 第 42 条规定，卖方所交付的货物，必须是第三方不能根据工业产权或其他知识产权主张任何权利或要求的货物。然而由于各国处于自身利益的考虑，都建立了知识产权法律制度，因此知识产权的保护具有明显的地域性。自世界知识产权保护史上第一项专利权在五百多年以前出现至令，

---

① 根据 1983 年的《保护工业产权巴黎公约》规定的工业产权的含义要广泛得多，不仅包括专利、实用新型、外观设计、商标、服务标记，包括还厂商名称、货源标记、原产地名称以及制止不正当竞争。

地域性始终是知识产权的显著特点。这一特点表明：按照一个国家或者地区的法律产生的知识产权，只在该国家或地区范围内有效，超出该地域范围。该项知识产权即不复存在①。基于此，CISG 第 42 条有进一步规定：卖方所交付的货物，必须是第三方不能根据工业产权或其他知识产权主张任何权利或要求的货物，但以卖方在订立合同时已知道或不可能不知道的权利或要求为限。可以理解为，如果卖方在订立合同时不知道买方将转售到哪一个国家，则卖方不承担责任。

二、买方的义务

由于国际货物买卖合同是双务有偿合同，因此卖方的义务即买方的权利，买方的义务则是卖方的权利。国际货物买卖合同的买方的义务基本上有两项：一是支付货款(Payment of the price)，二是收取货物 (Taking delivery)。下面以比较法的视角，对买方的义务介绍如下。

(一)支付货款

大陆法国家的法律比较简单，法国规定按约定的时间地点支付价金，没有规定应在交付标的物的地点和时间支付价金。对于价格，德国法规定按照约定的价格，未约定以市价为准。

美国法认为买方按照合同接受货物并付款是极其重要的，付款直接关系到卖方的订立合同利益的实现，而对货物的接受，有直接关系到买方的根本利益。有鉴于此，《美国统一商法典》设立了两项制度：一是提示付款制度(Tender of payment)，卖方向买方表明债务人业已准备就绪并愿意和能够履行合同的义务。如果买方拒绝接受，卖方即获得解除履行合同的权利。至于如何作出付款的提示，该法典未提出特别要求，仅要求以正常的商业程序中流行的任何工具、任何形式即可。另一项制度是将检验与付款紧密联系在一起，这一制度与英国的货物买卖法是一致的。《美国统一商法典》第 2-513 条规定，除非另有约定，买方在支付货款或接受货物之前，有权对货物进行检验。这是因为，在国际贸易中，相当多的交易都是采取交单付款的方式，买方在付款之前根本无法检验货物，一旦货物质量出现问题，买方的利益无法得到保障。检验制度很好地解决了这一问题。根据上述规定，付款并不意味着接受货物，买方仍然可以通过行使检验权对货物的质量提出异议或采取补救方法的任何权利以获得补偿。至于检验的间、地点和方法，一般应按合同的规定办理。如果合

---

① 王春燕.《论知识产权地域性与知识产权国际保护》[J]. 中国人民大学学报，1996(10)

同对此未作定,则在由卖方负责运送货物至目的地的情况下,应在货物的目的地进行检验。在其他的情况下,则应在合理的时间、地点,以合理的方法进行检验。如果检验的结果表明货物与合同相符,检验应由买方负担;如果结果表明货物与合同不符,则应由卖方负担检验费用。

CISG 中关于买方支付货款义务的规定比较详尽,主要有以下几个方面。

1. 付款前的准备

CISG 第 54 条规定,买方支付货款的义务包括按照合同或任何法律所要求的步骤及手续,以便使货款得以支付。由于国际货物买卖付款问题比较复杂,如果买方不履行必要的付款手续,到时就有可能付不了货款。以信用证付款为例,按时开立信用证是买方的一项重要义务,买方应按合同规定时间向经营外汇业务的银行办理开证手续,填写开证申请书和对开证行的声明和保证等一系列手续。

2. 付款地点

一般来说,买卖双方通常在合同中规定支付货款的地点。如果当事人没有在合同中作出任何关于付款地点的约定,则适用公约关于付款地点的规定:①买方必须在卖方的营业地向卖方支付货款,在卖方有多个营业地的情况下,买方的支付地点应为卖方与合同及合同的履行存在最密切联系的营业地。②如果支付货款按交货付款或交单付款的方式进行,则买方必须在交货或交单地付款。在这种情况下,由于存在多个地点而使付款地点变得不确定,可能是卖方的营业地,也可能是买方的营业地,甚至可能是第三国的某一地点,因此应视交货地或交单地而定。在国际货物买卖中,如果采用 CIF、CFR、FOB 术语交货时,它们都要求卖方提交装运单据支付货款。换言之,无论是采用跟单托收支付方式还是信用证付款方式,卖方提交单据都是买方付款的前提条件,但是在什么地点交单,CISG 并未给出明确的说法。按照国际贸易通常的做法,一般可以认为,如果采用的是跟单托收支付方式,卖方应通过托收银行在买方营业地点向买方提交有关的装运单据,凭单付款;如果采用的是银行信用证付款,买方通常是向设在出口地(卖方营业地)的议付银行凭单付款[①]。但是如果卖方在买卖合同成立后,改变了营业地点,则买方必须在卖方变更后的新营业地支付货款,但由于营业地变更而引起的额外费用必须由卖方承担。

3. 付款时间

如果当事人在合同中未对付款时间作出规定,则适用 CISG 中关于付款时间的规定。

---

① 沈四宝,王军,焦津洪. 国际商法[M]. 北京:对外经济贸易大学出版社,2002:355

主要有三个方面：①如果买方没有义务在任何其他特定时间内支付价款，他必须于卖方按照合同和本公约规定将货物或控制货物处置权的单据交给买方处置时支付价款。卖方可以支付价款作为移交货物或单据的条件。②如果合同涉及货物的运输，卖方可以在支付价款后方可把货物或控制货物处置权的单据移交给买方作为发运货物的条件。③买方在未有机会检验货物前，无义务支付价款，除非这种机会与双方当事人议定的交货或支付程序相抵触。可见买方的付款义务有一个限制，即买方没有合理行使对货物的检验权之前无付款义务。与此相对应的是，卖方为了得到买方的及时付款，就必须应在买方支付货款之前为买方提供检验货物的机会和条件。但是如果买方在支付货款前检验货物的权利与当事人之间约定的交货或付款程序相矛盾，则买方丧失其在付款前检验货物的权利。例如，在使用 FOB、CIF 等贸易术语的情况下，则可能出现这种矛盾。在上述贸易术语的情况下，通常卖方依货物款总额开立出以买方作为付款人的汇票，然后将该汇票连同代表货物所有权的提单及相关单据交给银行进行托收(或信用证结算)，卖方通常在托收委托中指示银行必须在买方付清汇票上记载的票款后才能把提单和其他相关单据交给买方。这种情况下，如果合同约定买方须于托收通知(或信用证)到达时即行付款，则买方必须先行付款，而此时如果货物仍在运输途中，并未到达目的地，这种支付程序即与买方付款前对货物的检验权相矛盾[①]。然而，这并不意味着买方对检验权的放弃，货到后，一旦卖方所交货物与合同不符，买方可以通过其他救济措施如降价、赔偿损失等获得补偿。

4. 确定货物价格

毫无疑问如果买卖合同已经规定了货物的价格或规定了确定价格的方法，买方应当按合同规定的价格付款。但在国际货物买卖合同中，有时会出现合同已经有效成立，但却未确定价格的情况。为此 CISG 第 54 条规定：如果合同已经有效成立，但没有明示或默示地规定货物的价格或确定价格的方法，应视为双方当事人默示地引用订立合同时这种货物在有关贸易的类似情况下销售的通常价格，除非有相反的表示。

适用这一定价原则必须遵守下列几个条件：①合同已经有效成立。这是适用这一定价原则的前提。如果合同无效，则不存在合同货物的交付、价款的交付等问题。如何认定合同的效力，应以有关国内法为依据，公约不适用。②没有明示或默示规定货物的价格及货物确定价格的方法。③时间上，以订立合同时为确定价格的时间标准。订立合同以后的价格涨落不作为确定价格的依据。④定价标准。以货物在类似情况下通常价格确定其价格。所谓类似情况下，是指相近的品质标准、相近的运输方式、相近的支付方式及费用分担

---

① 姜作利. 国际商法专论[M]. 济南：山东大学出版社，2004：59

等。所谓通常价格，是指这种货物在市场上一般的价格，可见诸于交易所定价，其他贸易商人定价等。⑤如果货物价格是依重量确定的，则在有争议时应按净重计算。

(二)收取货物

收取货物是买方的另一项基本义务。根据 CISG 第 60 条的规定，买方收取货物的义务主要包括以下两项内容：

(1) 采取一切理应采取的行动，以便卖方能交付货物。这项规定主要目的是要求买方积极配合合作，采取必要的行动，以便使卖方能履行其交货义务。例如在采用 FOB 条件成交时，买方的配合是必不可少的，因为该术语要求装运货物的工具是由买方负责指派的。如果买方不按合同规定的时间将运输工具派往装货地点，卖方就无法履行其交货义务。出现这种情况所造成的损失，应当由买方承担。

(2) 接收货物。买方有义务接受货物。因为如果买方不接受货物，那么卖方的利益可能因此受到影响，会产生一些额外的费用。当然这里买方接受的货物是指符合合同约定的货物，因为 CISG 规定，一旦卖方所交货物与合同的约定不符，买方可以拒绝接受。

第四节　国际货物买卖合同的风险转移

随着经济全球化不断向纵深发展，国际货物买卖合同日益增多。而国际货物买卖的复杂性决定了它的高风险性。损失风险在货物买卖的各个阶段都有可能发生。风险移转直接关系着双方当事人的切身利益，而各国的法律关于风险负担的规定也不尽相同。为了减少当事人间不必要的纠纷，维护当事人的正当利益，促进国际货物买卖活动的顺利发展，对国际货物买卖的统一实体法——CISG 作相关条款的研究是具有重要实践意义。

一、货物所有权的转移

当下，很多国际公约与惯例都排除了对所有权问题的适用，CISG 亦没有涉及货物所有权的转移问题。甚至在国际货物买卖领域里，最具影响力的《国际贸易术语解释通则》对所有权的转移方式和条件也没有规定。有关海上货物运输的三大国际公约，即《海牙规则》、《海牙-维斯比规则》以及《汉堡规则》，对货物所有权的移转问题采取回避的态度。

到目前为止，对所有权转移作出明确规定的只有国际法协会 1932 年制定的关于 CIF

合同的《华沙-牛津规则》和 1958 年《国际有体动产买卖所有权转移法律适用公约》。《华沙-牛津规则》第 6 条规定：货物所有权转移于买方的时间应当是卖方把装运单据交给买方的时刻。1958 年《国际有体动产买卖所有权转移法律适用公约》作为一项法律适用公约，仅在第 3、4、5 条分别对买卖合同的第三人、出卖人和买受人对与货物所有权有关的权利提出主张的各种情形，规定应适用提出主张时出卖物的所在地法，但是没有对所有权转移的实体条件作出规定。这远远无法满足在国际货物买卖合同中关于所有权的纠纷，因此只能通过国际货物买卖合同法律适用，确定某个国家的国内法为其准据法加以解决。

所有权转移决定着财产权利的归属，故各国国内立法都十分重视确定货物所有权转移的规则。关于货物所有权转移的时间界限，各国在理论和实践上存在着较大差异，因此，了解各国货物所有权转移的相关法律规定，对合同双方当事人的法律适用的选择是至关重要的。

《法国民法典》原则上是以买卖合同的成立决定货物所有权的转移。当事人就标的物及其价金相互同意时，即使标的物尚未交付、价金尚未支付，买卖合同即告成立，而标的物的所有权即依法由卖方转移于买方。 这只是针对特定物的买卖，如果买卖的标的物是种类物，则必须在特定化之后，所有权才能转移给买方。与此规定相似的还有日本、意大利、荷兰、西班牙等国。《德国民法典》规定：如为动产买卖原则上交付货物时转移所有权，但在卖方有义务交付所有权凭证(如提单)时，交付该凭证时转移；如属于不动产买卖，其所有权的转移须以向主管机关登记为条件。中国《合同法》规定：标的物所有权自标的物交付时起转移，但法律另有规定或者当事人另有约定的除外。

《英国货物买卖法》规定：如为特定物的买卖，货物的所有权应在双方当事人意图转移的时候转移于买方。如果双方当事人在合同中对此没有作出明确的决定，则法院可根据合同的条款、双方当事人的行为以及当时具体情况来确定订约双方的意旨。

《美国统一商法典》关于所有权转移的一项基本原则是：在把货物确定在合同项下(货物特定化)以前，货物的所有权不转移于买方。除另有约定外，货物的所有权原则上在卖方交货时转移，而不管卖方是否通过保留货物所有权的凭证(如提单)来保留其对货物的权利。

尽管各国或地区的有关立法关于货物所有权转移的时间采取的立法体例不尽相同，但是他们在各抒己见的同时，也意识到各自的局限与缺陷，因而一致承认买卖当事人的自行约定对法律规定的排除效力，几乎所有国家有关货物买卖方面的法律都允许当事人约定所有权转移的时间，并将其作为双方当事人的一项基本权利。

二、货物风险的转移

(一)风险和风险移转的概念

风险负担是国际货物买卖中一个相当重要的问题,它直接关系到买卖双方的具体权利义务和实际利益,因此对该问题的研究有着非常重要的理论意义和实践意义。在国际货物买卖中,风险是指货物可能遭受的各种意外损失,如货物在高温、水浸、火灾、沉船、渗漏、破碎、盗窃或查封等非常情况下发生的短少、变质或灭失等损失。这类损失具有以下两个特点:首先,这是由意外事件造成的,而不是由一方当事人的行为或不行为所引起的;其次,这类损失的发生是不确定的,即当事人在订立合同时是无法预见、防止和避免的。

风险移转的目的,就是要确定这种非由当事人过错所致的、不确定的损失发生时应当由买卖双方中的哪一方来承担的问题。在国际贸易中,如果货物的风险已由卖方移转至买方,则货物由于意外事件所遭受的损失就应由买方承担,即使货物灭失或损坏,买方也不能以此为理由拒绝支付货款及履行其他相应的义务。如果货物的风险尚未转移给买方,则货物遭受的损失仍由卖方承担,即使卖方已经托运交付货物,也不能以此为理由要求免除其交货义务,除非卖方能证明这是由于不可抗力事件造成的。可见,风险的划分和承担直接影响着买卖双方的权利义务。因此,有人甚至认为,全部合同法特别是买卖法的主要目的,就是把基于合同关系所产生的各种损失之风险在双方当事人之间进行适当的分配。各国法学家对国际货物买卖中的风险移转问题都进行了长期讨论,关于这个问题的理论讨论以及立法实践也在不断地发展着。

(二)风险移转的有关原则

1. 西方各国法律的有关规定

(1) 所有权转移决定说。该说把风险转移同所有权转移联系在一起,以所有权转移的时间决定风险转移的时间,此说尤以英国法为典型。英国货物买卖法第 20 条规定:"除双方当事人另有约定外,在货物所有权转移于买方前,货物的风险由卖方承担,但所有权一经转移给买方,则不论货物是否已经交付,其风险即由买方承担。"此说也有较大弊端:其一,所有权一经转移给买方,无论货物是否已经交付或现实交付,风险就由买方承担,这很容易出现不公平现象,因为这种所有权转移实际上是一种名义上的转移,标的物仍在卖方的控制、占有之下。其二,所有权经常与占有权相分离。在国际贸易中,标的物已经交付，即占有权已经转移，但代表所有权的凭证，通常情况下是提单，常常掌握在卖方手中，即所有权尚未转移，依此说风险应由卖方承担，这显属不公，因为标的物已不在卖方的占有、控制下，很难对标的物实施保护以避免风险损失。

(2) 契约成立说。即买卖合同一经订立，货物的风险损失就由卖方转移到买方，此说尤以瑞士法最为典型。瑞士债务法第185条规定："除因特别关系或约定外，物之收益及风险于契约成立时转移于买受人。"契约成立说显然不符公平原则，特别是在国际贸易中，买卖双方远隔重洋，契约成立时，标的物大都在卖方控制下，即使买方想对标的物加以保护避免风险损失，也是鞭长莫及，很难做到。

(3) 交货时间决定说。即以交货时间(time to delivery)来决定风险转移的时间。美国、联邦德国、奥地利以及斯堪的纳维亚各国的法律都属于这一类。该说认为风险转移极为重要，应公平合理解决。标的物交付是一个很现实的问题，而所有权转移同标的物交付相比较，则是一个比较抽象的问题。特别是所有权同占有权常常分离，势必导致风险承担不公。因此，该说主张应当把所有权转移同风险转移区别开来，原则上应以交货时间来确定风险转移的时间，而不论所有权是否已经转移。该说具有科学性和公平性，为CISG所采纳，并得到CISG缔约国的广泛认同。

在我国的外贸业务中，一般都采用某种贸易术语来确定买卖双方的风险的界限。在这13个贸易术语中，FOB、CFR、CIF使用最经常。这三个贸易术语的风险转移界限或风险转移时间都是货物越过船舷。也就是说，货物越过船舷前发生的一切风险损失都由卖方承担，无论货物是在运往装运港途中，在装运港仓储保管中、还是在吊装越过船舷前那一刹那间。货物一旦越过船舷，此后发生的一切风险损失都由买方承担，无论货船停靠在码头上、在运输途中、还是在到达买方目的地后。当然，这13个贸易术语对风险划分的界限都是在买卖双方没有发生违约的情况下才适用，如果任何一方违约，则根据过错情况另当别论。

2. CISG 中的规定

关于国际货物买卖中的风险移转，CISG中体现在第67～69条的有关规定，对风险的分担问题提出了如下原则。

1) 涉及货物运输的风险转移时间

CISG第67条对涉及货物运输的风险转移界限作了明确规定："如果销售合同涉及货物运输，但卖方没有义务在某一特定地点交付货物，自货物按销售合同交付给第一承运人以转交买方时起，风险就转移到买方承担。如卖方有义务在某一特定地点把货物交付给承运人,在货物于该地点交付给承运人以前,风险不转移到买方承担。货物交给承运人以后,风险损失由买方承担。"第 67 条规定的风险转移界限包含三个方面的含义:

第一,承运人在本质上必须是由买方委托的。根据《解释通则》的规定,"承运人不仅指实际履行运输的企业,也包括只承担履行运输或取得运输的履行的企业,只要这些企业承担运输承运人的义务即可"。这一定义当然排除了卖方用自己的运输工具运送货物的情况。但是当卖方有义务在某一特定地点把货物交付给承运人时,例如卖方的营业地位于内陆某地,而合同规定卖方有义务把货物在某装运港交给承运人,以便运往国外买方,这时,卖方可能用自己的运输工具将货物运往装运港交给承运人 (这种情况已排除在外),也可能和运输公司签订合同,由该公司将货物运往装运港。尽管该运输公司也是承运人,但由于该承运人不是受买方的委托,并且不是特定地点上的承运人,因而风险不能在卖方将货物交给该公司时转移到买方。有时买方因某种不便,请求或委托卖方签订运输合同,而费用由买方支付,如第一承运人或特定地点上的承运人,该承运人在本质上仍然是买方委托的,货物交给该承运人,风险即转移到买方。

第二,货物必须确定在合同项下。CISG 第 67 条第 2 款规定:"但是,在货物上加标记、或以装运单据、或向买方发出通知、或其他方式清楚地注明有关合同项下以前,风险不转移到买方承担。"在这里,CISG 广泛规定了可将货物确定在合同项下的行为。实际上是指特定化货物,即指买卖的种类货物经清楚分开和指定,已划在合同项下时就是特定化货物。也就是说,卖方把处于适宜交货状态的货物无条件地划归在合同项下时,才能转化为特定化货物。例如某甲在仓库存放 20 万吨一级大豆,他把其中 5 万吨出售给某乙。在这 5 万吨一级大豆没有清楚分开和划拨在合同项下的时候,它就属于非特定货物。如果已从 20 万吨中清楚分开,并划拨在合同项下,就成为特定化货物。

CISG 中之所以这样规定,是因为在这种提单中,买方、或买方的银行、或买方的其他代理人通常被确定为当事人,在装运货物后或货物到达时要向其发出通知。要求将货物确定在合同项下是防止卖方在其货物遭受损害时提出欺骗性主张。例如日方向中方先后通过班轮发了两批同类货物,其中一批是发给日方在中方的一个子公司,并在运输途中货物受损。而第二批是发给中方某一客商,货物完好无损。要求将货物确定在合同项下,就可以避免日方诈称第一批货物是发给中方客商的,从而防止欺诈和转嫁风险损失。

第三,货交承运人这一涉及货物运输的风险转移界限并不因卖方保留货物处置权的单据而受影响或有所改变,排除了所有权转移对风险转移的影响。在国际贸易中,没有收到价款的卖方,通常作为一种担保而保留运输单据,直至买方支付了价款为止。但是有些国家的国内法将风险转移与所有权转移联系在一起,如英国货物买卖法规定"货物的风险在所有权转移到买方时转移",这就导致了风险转移的不确定性,CISG 对此加以排除。CISG 的这一规定既符合现代国际贸易惯例,也符合多数国家的国内法规定。

2) 涉及路货的风险转移时间

路货是指已经装上运输工具,并在运输途中销售的货物。在国际贸易中,路货通常是指海上路货,即卖方将货物装上开往某一目的地的船舶,在运输途中寻找适当买主订立买卖合同进行销售的货物。对于路货的风险转移时间,CISG 规定了两个标准,一是对于在运输途中销售的货物,从订立合同时起,风险就转移到买方承担;二是如果情况表明有此需要,从货物交付给签发载有运输合同单据的承运人时起,风险就由买方承担。那么为什么 CISG 规定了这两个标准呢?这是因为路货的特点在于订立买卖合同时货物已在运输途中,要确定货物损害或灭失的准确时间,在有些情况下是可能的,如火灾、强台风、船舶碰撞、火车或飞机失事等。在有些情况下是不可能的,如受潮、受热导致生锈、腐烂、变质或被盗等。例如:中国作为卖方,于 9 月 1 日从上海港运出 100 吨优质白糖,同时寻找买主。9 月 8 日与一买方签订了出售该批优质白糖合同,规定该船 9 月 20 日到达英国伦敦。货到后经检验糖已变质,那么在这种情况下风险由谁承担?假定 9 月 9 日船舶遭遇强台风,海水浸入仓内使糖变质,那么按第一条标准,风险自然由买方承担,因为自 9 月 8 日签订合同时起,风险就转移到了买方。如果 9 月 8 日前后连续阴雨天,船舱反潮或渗水导致糖变质,那么要确定糖变质的具体时间就相当困难。这时可按第 2 条标准转移风险,即把风险转移的时间提到订立合同之前,也就是提到货物交付给签发载有运输单据的承运人时转移到买方,此时货物是完好的。因为在订立合同时,中方手中通常持有两种单据,一是海运提单,二是该批糖的保险单。当订立合同时,中方通过背书将这两种单据转交买方,买方可视货物灭损的原因向承运人或保险公司求偿。CISG 为什么不将第 2 条标准确定为路货风险转移的唯一标准呢?这样不是更便于掌握、更简便易行吗?这是因为这样规定会使买方处于不利地位,使买方遭受不公平的损失。为此,CISG 规定了一点例外,即"尽管如此,如果卖方在订立合同时已知道或理应知道货物已遗失或损坏,而他又不将这一事实告之买方,则这种遗失或损坏应由卖方负责"。仍以上例为例,假定 7 月 8 日装糖的船舶遭遇海上强台风或与其他船舶碰撞、货物受损或灭失,而卖方知道或理应知道这一情况,但 9 月 8 日订立合同时并未告知买方,那么如果 CISG 只将第 2 条标准确定为路货风险转移的唯一标准,显然对买方极为不利,这样就会将本应由卖方承担的风险损失转嫁到买方身上,并从法律上为卖方实施欺诈敞开了方便之门。尽管买方可凭提单或保险单向保险公司或承运人求偿,其意义与获得完好的货物完全不同,买方购买货物的目的为了转售盈利或满足生产需要,

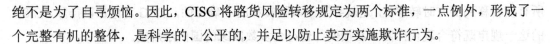

绝不是为了自寻烦恼。因此，CISG 将路货风险转移规定为两个标准，一点例外，形成了一个完整有机的整体，是科学的、公平的，并足以防止卖方实施欺诈行为。

3) 其他情况下的风险转移时间

其他情况下的风险转移时间是 CISG 第 69 条作的规定。它主要适用以下两种情况：一是买方到卖方营业地接收货物(即提货)，二是货物由仓库保管员保管或卖方送货到买方。这两种情况适用的前提条件都是货物必须确定在合同项下。第一种情况风险转移的时间是："从买方接收货物时起，或如果买方不在适当的时间内这样做，由从货物交给他处置但他不收取货物从而违反合同时起，风险转移到买方承担。"这里需要说明一点，买方有义务到卖方营业地接收货物，无论买方用自己的运输工具，还是委托承运人，其风险转移界限都不变。第二种情况的风险转移时间是："如果买方有义务在卖方营业地以外的某一地点接收货物，当交货时间已到而买方知道货物已在该地点交给他处置时，风险方始转移。"

4) 卖方根本违反合同时对风险转移的影响

CISG 第 70 条规定："如果卖方已根本违反合同第 67 条、第 68 条和第 69 条的规定，不妨害买方因此种违反合同而采取的各种补救办法。"这一规定包含三方面的含义：第一，该规定仅适用"卖方根本违反合同"。所谓根本违反合同是指"一方当事人违反合同的结果，如使另一方当事人蒙受损害，以至于实际上剥夺了他根据合同规定有权期待得到的东西，即为根本违反合同，除非违反合同一方并不预知而且一个同等资格、通情达理的人处于相同情况也没有理由预知会发生这种结果"；第二，尽管卖方已根本违反合同，风险转移界限是不变的；第三，对于卖方的违约行为，买方有权采用 CISG 赋予的各种经济办法，如宣告解除合同、要求损害赔偿、交付替代物或降低价格等。

第五节　国际货物买卖合同的违约补救

一、违约责任的概述

违约(breach of contract)是指合同当事人没有履行合同义务或者没有完全履行合同义务的行为。各国法律以及国际立法均认为，合同一经依法成立，对当事人双方都具有法律约束力，任何一方都必须严格按合同规定履行自己的义务，除非可以依法解除合同义务，如发生不可抗力事件。违约的一方当事人应承担相应的法律责任，以使未违约方得到适当的救济。

(一)违约责任

违约责任是违反合同的民事责任，是指合同当事人因违反合同义务所承担的责任[①]。在英美法中违约责任通常被称为违约的补救，而在大陆法中则被包括在债务不履行的责任之中，或被视为债的效力的范畴。[②]违约责任制度在合同法中居于十分重要的地位。许多学者曾经误认为由于合同的本质在于合意，因此，"现代西方合同法的核心是承诺和合意"[③]。实际上，当事人的意志能够产生法律拘束力是以违约责任制度的存在为前提的。正是因为有责任的强制性作为保障，当事人的合意才能够像一把"法锁"一样拘束了他们自己。"是故，在债权法之认定下，有债务必有责任，无责任之债务，系一种空洞之概念，失其法律上之价值。"[④]所以，不以责任的存在为基础的合意，并不具有法律的拘束力。正是基于这一点，美国学者 Robert D. Cooter 特指出，合同法的目标在于，"合同法赋予我们的行动以合法的后果。承诺的强制履行，由于使人们相互信赖并由此协调他们的行动，从而有助于人们达到其私人目标。"[⑤]德国学者 Arthurvon Mehren 指出，合同作为一种制度不仅应被限定由当事人之间通过订约而实现其私人目标方面，而且应确定在一方违约后的责任方面[⑥]。可见，违约责任是合同法所要解决的核心问题，违约责任制度也是合同法中一项最重要的制度。

在何种情况下，违约方才须对其违约行为承担违约责任呢？各国法律都以存在违约行为作为承担违约责任的必要条件。至于是否要求违约方主观上必须具有过错，以及是否造成损害后果，则有不同的规定。

大陆法以过错责任作为民事责任的一项基本原则。大陆法认为，只有当存在可归责于合同债务人的过错时，才承担违约责任。也就是说，违约的构成不仅要有合同义务人不履行义务的事实，而且必须存在可归责于他的过错，还要证明这两者间有因果关系。《德国民法典》第 276 条规定，债务人必须对故意或者过失的不当行为负责，即对任何形式

① 王利明，崔建远. 合同法新论·总则[M]. 北京：中国人民大学出版社，2000：571

② 王家福. 民法债权[M]. 北京：法律出版社，1991：128

③ 彼得·斯坦著；王献平译. 西方社会的法律价值(中译本)[M]. 北京：中国人民公安大学出版社，1990：280

④ 林诚二. 论债之本质与责任[J]. 中国台湾：中兴法学，总(19)：72

⑤ 罗伯特·考特著；张军译. 法和经济学[M]. 上海：三联书店，1994：313

⑥ 《国际比较法百科全书合同一般合同概述》，第 82 页。转引自王利明. 合同法新论总则[M]. 北京：中国政法大学出版社，1996：666

的过错负责，但是对于纯属意外事件的违反履行义务不承担责任。在极个别的情况下，即使债务人没有过错，也要负责。例如，种类物的买卖，由于种类物是可替换的，因此，只要债务人能从市场上购得同类货物抵补交货，他就不能以天灾为由而免除交货的义务。《法国民法典》也以过错责任原则作为民事责任的基本原则。该法典第1147条规定，凡不履行债务系不应归责于债务人的外来原因所造成的，债务人即可免除损害赔偿的责任。

与大陆法的规定相反，英美法认为，只要允诺人没有履行其合同义务，即使他没有任何过失也构成违约，应承担违约的后果，除非存在法定或者约定的免责事由。可见他们遵循的是严格责任的归责原则，即违约方如不能证明自己对违约行为无过错，则在法律上推定其有过错，并承担相应的违约责任。

中国在统一《合同法》颁布以前，曾在《经济合同法》第29条明确规定，由于当事人一方的过错，造成经济合同不能履行或者不能完全履行，由有过错的一方承担违约责任；如属双方的过错，根据实际情况，由双方分别承担各自的违约责任。显然是深受大陆法国家的影响，违约责任实行过错责任原则。但统一《合同法》颁布后，其第107条规定："当事人一方不履行合同义务或者履行合同义务不符合约定的，应当承担继续履行、采取补救措施或者赔偿损失等违约责任。"这实际上是一种严格责任原则。

(二)各国关于违约形式的分类

由于违约是对合同义务的违反，而合同义务的性质不同，将导致对这些义务的违反形态也不同，从而形成不同的违约形态[①]。对于违约形态进行分类是十分必要的，它与违约救济方式紧密联系在一起，在一方违约的情况下，另一方当事人可以寻求良好的救济方式以维护自己的利益。关于违约的形式，不同法系的国家甚至同一法系的不同国家中，由于受社会经济状况、历史发展、法律传统等诸多因素的影响，形成了各自不同的对违约形式的分类。

1. 大陆法系国家

在大陆法系国家，《德国民法典》规定的违约形式有两种：给付不能(impossibility of performance)和给付延迟(delay in performance)。所谓给付不能是指债务人由于种种原因不可能履行其合同义务，而非有可能履行但不去履行。《德国民法典》把给付不能分为自

---

① 王利明，崔建远. 合同法新论·总则[M]. 北京：中国人民大学出版社，2000：584

始不能和嗣后不能两种情况。自始不能的合同原则上无效，但一方当事人在缔约时明知或应知该标的不可能履行的，对不知情的另一方当事人负有损害赔偿责任。嗣后不能则以债务人过失为承担责任要件。如给付不能并不是由于债务人的过失造成的，债务人不承担不履行合同的责任；反之，债务人应承担损害赔偿责任。如给付不能是因不可归责于双方的事由造成的，双方均可免除其义务。所谓的给付延迟是指债务人在债务已届履行期且可能履行的情况下，并未按期履行其合同义务。债务人承担由此产生的法律后果，也实行过错责任原则。只是他不仅要对一切过失承担责任，还要对因不可抗力造成的给付不能负责。此外，《德国民法典》规定，催告①是债权人就履行延迟请求赔偿的必要条件。

2. 英美法系国家

英美法系则与大陆法系截然不同，英国法把违约的情形分为违反条件(condition)和违反担保(warranty)两种不同的情况。如果合同双方认为某一个条款具有实质性(essential)，则该条款为一项合同的条件。当条件被违反时，受损害方有权解除自己的进一步履约义务。与此同时，该方也有权就其蒙受的损失让另一方作出赔偿。如果合同双方认为某一条款不是实质性的，而是附属性的(collateral)，则该条款为一项担保。在一方违反担保时，另一方可以有权要求得到赔偿，但不能解除自己的合同义务②。英国近年来通过法院判例形成了一种新的违约类型，称为违反"中间性条款(intermediate or innominate terms)"。当一方违反此类条款时，另一方是否有权解除合同，须视违约的性质和后果来确定，具体则由法官灵活掌握，以克服传统的两分法所带来的不便。因为按传统的两分法，如果一方违反条件，但仅给对方造成轻微的损失，甚至未造成什么损失，对方仍可要求解除合同，这样处置显然不当。

美国法将违约分为一般违约(minor)和重大违约(material)两种情形。前者是指合同当事人在履约中尽管有一些缺点，但另一方已从中获得了主要利益；后者是指合同一方没有履行合同或履行合同有缺陷，致使另一方不能得到本应得到的主要利益。轻微违约实际上相当于违反担保，重大违约则类似于违反条件，具体的处理规则也大致相同。英国法和美国法的区别在于：一个注重合同的事先约定，而另一个注重合同的事后结果。

---

① 催告制度是大陆法上的一项制度，是指在合同没有规定明确的履行日期的情况下，债权人必须首先向债务人作出催告，即向债务人发出请求履行合同的通知，然后，才能使债务人承担迟延履约的责任。催告的作用在于：自催告生效之日起，不履约的风险完全由违约一方承担；债权人有权就不履行合同请求法律上的救济；从送达催告之日起，开始计算损害赔偿及其利息。

② 沈四宝，王军，焦津洪. 国际商法[M]. 北京：对外经济贸易大学出版社，2002：297～298

根本违约制度起源于英国普通法。据学者考察，"根本违约"一词最早出现是在 1936 年英国"海因斯公司诉泰特与莱尔"一案的判决中[①]。一位法官在谈到绕航时说："没有正当理由的绕航就是对租船合同的根本违约。"[②]事实上，早在 19 世纪，英国法院就将合同条款依其重要性分为"条件"和"保证"。条件是"对事实的陈述或承诺，这种陈述或承诺构成合同的不可缺少的条款"[③]，它可能涉及合同的根基，因此，违反条件总是被当做根本违约，赋予非违约方解除合同的权利。保证"是指当事人对某事加以明确或隐含的陈述，这种陈述可成为合同的一部分；虽是合同的一部分，但对合同的明确目的来说是次要的"[④]，它不一定涉及合同的根基，因此，违反保证条款可能会通过损害赔偿获得足额的弥补。违反保证条款不是根本违约，对非违约方唯一的补救方式是获得损害赔偿。"条件和保证之间的区别在于，对于前者的违反赋予了无过错方当事人将整个合同视为终止或者撤销的自由，因而免除了他继续履行的义务，而后者的违反仅仅是赋予了无过错方当事人要求损害赔偿的权利，但是并不免除他自己履行合同的义务。"[⑤]这两种条款之间的区别，通常是通过比较两个类似的案例而加以演示的，即 1875 年波萨德诉斯皮尔斯案和 1876 年贝蒂尼诉盖伊本案。1875 年波萨德诉斯皮尔斯案中[⑥]，一女演员与剧场约定在歌剧中担任主角，但在歌剧上演期到来时未到达剧场，剧场经理只得找其他人担任主角并解除了合同。该女演员在歌剧上演后一周后到达剧场。法院认为，该女演员违背了"条件"条款，故剧场经理有权解除合同。在 1876 年贝蒂尼诉盖伊一案中，某歌剧演员许诺为英国某音乐会表演 3 个月，并约定在音乐会开始前 6 天开始排练，但他实际上只提前两天抵达伦敦，导演拒绝履约并要求解约，由此提起诉讼。法庭裁定，原告违反的仅是保证条款。合同的实质条款是当事人履行表演义务，而排练仅属于次要义务，因此合同并没有被解除。这两个案例被认为是根本违约制度真正确立的依据。

英美法中还有另一种违约形式即预期违约制度(anticipatory breach)，是指在合同有效成立后履行期限到来之前，义务人以言词或行为向另一方当事人表示其将不按约定履行合同义务，或一方当事人的客观状况显示出其将不能依照约定履行合同义务，这两种情形就是

---

①　Hain SS Co．v．Tate & Lyle(1936)．转引自焦津洪．论根本违约[J]．中外法学，1993 (1)：43

②　Caner，Carriage by Sea，13 th ed．Vol，1，p200。转引自焦津洪．论根本违约[J]．中外法学，1993(1)：43

③　A.C.盖斯特．英国合同法与案例[M]．北京：中国大百科全书出版社，1998：120~123

④　A.C.盖斯特．英国合同法与案例[M]．北京：中国大百科全书出版社，1998：120~123

⑤　P. S. 阿狄亚．合同法导论[M]．北京：法律出版社，2002：175

⑥　Poassara v．Spiers(1876)I．Q．B．D．410

英美法所确认的预期违约行为[①]。预期违约起源于 19 世纪中叶的英国和美国的普通法，其标志性的案件是 Hochster v. De la tour 案[②]。在该案中，原告与被告签订了一份雇佣合同，原告从 1852 年 6 月 1 日起作为被告的导游。但是，同年 5 月 11 日被告就通知原告不需要他作导游了。原告立即以被告违约提起诉讼，被告辩称：原告无权要求赔偿，除非原告能证明到了履行开始的那天原告已做好服务的准备并且愿意履行合同中他那部分义务。法庭没有支持被告的辩解，认为原告可以自由地选择是等合同期限到来做好准备履行合同还是在对等条件(concurrent condition)被解除的情况下立即解除合同。支持这个规则的主要理由是：原告得知合同被对方拒绝时可以避免因准备履行该合同而作出的无谓的开支，这样对双方都更好。这个案例创立了在履行期间到来之前以预期违约为理由起诉的先例。

3. 中国法

在中国法律制度中，对违约行为形态的规定是两分法，即不履行和不适当履行。所谓不履行是指当事人对合同的义务根本没有履行。不适当履行则是指当事人履行合同有瑕疵，没有按合同约定的条件去履行，具体包括履行迟延和不完全履行。

(三)违约救济

违约救济(Remedies)是指在一方当事人违反合同约定或法律规定义务的情况下，另一方当事人依照合同约定或法律规定，以保障合同的法律约束力，维护其合法权益为目的而采取的各种措施的总称。违约救济一词来源于英美法律。依《布莱尔法律辞典》的解释，救济一词指实现权利、或补偿权利侵害的手段以及运用这些手段的权利[③]。依合同法的一般原则，合同一经依法成立，当事人都必须严格遵守，任何一方没有法定的事由不经法定程序不得变更或解除，任何一方违反合同都必须依法承担相应的民事责任，因此受损害一方对不适当履行有权要求补救。违约救济的目的是保护受害方的权益，为了使其尽量避免或者减少违约造成的损失。本质上，违约救济是一种权利，是受害方在对方违约时，为保护自己的利益所享有的一种权利，受害方既可以行使这项权利，也可以放弃这项权利。

---

①　梁海静. 预期违约及其救济方法的比较研究[A]. 民商法论丛(第 13 卷)[C]. 北京：法律出版社，2000：745

②　Hochster v. De la tour 118 Eng. Rep. 922(Q. B. 1853)

③　王传丽. 国际贸易法[M]. 北京：法律出版社，1998：6

二、CISG 中关于违约形式的规定

CISG 主要规定了根本违约、非根本违约以及预期违约等形式。对根本违约以及预期违约规定了相应的救济方法。

1. 根本违约及其救济

根本违约(fundamental breach)是 CISG 的一项重要制度,它把源自于英美法的这项制度吸纳进来,从而使这一制度具有国际性。由于这一规定实际上是美国法中"重大违约"的翻版,所以在 1980 年维也纳外交会议上,各国代表对这一问题进行了激烈的争论。这一方面反映出各国对于根本违约这一概念在理解上的差异,另一方面也反映出这一概念在国际贸易合同中的重要性。正如一位代表所说,根本违约事实上是 CISG 的重要支柱之一。

CISG 第 25 条是关于根本违约的定义: A breach of contract committed by one of the parties is fundamental if it results in such detriment to the other party as substantially to deprive him of what he is entitled to expect under the contract, unless the party in breach did not foresee and a reasonable person of the same kind in the same circumstances would not have foreseen such a result.。根本违约是指"如果一方当事人违反合同的结果,使另一方当事人蒙受损害,以至于实际上剥夺了他根据合同规定有权期待得到的东西,即为根本违反合同,除非违反合同的一方不预知而且同样一个通情达理的人处于相同情况中也没有理由预知会发生这种结果"。因此,根本违约是对违约严重程度的一种描述,通常是指最为严重的违约[①]。CISG 衡量是否根本违反合同,有三个条件:第一,违反合同结果的严重程度,即是否在实际上剥夺了另一方根据合同有权期待得到的东西;第二,这个严重结果能否预知;第三,不能预知者的标准是处于相同情况中的同样通情达理的第三人[②]。这是《CISG》第 25 条为检测预知性提供的主、客观方法。这同时也意味着,"实质损害"的发生如果从违约方的角度看是非预期的,也就谈不上"根本违约"。国际货物买卖的实践要求对"根本违约"有一个清楚而又具体的认识,而事实上仅靠 CISG 第 25 条款所下的定义人们还无法鉴别各种违约的具体情况,况且如何理解 CISG 第 25 条款内容的确切含义本身就是实践中的一个难题。甚至人们在实践中已经形成这样一种看法,认为任何成文法都无法对根本违约下一个确切的定义,这一任务看来只能由案例法解决。

---

① 焦津洪. 论根本违约[J]. 中外法学,1993(1): 43
② 曹建明. 国际经济法[M]. 北京:中国政法大学出版社,1999: 53

在国际货物贸易中，合同当事人一旦根本违约，就必须承担根本违约的责任，受害方当事人由此便取得了法律上补救的权利。对此，CISG 作了明确的规定，当合同一方当事人根本违约时，另一方当事人可以选择下列救济措施：

(1) 解除合同。在国际贸易中，当一方当事人根本违约时，另一方当事人可以选择解除合同。解除合同虽然是一种较为严厉的法律补救措施，但也是受害方在对方当事人根本违约时弥补或减少损失的一种最重要措施，是受害方依法享有的一项法定救济权利。CISG 规定，当一方当事人根本违约时，另一方当事人有权宣告合同无效；除迟延履行外的任何根本违约，受害方须在知道或应知道后的一段合理时间内提出。

(2) 请求损害赔偿。CISG 第 8 条第 1 款规定，"宣告合同无效，解除了双方在合同中的义务，但应对任何损害赔偿仍应负责。"由此说明，CISG 规定了对于一方当事人的根本违约行为，受害方除了可以解除合同之外，还可以要求对方赔偿所受到的损害。但只有当一方当事人的根本违约事实使另一方受到损害，以及根本违约事实和损害之间存在因果关系时，受害方才能要求违约方赔偿其所受到的损害。

2. 预期违约及其救济

同样一项英美法系的制度—预期违约(Anticipatory breach of contract)，被 CISG 吸收进来，在其第五章第一节的第 71 条、第 72 条对其作出了详尽的规定。预期违约也称先期违约，它是指在履行期限到来之前一方无正当理由而明确表示其在履行期限到来后将不履行合同，或者其行为表明其在履行期限到来以后将不履行合同[①]。它主要的特点是未来将不履行合同义务，因此有人称此种违约是"一种危险的毁约"，也有学者称之为"可能的违约"[②]。立法上明文对预期违约予以规定，建立预期违约制度，"不仅会使合同双方当事人的权利义务公平化，在一定程度上避免预期违约诱发的违约风险，而且还可以将预期违约可能造成的损失消灭在萌芽状态或降到最低限度"[③]。

从以上规定中分析可以看出，该项制度主要包括三个方面的内容。

(1) 构成条件：预期违约的基本条件是：the other party will not perform a substantial part of his obligations，显然另一方将不履行大部分义务，同时提出了两个主要理由：(a) a serious deficiency in his ability to perform or in his creditworthiness; or (b) his conduct in preparing to perform or in performing the contract.。这两个理由囊括了另一方将不履行合同的主观和客观

---

① 王利明，崔建远. 合同法新论·总则(修订版)[M]. 北京：中国政法大学出版社，2000：589
② 韩世远，崔建远. 先期违约与中国合同法[J]. 法学研究，1993(3)：34
③ 梁海静. 预期违约及其救济方法的比较研究[J]. 民商法论丛第 13 卷. 北京：法律出版社，2000：747

标准，a 款是客观标准，即客观事实表明当事人将不履行合同。这些客观事实可以是当事人表明其不再或不能履行合同的言词、行为或一系列客观因素，已经达到足以影响履行义务的严重程度，例如，卖方国家发生战争或动乱、实行出口禁运、卖方厂房全部被烧毁等。b 款则是主观标准，以合同一方当事人的主观判断断定另一方当事人将不履行合同的大部分义务。这一标准完全修正了英美等国关于预期违约的理论，不是由预期违约方明示或默示声明他将不履行合同，而将判断的主动权交与另一方。另外，对预期违约的判断应当受到客观条件的严格限制，援引预期违约的当事人必须是有充分理由从一系列客观存在的条件中予以判定的，如对方当事人经济状况、商业信誉不佳或已将货物转卖等，否则仅凭主观臆断中止合同义务，本身是违反合同的行为，需要承担违约责任，借此维护交易安全原则。从逻辑上看，二者具备其一，即构成了预期违约。

(2) 表现形式：英美法将预期违约分为明示预期违约与默示预期违约，CISG 则分为预期根本违约与预期非根本违约。从 CISG 第 72 条第一、第三款的规定可以看出，预期根本违约也有明示与默示两种情况，而从 CISG 第 71 条的规定可以看出，非根本违约则主要是默示的。其逻辑结构如图 3-1 所示。

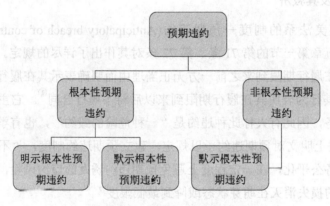

图 3-1　预期违约的形式

(3) 程序：CISG 第 71 条第三款规定：A party suspending performance, whether before or after dispatch of the goods, must immediately give notice of the suspension to the other party and must continue with performance if the other party provides adequate assurance of his performance.。可见，CISG 要求援引预期违约时，必须履行通知义务。该义务亦是当事人取得中止履行合同权利的先决条件，如经另一方当事人对履行义务提供充分保证，则他必须继续履行义务。换言之，当事人在没有履行通知义务的情况下自行中止履行合同，就要承担违约责任。

(4)　预期违约的救济方式：对预期根本违约，受害方可以解除合同并行使各种求偿权；对预期非根本违约，则有中止履行合同、要求对方提供履约保证和停运的权利。

由于预期违约发生在合同有效成立以后，履行期届至之前，因此，它不是履行期届至前的实际违约，不是现实的违反义务，而是表现为未来将不履行义务；它侵害的不是现实的债权，而是对方的一种期待权，即使履行期届至前的履行成为不可期待，这种期待权是对方基于合同产生的。其理论基础在于，合法的合同自订立生效后，在履行期到来前是持续存在和有效的，那么当事人在合同的持续存在和有效状态下对于对方将来履行的期待也是正当的，应当受到法律保护[1]。

三、买卖双方均可采取的救济措施

救济方法是救济制度的核心内容，是依据一定标准对救济制度进行划分的外在表现形式，主要目的在于补偿受害人因对方违约而遭受的损失，使其能够得到他订立合同所合理期望得到的东西。CISG 中不仅分别规定了买方或卖方违约时，另一方的救济方法，还规定了对买卖双方均适用的一般救济方法，下面对此加以介绍。

(一)宣告合同无效

在法理学中，法的效力是指正式意义上的法的形式所具有的约束力。[2]合同是当事人合意的法律效果。对于自愿形成的私人关系来说，合同就像一部宪法，而具体的合同则像宪法下新颁布的法律[3]。因此合同一旦依法成立，既具有法律约束力。CISG 已经在第 4 条中明确规定，它不涉及"the validity of the contract"问题，显而易见这里的宣告合同无效(Declare the contract avoided)并非指一般民法上的合同无效，我们理解 CISG 中所规定的"宣告合同无效"的救济方式时，应认为是对合同的单方面解除[4]，与中国《合同法》中"解除合同"的性质和特点是基本相同的，是一种形成权，即仅凭一方当事人依法定事由作出的意思表示即可使现成的法律关系消灭的权利，其行使无须征得对方当事人的同意。只要具备法律规定的条件，一方即有权通知另一方解除合同，而无须征得另一方同意或与另一

①　梁海静. 预期违约及其救济方法的比较研究[J]. 民商法论丛第 13 卷. 北京：法律出版社，2000：747

②　刘星. 法理学[M]. 北京：法律出版社，2006：111

③　(美)罗伯特·D. 考特(Robert Cooter)，托马斯·S. 尤伦(Thomas Ulen). 法与经济学[M]. 上海：上海财经大学出版社，2002：314

④　屈广清. 国际商法[M]. 大连：东北财经大学出版社，2004：145

方协商。这种合同解除是一方当事人在对方违约时的一种救济手段,也是对另一方的惩罚。

根据 CISG 第 49 条的规定,当卖方违反合同时,买方在下述情况下可以宣告撤销合同:①卖方不履行其在合同中或 CISG 中规定的任何义务,构成根本违反合同;②如果发生不交货的情况,卖方在买方规定的合理的额外时间内仍不交货,或卖方声明他将不在买方规定的合理的额外时间内交货。从上述规定看,CISG 对买方撤销合同的权利是有一定限制的,并不是卖方的任何违约行为都可以使买方有权撤销合同。不仅如此,CISG 第 49 条第 2 款还规定,如果卖方已经交付货物,买方就丧失了宣告撤销合同的权利,除非他按照 CISG 的下列规定及时提出撤销合同:①对于迟延交货的情形,买方必须在卖方交货后的一段合理时间内宣告撤销合同,否则,他就将失去宣告撤销合同的权利;②对于迟延交货以外的任何违反合同的情形(如货物与合同规定不符等),买方必须在已经知道或理应知道这种违约情况后的一段合理时间内宣告撤销合同,否则,他也将失去宣告撤销合同的权利。CISG 十分强调买方必须在"合理时间内"行使撤销合同的权利,如果超过了合理的时间,买方就丧失了撤销合同的权利。这是因为,在卖方已经交付货物的情况下,买方撤销合同就意味着退货,这时卖方的处境将十分困难,他要处理被退回的货物,如将货物另行出售或运回本国,往往还涉及运输保险的安排问题。所以,在卖方已经交货的场合下,如买方想要撤销合同,就必须在合理时间内行使这项权利,以免给卖方带来更大的损失。至于何谓"合理的时间",CISG 没有作出具体规定,须视具体案情而定。

当买方违约行为构成根本违约时,或者买方在卖方给其额外时间内没能履行支付价款的义务或收取货物,或者买方声明他将不在所规定的时间内这样做,卖方可以宣布合同无效。当然卖方在行使这一权利时也受到一定的限制:如果买方已支付了价金,卖方则不能宣布合同无效。至于解除的后果,CISG 中并未涉及,实属遗憾。纵观各国的合同法均对解除合同的后果作了明确的规定。相比之卜,《国际商事通则》就有明确的规定:宣告合同无效后,任何一方当事人可要求返还其据已宣告无效的合同或合同部分所提供的一切,条件是双方当事人同时返还根据已宣布无效的合同或合同部分所接受的一切,或如一方当事人不能返还实物,应对所收之物给予补偿。

(二)损害赔偿

根据 CISG 的规定:损害赔偿(Damages)是指由于一方当事人违反合同,而给另一方当事人造成的损失,违反合同的一方当事人应付的法律责任。损害赔偿这一救济方式是 CISG 违约制度中应用最广泛的一种损害赔偿制度,可与其他的救济方式并用。换言之,损害赔偿制度几乎可以适用所有的违约行为,是最基本的救济手段。单一的救济方式往往不能给当事人提供充分救济，因此 CISG 允许多种救济方式的共同作用，而只有损害赔偿能在任何情况下与其他救济方式结合使用，这是由它的金钱给付特性所决定的。此外，其他救济权利的丧失并不能排除损害赔偿的救济，这意味着它不受任何特定违约形态的限制。

CISG 动用 4 个条款行文，构建了一个完整的损害赔偿的制度体系：

第一，同一水平赔偿原则。所谓同一水平赔偿原则是：受违约影响的一方在请求损害赔偿后所达到的经济状况应当与合同得以严格履行所能够达到的经济状况处于同一水平。换句话说，据实赔偿，不应让违约方通过违约而获利。美国学者波斯纳在《法律的经济分析》一书中指出："违约的补救应以效率为其追求的目标。如果从违约中获得的利益将超出他向另一方作出履行的期待利益，如果损害赔偿被限制在对期待利益的赔偿方面，则此种情况将形成对违约的一种刺激，当事人应该违约[1]。"CISG 第 74 条规定，一方当事人违反合同应负责的损害赔偿额，应与另一方当事人因他违反合同而遭受的包括利润在内的损失额相等。在非因不可抗力引起的履约方履约不能的情况下，违约方应当承担相应的违约责任。无论违约的救济方法是实际履行，还是损害赔偿，抑或是其他方法，均不应使违约方通过违约而获得非法的利益。公约在给予受害方充分补偿的同时，不惩罚违约方。公约将利润等可得利益的损失明确界定在赔偿范围内，被认为"给予了受害方交易好处的补偿，包括期待和信赖利益"[2]，体现了充分补偿原则。比如在买卖合同中，卖方因为标的物价格上涨而拒绝交付，将货物转而卖给其他客户，在此种情况下，考虑追究其违约责任时，不仅应包括守约方的直接损失，还应该包括利润损失，乃至于可以要求其实际履行。只有通过这样的违约制裁，才可以使违约方因为违约无法得到利益，而最终放弃违约，这同时就维护了正常的交易秩序[3]。然而，《国际商事通则》中对损失范围进一步扩大到了精神损害赔偿。

第二，可预见赔偿原则。CISG 的第 74 条第二款规定，但这种损害赔偿不得超过违反合同一方在订立合同时，依照他当时已知道或理应知道的事实和情况，对违反合同预料到或理应预料到的可能损失。这项规则源自于哈德里诉巴辛达尔案。一家磨坊的机轴破裂了，磨坊主把坏轴交给承运人，委托他找一家工坊重做一个新的机轴，但承运人未及时办理，因而使磨坊停工的时间超过了必要的时间。磨坊主要求承运人赔偿由于迟延交付机轴所造成的利润损失。但由于磨坊主并未预先告知如承运人不能及时把机轴送到即将产生的利润损失。因此，法院判决承运人对迟交期间的利润损失不承担赔偿责任。法院作出这一判决

---

① Posner: Economic Analysis of Law [led 2.Boston and Toronto(977)]，89～90
② 韩世远.违约损害赔偿研究[M]. 北京：法律出版社，1999：327
③ 王军. 美国合同法[M]. 北京：对外经济贸易大学出版社，2004：321

时，对损害赔偿的范围提出以下两项原则：其一，这种损失必须是自然发生的(arise naturally)，即按照违约事件的一般过程自然发生的损失；其二，这种损失必须是当事人们在订立合同时，作为违约可能产生的后果已经合理地预见到或者应当合理地预见到的(reasonably foreseeable)。在上述案例中，由于磨坊主并未预先把迟交机轴可能产生的后果告知承运人，后者无从合理地预见到会产生因为迟延交付而会引起遭受利润损失这样的后果。他可能认为磨坊有备用机轴，不会因迟交新机轴而停工。因此，承运人对由于迟延交货所造成的利润损失不承担责任。但是，如果违约的一方可以预见到他的违约行为将引起利润损失，则受损害的一方对于违约者可以要求赔偿利润损失。

第三，自我救济原则。守约方必须按情况采取合理措施，减轻由于另一方违反合同而引起的损失。如果他不采取这种措施，违反合同一方可以要求从损害赔偿中扣除原应可以减轻的损失数额。

违约方在承担赔偿责任时的原则，CISG 没有明确的表态。因此有学者认为它的态度是过错责任原则，理由是公约中如果强调违约方在订立合同时已经知道其违约行为将给另一方带来损失，他实施了该行为①。我们认为上述观点是错误的，因为这一解释所根据的条款的真正含义是表达对损害赔偿的范围限制，即在可预见的范围内，而不能推出过错责任原则。在过错责任原则为主的大陆法系国家，这些立法规定明确确定了过错责任原则是违约责任的一般原则。例如，《德国民法典》第 275 条规定："债务人除另有规定外，对故意或过失应负责。"尽管大陆法系国家奉行过错责任原则，但在很多情况下，它都是采用的严格责任原则。例如，《德国民法典》第 325、326 条关于负责的规定，远远超出了个人过错的范围，很多不属于过错的情况都可能产生责任。例如，如果在履行契约过程中利用了他人的服务，则该他人的过错将自动导致债务人的责任，此时债务人即为无过失而负责。上述过错责任的客观化因素都趋向于加重或扩大债务人的责任，以至于有的学者认为过错责任原则正在逐渐衰微。这种衰微使得采用此种原则的法律制度与英美法国家的严格责任制度更加接近②。我国 1981 年的经济合同法中关于承担违约责任的原则规定中，也明确其前提是"一方当事人因过错违反合同……"③，而后颁布的《合同法》则对此进行了修改，删去了有关过错归责的内容，从而使我国合同责任的确立不再以过错为基本要件，

---

① 韩立余. 国际经济法学原理与案例教程[M]. 北京：中国人民大学出版社，2006：81

② ［德］罗伯特，霍恩等. 德国民商法导论[M]. 北京：中国大百科全书出版社，1996：123

③ 1981 年的《经济合同法》第二十九条规定：由于当事人一方的过错，造成经济合同不能履行或者不能完全履行，由有过错的一方承担违约责任；如属双方的过错，根据实际情况，由双方分别承担各自应负的违约责任。

学者称之为严格责任①。由此我们认为 CISG 采用的是严格责任制。如果在国际货物买卖中实行过错责任原则，那么一方不履行合同义务时，只要其证明自己无过错就可以免除赔偿责任，并由受害方来承担损失，这会增加国际货物买卖的风险。

(三)实际履行

实际履行(specific performance)是指，若一方拒不履行合同，则对方可提出实际履行之诉，要求法院作出实际履行，以国家强制力强制债务人履行合同义务，实现其合同权利。实际履行是合同履行效力在合同被违反后的延伸，目的在于充分保护非违约方的利益。大陆法系和英美法系对实际履行的规定有很大的不同。简单而言，在违约的责任体系中，大陆法以实际履行为原则，以损害赔偿为例外；与大陆法系国家完全不同，英美法系的首要救济是损害赔偿，实际履行仅是从属于损害赔偿的一种例外救济。损害赔偿的不充分性是要求实际履行的主要条件，只有在第一位的救济(损害赔偿)不能得到的时候才能允许实际履行。由此可见，大陆法系实际履行为首要的救济，而英美法系则将实际履行作为一种补充性的救济，只有在损害赔偿不能充分补偿的时候才可以行使。显然两大法系在这个问题上是有严重分歧的。为了调和二者之间的矛盾，对此公约的态度是承认其权利，限制其行使，即在肯定这一补救措施的同时，允许法院在确定是否采取这一措施时可依本国国内法作出判决。CISG 的第 46、62 等条款中对实际履行作出了相应的规定。

1. 买方要求实际履行的权利

根据 CISG 的规定，买方要求实际履行的权利适用于以下几种情况：

(1) 对卖方不履行合同时的救济。CISG 第 46(1)条规定，"买方可以要求卖方履行义务，除非买方已采取与此要求相抵触的某种补救方法"。可见，如果卖方不履行他在合同和本公约中的任何义务，买方就可以要求实际履行，除了一个限制(对于该限制在下文中有详细的阐述)。

(2) 对卖方延迟履行合同时的救济。依 CISG 第 47 条的规定，在卖方延迟履行时，买方可以规定一段合理时限的额外时间，让卖方履行其义务。除非买方收到卖方的通知声称他将不在所规定的时间内履行义务，买方在这段时间里不得对违反合同采取任何补救方法。但买方并不因此丧失他对迟延履行义务可能享有的要求损害赔偿的任何权利。宽限期既是实际履行的延续，也是实际履行的一种灵活方式。

---

① 梁慧星. 从过错责任到严格责任[J]. 载《民商法论丛》第 8 卷，北京：法律出版社，1997：4～5

(3) 对卖方不完全履行合同时的救济。依 CISG 第 46 条的规定，卖方所交货物与合同不符时，买方可以要求卖方对不符合合同的货物进行修补；卖方所交货物与合同不符构成根本性违约时，买方可以要求卖方交付替代货物。可见，CISG 的实际履行不仅指完全严格意义上的实际履行还包括了要求交付替代货物和要求修理这两种特殊的形式。应该注意的是，要求交付替代货物和修理只能由买方来行使。

2. 卖方要求实际履行的权利

CISG 第 62 条是关于买方违约时卖方要求实际履行的一般规定。卖方可以要求买方按合同的规定进行实际履行，如要求买方支付价款、收取货物等，即除非卖方已经采取与此要求相抵触的救济方式。由于买方义务的特殊性，卖方要求履行与买方要求履行不同，因为它不会对买方产生额外的义务，仅是要求他继续履行他最初的义务。当然，在要求买方履行的同时，卖方不会丧失要求损害赔偿的权利。

但是，在贸易实践中，如果买方拒收货物、拒付价款，卖方诉诸法院或提交仲裁以把货物强制推给买方的做法是很少见的。因为，如果卖方这样做，要承担仓储保管费，要花费时间和费用进行诉讼或仲裁，有时还会遇到买方丧失支付能力或破产的情况。因此，卖方通常是采取宣告解除合同，将货物转卖，同时请求损害赔偿的方法获得救济。

3. 对实际履行的限制

CISG 的第 46(1)条和第 62 条均以一种广泛的措辞在确立实际履行权利的同时规定了对实际履行的限制，即"买方或卖方已经采取与此一要求不一致的某种救济方式。"实际履行是一种非金钱履行的行为，它以合同关系的存在为前提。该规定的立法目的为：避免与实际履行行使条件完全相反的救济方式以及避免对于受害方的重复救济。再分析 CISG 中的其他救济条款，实际履行应满足以下条件：第一，头方不得采取与这一要求相抵触的救济方法；第二，买方应给予卖方履行合同的宽限期；第三，当卖方交货不符时，只有这种不符构成根本违反合同(Fundamental Breach)时，买方才能要求提交替代物。交付代替物，更换货物的前提是不能把原物返还。如果买方因处分货物而无法返还原物，就不能退货或返还原物。而且应在发现交货不符时，将这一要求及时通知对方；第四，法院是否作出实际履行的判决依赖于该国国内法的规定。CISG 第 28 条规定："一方当事人有权要求另一方当事人履行某一义务，法院没有义务作出判决，要求具体履行此一义务，除非法院依照其本身的法律对不属于本公约范围的类似销售合同愿意这样做。"可见，CISG 并没有赋予法院判令实际履行的权利，如果法院按照本地法对不属 CISG 范围的合同作出实际履行的判决，则属例外。CISG 之所以授权法院依据本国法律决定是否作出实际履行的救济方法，其意图十分明显,它要照顾大陆法与英美法在实际履行上的分歧。第 28 条是一条折中条款,这一做法看似折中了各国对实际履行的不同意见,但实则并未真正解决问题,最终仍然是各依其国内法行事。

(四)对分批交货合同发生违约的救济方法

对分批交货合同,是指一个合同项下的货物分成若干批交货。例如,一个购买 20 万吨小麦的合同,可以分 5 批交货,每批 4 吨。此时,如果一方当事人对其中一批货物没有履行合同义务并且构成根本违约,对方当事人是否可以宣告撤销整个合同,还是仅仅宣告这一批货物违约而不可以撤销整个合同? 对此 CISG 作了详尽的规定:①如果一方当事人不履行对任何一批货物的义务,便对该批货物构成根本违反合同,则另一方当事人可以宣告合同对该批货物无效,但是不得宣告整个合同无效。②如果一方当事人不履行对任何一批货物的义务,使另一方当事人有充分理由断定对今后各批货物将会发生根本违约合同,该另一方当事人可以在一段合理的时间内宣告合同对今后各批货物的效力,但对此前已经履行义务的各批货物不能予以解除。③如果各批货物是相互依存的,不能单独用于双方当事人在订立合同时所设想的目的,买方宣告合同对任何一批货物的交付为无效时,可以同时宣告合同对已交付的或今后交付的各批货物均为无效。

四、卖方违约时买方的救济方法

CISG 的规定中,针对卖方违反合同没有分别就每一种违约情况规定相应的救济方法,而是从总的方面对卖方违反合同时买方可以采取的各种救济方法作出规定。根据 CISG 第三部分第二章第三节的规定,如果卖方不履行他在合同和 CISG 中的任何义务,买方可以采取下列救济方法。

(一)要求卖方交付替代货物或对货物不符合同之处进行修补

CISG 第 46 条第(2)款规定,如果卖方所交付的货物与合同规定不符,而且这种不符合同的情形已构成根本违反合同,则买方有权要求卖方另外再交一批符合合同要求的货物,以替代原来那批不符合同的货物。但是,买方在采用这种救济方法时,受一项条件的限制,即只有当卖方所交货物不符合同的情形相当严重,已构成根本违反合同时,买方才可以要求卖方交付替代货物。如果卖方所交付的货物虽然与合同不符,但情况并不严重,尚未构成根本违反合同时,买方就不能要求卖方交付替代货物,而只能要求卖方赔偿损失或对货物与合同不符之处进行修补等。这是因为，要求卖方交付替代货物会给卖方带来重大的损失，如交付替代货物的运费、处理原来所交付的不符合同的货物的费用等，因此，CISG 对这种救济方法加以一定的限制。从法律上看，要求卖方交付替代货物，实质上是要求卖方实际履行的一种方式。根据 CISG 的规定，如果买方要求卖方交付替代货物，买方必须在向卖方发出货物与合同不符的通知时提出此项要求，或者在发出上述通知后的一段合理时间内提出这种要求。

CISG 第 46 条第(3)款规定，如果卖方所交的货物与合同规定不符，买方可以要求卖方通过修理对不符合同之处作出补救。这项规定适用于货物不符合同的情况并不严重，尚未构成根本违反合同，只须卖方加以修理，即可使之符合合同要求的情形。这样做对买卖双方都是比较方便的。但是，如果根据当时的具体情况，要求卖方对货物不符合同之处进行修理的做法是不合理的，则买方就不能要求卖方对货物不符合同之处进行修理。例如，货物的缺陷轻微，只须略加修理即可符合合同的要求，在这种情况下，买方可以自行修理或请第三人进行修理，所需费用或开支，可要求卖方予以赔偿。

(二)卖方须对不履行义务做出补救

按照 CISG 第 48 条的规定，除第 49 条的规定(关于撤销合同)外，卖方即使在交货日期之后，仍可自付费用，对任何不履行义务做出补救，但这种补救不得给买方造成不合理的迟延，也不得使买方遭受不合理的不便，或买方无法决定卖方是否将偿付预付的费用。但是，买方保留本 CISG 所规定的要求损害赔偿的任何权利。CISG 原则上允许卖方在交货日期之后，自付费用对任何不履行义务之处加以补救，但卖方的这项自行补救的权利须符合下列要求：①买方未按 CISG 第 49 条规定撤销合同；②卖方应当承担做出补救的费用；③卖方在做出补救时不得给买方造成不合理的不便或迟延。CISG 第 48 条第(2)款还规定，如果卖方要求买方表明他是否接受卖方履行义务，而买方不在一段合理时间内对这项要求作出答复，则卖方可以按其在要求中所指明的时间履行义务。买方不得在该段时间内采取与卖方履行义务相抵触的任何补救办法。这项规定包含两层意思：第一，卖方在准备行使上述补救权利时，应事先将此意图通知买方；第二，买方在收到卖方的上述通知后，应在合理时间内作出答复。如买方不予答复，卖方即可按其通知的内容履行其义务，而买方则不得采取与卖方履行义务相抵触的补救方法，例如，买方不得在通知所规定的时间内宣告撤销合同。但是，上述有关通知须于送达买方时方始生效。

(三)给卖方一段合理的额外时间让其履行合同义务

CISG 第 47 条第(1)款规定，如果卖方不按合同规定的时间履行其义务，买方可以规定一段合理的额外时间，让卖方履行其义务；同时该条的第(2)款明确规定，对于迟延履行的违约行为，买方不能直接解除合同。与前述的根本违约制度联系起来，此种场合下的违约行为应当属于一般违约行为。既然卖方尚未影响买方的期待利益，买方就需给卖方一个合理的"恩惠期"，以换取日后享有解除合同的权利。

(四)宣告撤销合同

当卖方不履行合同或 CISG 的义务构成根本违反合同时，买方可以根据宣布解除合同。CISG 认为：根本违约具体包括以下三项内容：

(1)　卖方不交付货物、延迟交货或交货不符或所有权有瑕疵构成根本违反合同。

(2)　卖方声明他不在规定的时间内履行交货义务。

(3)　在买方给予的宽限期届满后仍不履行合同。

(4)　如果卖方已交货，买方则丧失解除合同的权利，除非：①在延迟交货的情况下，买方在得知交货后的合理时间内宣布解除合同；②在交货不符的情况下，买方在检验货物后的合理时间内提出解除合同；③在给予卖方做出履行合同或做出补救的宽限期届满后或在拒绝接受卖方履行义务后的合理时间内宣布解除合同。这里面最难以把握的问题是如何确定迟延履行交货是否足以构成根本违约。我们从前述公约中的定义无法找到可以量化的答案，因为它规定的比较原则。有些外国法学家曾经假设了两个不同的案例，试图对 CISG 的精神进行解释[①]：

第一个案例是出售圣诞节食用火鸡合同案。买方从国外进口一批供圣诞节出售的火鸡，卖方交货的时间比合同规定的期间晚一个星期。由于圣诞节已过，火鸡难以销售，使买方遭受重大的损失。在这种情况下，卖方延迟交货可以认定是根本违反合同，买方有权撤销合同，拒收迟交的货物。另一个案例是出售普通肉鸡合同案。合同规定卖方应于 7 至 8 月装运，但实际上卖方的装运日期，比合同规定的时间迟延了一个星期。在这段时间肉鸡的市场价格并没有发生什么变化，供销情况也正常。在这种情况下，卖方迟延交货就不能认为是根本违反合同，买方不能撤销合同。显而易见的是，案例一使得买方无法获得期

---

① Shinich Michida. Dissolution of contract[J]. The American journal of comparative law，1997：27

待利益，而后者则对实现合同的目的没有根本影响，所以两者的救济手段要有所区别。

(五)要求减价

按照 CISG 第 50 条规定，如果卖方所交的货物与合同不符，不论买方是否已经支付货款，买方都可以减低价格。减价按实际交付的货物在交货时价值与符合合同的货物相当的价值两者之间的比例计算。但是，如果卖方已按 CISG 规定对其任何不履行合同义务之处作出了补救，或者买方拒绝接受卖方对此做出补救，买方就不得减低价格。这项规定的主要含义包括两个方面：一方面这是针对卖方交货与合同规定不符而规定的救济方法。它主要适用于卖方交货虽然与合同不符，但买方仍然愿意收下这项与合同不符的货物，而不愿撤销合同、退还货物；或者买方由于种种原因不能或不愿采取请求损害赔偿的做法，而宁愿采取减价的办法。另一方面减低价金的计算办法是按照实际交付的货物在交货时的价值与符合合同的货物在同一时间的价值两者之间的比例计算的。例如，买方购买一批货物，合同规定为一等品，价值为 10 万美元。假定交货时价格不变，其价值仍为 10 万美元，货物运到目的地后发现严重受损，价值 4 万美元，二者的比例为 5∶2，买方可减价 6 万美元，仅付 4 万美元[①]。

(六)当卖方只交付部分货物或所交货物只有一部分符合合同规定时，买方可取的救济方法

根据 CISG 第 51 条的规定，当卖方只交付一部分货物，或者卖方所交付的货物中只有一部分与合同的要求相符时，买方只能对漏交的货物或对与合同要求不符的那一部分货物，采取上述第 46～50 条所规定的救济方法，包括退货、减价及要求损害赔偿等。但一般不能宣告撤销整个合同或拒收全部货物，除非卖方不交货，或者不按合同规定交货已构成根本违反合同时，买方才可以宣告撤销整个合同。例如，在机器设备的买卖中，卖方所交的机器设备里有一个重要的零件与合同不符，使整个机器不能使用，构成了根本违反合同，在这种情况下，买方就可以宣告撤销整个合同。

(七)当卖方提前交货或超量交货时，买方可以采取的补救方法

CISG 第 52 条规定，如果卖方在合同规定的日期以前交货，买方可以收取货，可以拒绝收取货物。但如果卖方在提前交货遭拒绝后，等到合同规定的交货期临到的时候再次向

① 沈四宝，王军，焦津洪. 国际商法[M]. 北京：对外经济贸易大学出版社，2003：366

买方提交货物，买方仍须收取这批货物。CISG 还规定，如卖方所交货物的数量大于合同规定的数量，买方可以收取全部货物，也可以拒绝收取多交部分的货物，而只收取合同规定数量的货物，但不能拒收全部货物。如买方收取多交部分的货物，他就必须按合同规定的价格付款。如果买方由于某种实际原因不能仅仅拒收多交部分的货物，例如，买方只提交了一份包括整批货物的提单并要求买方凭提单对整批货物(包括多交的货物)付款，这时买方就不能仅收下合同约定数量的货物。在这种情况下，如果这种超量交货的做法已构成卖方根本违反合同，买方可以宣告撤销合同；如果这种超量交货的做法并未构成根本违反合同，或者按照商业上的习惯买方不得不收下整批货物，则买方可以要求卖方赔偿他因此而遭受的损失。

(八)请求损害赔偿

CISG 认为，损害赔偿是一种主要的救济方法。根据 CISG 第 45 条的规定，如果卖方违反合同，买方可以要求损害赔偿，而且买方要求损害赔偿的权利，不因其已采取其他补救方法而丧失。也就是说，即使买方已经采取了撤销合同、拒收货物、要求交付替代货物等救济方法，但他仍然有权要求卖方赔偿因其违反合同所造成的损失。CISG 第 75 条和第 76 条对在撤销合同的情况下，如何计算损害赔偿额的具体办法作了规定。主要有以下两种情形：

(1) 如果买方已宣告撤销合同，而在宣告撤销合同后的一段合理时间内，买方已以合理方式购买了替代货物，则买方可以取得合同价格和替代货物的交易价格之间的差额，以及因卖方违约而造成的其他损害，这种做法叫做"实际补进"(cover)。例如，当卖方不交货或所交货物与合同不符已构成根本违反合同时，买方可以宣告撤销合同，并在市场上买进一批同样的货物以替代合同项下的货物。如果合同的价格为 100 万美元，补进同样货物的交易价格为 120 万美元，则在各种交易条件相同的条件下买方可以向卖方索赔两者之间的差价，即 20 万美元。但是，如果两者的交易地点或其他交易条件不尽相同，则损害赔偿的金额应根据具体情况作一适当的调整。买方购进替代货物应当在宣告撤销合同后的一段合理的时间内进行，而且应当以合理的方式购进。所谓以"合理的方式购进"，在商业上一般是指以合理可能的最低价格购进。在上述情况下，买方除了可以取得合同价格和补进交易价格之间的差额以外，还可以索赔由于卖方违反合同所造成的其他损失。例如：由于卖方所交货物与合同不符而必须购买替代货物所引起的额外开支，以及因临时购买的替代货物不能按原合同规定的日期交货而造成的损失等。

(2) 如果买方在撤销合同之后，没有实际补进原来合同项下货物，而此项货物又有时价的话，则买方可以取得原合同的规定价格和宣告撤销合同时的时价之间的差额，以及因卖方违约造成的任何其他损害赔偿。但是，如果买方是在接收货物之后才宣告撤销合同，则应按接收货物时的时价与合同规定的价格之间的差额计算，而不是按宣告撤销合同时的时价计算。这里所说的时价，是指合同原定交货地点的现行价格。如果该地点没有时价，则指另一合理替代地点的现行价格。但在这种情况下，应适当考虑货物运输费用的差额。

五、买方违反合同时卖方的救济方法

根据 CISG 第三章第三节及某些国家法律的有关规定，对买方出现违约情形时，卖方可以采取的各种救济方法有以下几种。

1. 要求买方实际履行其合同义务

当买方不支付货款、不收取货物或不履行其他义务时，卖方可以要求买方实际履行其合同义务，除非卖方已采取了与这些要求相抵触的救济方法。例如，卖方已宣告撤销合同，他就不能要求买方依照合同收受货物或支付货款，因为这种要求与撤销合同是有抵触的。但是，根据该 CISG 第 28 条规定，当一方当事人要求对方实际履行其合同义务时，法院并没有义务判令对方实际履行其义务，除非法院依照法院所在地国的法律对不属于 CISG 范围的类似合同也将作出实际履行的判决。由于各国法律对实际履行的态度不完全相同，因此，卖方在要求买方实际履行其合同义务时，在某些国家特别是在英美法国家可能会遇到困难。所以，有些学者主张，当遇到买方不付款或不收受货物时，卖方最好还是把货物卖给其他买主，然后向买方请求损害赔偿。

2. 卖方可以规定一段合理的额外时间，让买方履行其义务

如果买方没有在合同规定的时间内履行其合同义务，卖方可以规定一段合理期限让买方履行其义务。但是在这种情况下，除非卖方已收到买方的通知，表明将不在卖方所规定的额外时间内履行其义务，否则，卖方不得在这段时间内对买方采取任何救济方法。但卖方并不因此而丧失其对买方延迟履行合同可能享有的根据 CISG 第 76 条要求损害赔偿的权利。

3. 宣告撤销合同

除前述的根本违约情形外，如果买方已经支付货款，卖方原则上就丧失了宣告撤销合同的权利，除非他按照下面规定的办法去做：①对于买方延迟履行义务，卖方在知道买方

履行义务前已宣告撤销合同；②对于买方延迟履行义务以外的任何违反合同的情事，卖方必须在知道或理应知道这种违约情事的一段合理时间内宣告撤销合同，否则，卖方将失去宣告撤销合同的权利。CISG 规定，当卖方或买方撤销合同后，就解除了双方在合同中的义务，但是并不终止违约一方对其违约所引起的一切损害的赔偿责任，也不终止合同中关于解决争议的任何规定的效力。

4. 自行确定货物的品质规格

CISG 第 65 条规定，如果买方应根据合同规定订明货物的形状、大小或其他特征，而他在议定的日期或在收到卖方的要求后一段合理时间内没有订明这些规格，则卖方在不损害其可能享有的任何其他权利的情况下，可以依照他所知的买方的要求，自己订明规格。但是卖方自行确定的货物的品质规格并不是立即生效。如果卖方自己订明规格，他必须把订明规格的细节通知买方，而且必须规定一段合理时间，让买方可以在该段时间内订出不同的规格。如果买方在收到这种通知后没有在该段时间内这样做，卖方所订的规格就具有约束力。

5. 请求支付利息

CISG 第 78 条规定，如果一方当事人没有支付价款或任何其他拖欠金额，另一方当事人有权对这些款额收取利息，但不妨碍要求按照第 74 条规定可以取得的损害赔偿。

本 章 小 结

国际货物买卖法是国际商事活动的基本工具，是国际商法的核心。虽然由于各国的经济与社会制度、政治与宪法体制和法律传统的差异，使得国内法各有不同，但是国际货物买卖法的相似之处，却超越了这一切障碍，这是源自于商人自古以来价值取向的一致。基于此，CISG 取得了成功，它体现了现代各国合同法所倡导的基本原则，较好地调和了大陆法系和英美法系的矛盾与冲突，吸纳了很多先进的理念，与时俱进地对传统的制度作了变通，使其更加灵活并具有可操作性，它对我国的合同法产生了重大的影响。

案 例 讨 论

Supplemental Case

Delchi Carrier, SpA v. Rotorex Corp.

In January 1988, Rotorex agreed to sell 10,800 compressors to Delchi for use in Delchi's

'Ariele' line of portable room air conditioners. The air conditioners were scheduled to go on sale in the spring and summer of 1988. Prior to executing the contract, Rotorex sent Delchi a sample compressor and accompanying written performance specifications. The compressors were scheduled to be delivered in three shipments before May 15, 1988.

Rotorex sent the first shipment by sea on March 26. Delchi paid for this shipment, which arrived at its Italian factory on April 20, by letter of credit. Rotorex sent a second shipment of compressors on or about May 9. Delchi also remitted payment for this shipment by letter of credit. While the second shipment was en route, Delchi discovered that the first lot of compressors did not conform to the sample model and accompanying specifications. On May 13, after a Rotorex representative visited the Delchi factory in Italy, Delchi informed Rotorex that 93 percent of the compressors were rejected in quality control checks because they had lower cooling capacity and consumed more power than the sample model and specifications. After several unsuccessful attempts to cure the defects in the compressors, Delchi asked Rotorex to supply new compressors conforming to the original sample and specifications.

Rotorex refused, claiming that the performance specifications were 'inadvertently communicated' to Delchi.

In a faxed letter dated May 23, 1988, Delchi cancelled the contract. Although it was able to expedite a previously planned order of suitable compressors from Sanyo, another supplier, Delchi was unable to obtain in a timely fashion substitute compressors from other sources and thus suffered a loss in its sales volume of Arieles during the 1988 selling season. Delchi stated the legal action under the United Nations Convention on Contracts for the International Sale of Goods ('CISG' or 'the Convention') for breach of contract and failure to deliver conforming goods.

Questions:

(1) Is Rotorex's performance a minor breach or a fundamental breach of contract?

(2) How does the court to determine the amount of damages that the buyer is entitled to recover under the CISG?

第四章

产品责任法

本章导读

产品责任法作为特殊的侵权法，是调整产品的制造者或销售者因所制造或销售的产品具有某种瑕疵或缺陷给消费者或第三人造成损害而引起的赔偿关系的法律规范的总称。是否构成产品责任，需要同时具备三个构成要件：产品缺陷，损害，产品缺陷与损害事实间存在因果关系。本章介绍了世界主要国家产品责任法的立法概况，美国产品责任法的归责原则的演变及美国产品责任的诉讼等内容。

学习目标

了解世界上主要国家产品责任法的概念、法律特征，明确产品责任法的性质和作用，掌握产品责任的认定条件、美国产品责任归责原则的演变，熟悉美国产品责任的抗辩事由，确定特定情形下的产品责任能否适用免责条款。

Key Words

Product Liability，Manufacturing defects，Causation，Harm to Property Contractual Liability，Liability for negligence，Security Responsibility，Strict Liability，Risk-benefit Analysis，Consumer Expectations Test，Post-sale Duty to Warn

自晚清变法以来，中国对法律现代化孜孜以求。中国作为大陆法系国家，法统可谓源远流长。但无论是清末民初的"西风东渐"，还是新中国成立后的"取法苏联"，在法律移植方面都下了很大的工夫，但在产品责任移植方面表现得却不够完美。为了促进我国单行产品责任法的尽快出台，有必要借鉴美国的成熟司法经验。有鉴于此，本章主要介绍了世界主要国家产品责任法的立法概况，美国产品责任法的归责原则的演变及美国产品责任的诉讼等内容。

第一节 产品责任法概述

一、产品责任法的概念和特征

1. 产品责任法

产品责任法(Product Liability Law)是调整产品的制造者或销售者因所制造或销售的产品具有某种瑕疵或缺陷给消费者或第三人造成损害而引起的赔偿关系的法律规范的总称。

产品责任法是 20 世纪以来主要发达国家新兴的法律部门。随着生产力和科技的发展，产品种类日益增多，其内在性能和操作的复杂性加强，法律所奉行的"买者注意"无法切实保护消费者的利益，"卖者注意"原则被提上日程。从 20 世纪 70 年代末起，美国、英国、日本等国家相继制定了产品责任法。

当前外国产品责任立法大体有四种模式：一是扩大解释，适用原合同法、侵权法中的有关规则；二是在相关法律如《消费者权益保护法》中，对产品责任作出规定；三是就产品责任单独立法，采用此种立法模式的国家占绝大多数，如美国、日本、德国、欧盟、意大利等；四是由共同制定的国际条约来规范。在产品责任方面的国际条约有：全球性的公约——《产品责任法律适用的公约》(Convention on the Application of Law to Products Liability)，简称《海牙公约》(Hague Convention)；区域性的公约——《关于人身伤亡的产品责任公约》(Convention on Products Liability in regard to Personal Injury and Death)，通常又称为《斯特拉斯堡公约》，以及《欧洲经济共同体产品责任指令》(E.E.C Directive on Products Liability)。此外，与产品责任有关的国际性立法还有 1985 年联合国《保护消费者准则》及欧洲理事会《消费者保护宪章》等。

2. 产品责任法的法律特征

综观世界各国的产品责任立法，它主要具有如下特征：

(1) 调整的范围是消费者因缺陷产品所遭受的人身损害或除缺陷产品以外的其他财产损害的赔偿关系，不包括产品本身的损坏赔偿关系。单纯的产品损坏赔偿关系，则由合同法调整。例如，电视机爆炸，给消费者造成人身损害和周围家具的损坏，属于产品责任法所调整的赔偿范围，而对于电视机本身的损害赔偿则依据合同法来调整。

(2) 调整对象主要是侵权关系。例如，上例中的电视机在超市中陈列时爆炸，给周围顾客造成损害，即可依据侵权关系适用产品责任法。当然对于存在合同关系的购买者遭受的损害也可以适用产品责任法,但他也可以根据合同法或买卖法得到救济。

(3) 调整的手段具有强制性。产品责任法体现了现代商法发展的典型趋势——具有公法性和强制性。为体现国家对于处于弱势地位的公众消费者的保护意志,产品责任的产生不以约定为先决,也不得以无约定而排除。例如,产品生产者或销售者在出售商品时以店堂告示声称出现任何问题概不负责,即使消费者已默示表示同意,该声明也是无效的。

二、产品责任

(一)产品缺陷

产品责任(Product Liability)是因产品缺陷造成他人人身、财产损害而引起的损害赔偿责任。产品缺陷是认定产品责任的核心问题。

明确产品存在缺陷,需要首先界定产品的范围和产品缺陷的认定。

1. 产品

产品(Product)是明确产品责任法体系和确立产品责任承担的前提。产品的识别,基于各个国家立法宗旨和消费者权益保护政策的差异,各国立法规定不尽一致。总括各国立法和国际立法对产品范围的界定,基本上划分为两种类型:

其一,对产品的内涵和外延持放任和扩展的态度。此类型以美国为代表,也包括全球性公约——《海牙公约》。

1979 年美国的《统一产品责任示范法》第 102 条规定:"产品是具有真正价值的、为进入市场而生产的,能够作为组装整件或者作为部件、零售交付的物品,但人体组织、器官、血液组成成分除外。"该规定用概括的形式界定了产品的内涵。尽管该法未得到美国大多数州的认可,但仍可看到美国有关产品范围一度规定的比较灵活。基于保护产品使用者的基本公共利益的考虑,法官们的态度倾向于采用更广泛、更灵活的产品界定。如,美国著名的"弗路尔公司诉杰帕逊公司"案(智力成果属于产品案),设计了一张机场仪表线路图没有标示出一座在本地区内最高的小山,结果导致飞机失事造成伤亡。法院判决该航空地图属于《侵权行为重述》第 402 条所指出的"缺陷产品",其出版商应对因信赖该地图而发生的损害承担严格责任。可见,司法实践中,法院认定的产品范畴非常广泛,凡可以出售、使用或转移的加工材料都属于产品,如血液、电、天然品以及智力成果等。面对各州的不同规定及产品范围不断扩大化的趋势,1998 年美国法学会出版的《第三次侵权法重述:产品责任》为了指引司法实践,对产品进行了细致定位:产品是指通过商业销售供给人们使用或消费的有形动产，包括不动产和电，不包括服务、人体血液和人体组织。

在《海牙公约》中，产品是指"天然产品和工业产品，无论是加工的还是未加工的，也无论是不动产还是动产"。这一规定使产品的范围非常广泛，它包括所有可以使用或消费的有流通价值的物品。

其二，对产品的内涵和外延持限制态度。此种类型以欧盟大多数国家和中国为代表，包括《欧洲经济共同体产品责任指令》。《欧洲经济共同体产品责任指令》把产品限于除初级农产品、狩猎产品以外的所有可移动的产品。德国《产品责任法》规定的产品为包括电在内的一切动产，而未经初级加工的农产品和狩猎产品不是产品。丹麦的《产品责任法》规定的产品，是指所有动产，不论是制造物还是自然产物，也不论是另一动产或不动产的一部分。产品包括电，不包括未经加工的农产品、畜牧业产品、渔产品及狩猎品。

我国《产品质量法》第2条第2款规定："本法所称产品是指经过加工、制作，用于销售的产品。建筑工程不适用本法规定。"根据此规定，产品应当具备两个条件：第一，经过加工、制作。未经加工、制作的自然产品不是本法意义上的产品，如矿产品、农产品。加工、制作包括工业上的和手工业上的。电力、煤气等虽然是无体物，但是工业产品，应包括在内。第二，用于销售。只是为了自己使用的加工、制作品不属于产品质量法意义上的产品。但赠与的产品、试用的产品虽然可能"未投入流通"，但是，以销售为目的生产并以营销手段交付消费者者，这类产品存在缺陷造成他人损害，应当允许受害人提起产品责任诉讼。[①]可见，我国产品质量法中的"产品"是一定范围内的产品，它首先是劳动产品，不包括天然产品；在劳动产品中，又指物质产品，不包括精神产品；在物质产品中，是指动产，不包括不动产；在动产中，指手工动产、工业动产，不包括未经过加工的农产品。

综上，各国对于产品范畴的规定有以下共同特点：[②]

(1) 产品通常指动产。

(2) 大多数国家立法没有将未经过加工的农产品列入产品责任法规范的范畴。原因在于农产品易受自然环境因素影响，其产生的潜在缺陷难以确定缺陷来源，而且农产品没有明确的质量标准。

(3) 产品一般指有形产品。

① 张旭. 国际商法理论与实务[M]. 北京：科学出版社，2005：261
② 张旭. 国际商法理论与实务[M]. 北京：科学出版社，2005：37

2. 产品缺陷

产品缺陷(Product Defect)是导致产品责任发生的首要要素，是构成产品责任的前提。正确界定产品缺陷具有重要作用。

美国 1965 年的《侵权法重述》(第二版)第 402A 条，将缺陷定义为："凡销售有不合理危险的缺陷产品者应对最终使用者或消费者，因此遭受的人身或财产损害承担赔偿责任。"其对缺陷的定义是不合理危险。美国《统一产品责任示范法》认为缺陷的含义是：①产品制造上存在不合理的危险；②产品设计上存在不合理的危险；③未给予适当警告或指示，致使产品存在不合理的危险；④产品不符合产品销售者的明示担保，致使产品存在不合理的危险。其"缺陷"关键强调的也是产品具有不合理危险。1958 年的《欧共体产品责任指令》(85/37/EEC)第 6 条规定："当考虑下述所有情况有权期望某产品是安全的但其并不安全，该产品便是缺陷产品。"该条将缺陷定义为缺乏消费者有权期望的产品安全性。德国《产品责任法》第 3 条规定："一件产品若不能提供人们有权期待的安全性，即为存在缺陷的产品。"

上述发达国家，产品缺陷的定义可以分为两类：一是产品的不合理危险；二是产品缺乏消费者有权期望的产品安全性。两者的共同之处，在于都是从产品的安全性角度出发定义产品缺陷；不同之处在于，美国强调了危险的"不合理"，而什么是不合理没有在成文法中定义。欧洲则直接将安全取决于市场上消费者的期望，相比较而言，其标准更为具体。欧洲的定义将产品缺陷直接与消费者的心理、观点相挂钩，也更有助于保护消费者的利益。

我国《产品质量法》第 46 条规定："本法所称缺陷，是指产品存在危及人身、他人财产安全的不合理的危险；产品有保障人体健康和人身、财产安全的国家标准、行业标准的，是指不符合该标准。"从中可以明显看到，我国缺陷界定中"不合理的危险"与美国产品缺陷的定义几乎是相一致的。

根据产品缺陷产生的原因，可以将其分为不同的种类。美国，以及大多数的国家，基本上将产品缺陷分为制造缺陷、设计缺陷、指示和警告缺陷三大类。也有国家有不同分类，如德国还包括发展缺陷，但总体而言，以三分法为主流。

1) 产品制造缺陷

产品制造缺陷(Manufacturing Defects)是指产品在制造过程中不符合设计规范，或者未达到设计要求，不符合质量标准，致使产品存在不安全因素。一般可分为原材料、零部件及装配方面的缺陷。如有的产品制造粗糙，边缘有锐角、毛刺，容易伤人；有的由于装配不当，一些机器、电器产品及交通工具等的一些零部件会松动、脱落，而造成伤害事故。

2) 产品设计缺陷

产品设计缺陷(Defects in Design)是指产品的设计中存在不合理的危险性,它往往是导致整批产品存在潜在危险的根本原因。设计缺陷一般可由配方、处方的错误、原理的错误、结构设计的错误等因素造成。与制造缺陷相比,一般可说产品设计缺陷造成的危害比较严重,判断较为困难且不被保险公司在责任险中承保。

3) 产品警示或指示缺陷

产品警示缺陷(a product is defective due to inadequate instructions or warning)通常是产品缺乏在使用上或危险防止上必要的、适当的说明或警告。一般可分为两类:一是在产品存在危险性的情况下未作出适当的说明或警告;二是产品的设计和制作无问题,但由于缺乏必要的说明警告而可能产生危险。

(二)损害[①]

产品责任作为特殊侵权行为,与一般侵权行为的法律构成一样,损害(Damage)事实的客观存在是产品责任法律构成的要件之一。只有消费者、使用者在人身或财产方面受到缺陷产品的损害,才发生损害赔偿责任。缺陷产品造成的损害通常表现为人身方面的损害和财产方面的损害。

1. 人身方面的损害

人身方面的损害(Harm to Persons),分为人体方面的损害(致人死亡、致人伤残)及精神方面的损害(精神痛苦、疼痛)。人体方面的损害是指因产品存在危及人身、财产安全的不合理危险,造成了消费者、使用者人体和健康的损害,包括人的肢体及器官的损伤、灭失以及人身心的疾病、死亡等。人体损害侵害了消费者、使用者的生命权、健康权,此种损害是对人体的有形损害。精神方面的损害,通常是指因侵权行为使受害者所感受到的精神的、肉体的痛苦,或者指精神上、情绪上安定的丧失(痛苦、愤怒)而产生的损害。这种损害不直接表现为财产上的增减,而是直接表现为一种"人格无形损害"或"人身无形损害"即"非财产损害"。精神痛苦主要表现为忧虑、绝望、怨愤、失意、悲伤等,如因容貌毁损致将来婚姻、就业困难的精神上的痛苦。

2. 财产方面的损害

财产方面的损害(Harm to Property),是指缺陷产品对受害人财产权利的侵害(除缺陷产

---

① 金晓晨. 国际商法[M]. 北京:首都经济贸易大学出版社,2005:178~179

品自身损失外)。这种损害有以下几个特点：①它是在产品离开生产经营者控制之后，在产品的使用、消费过程中给他人造成的。②它通常包括直接损害，间接损害是否包括在内存有争议。直接损害是指现有财产的减少，间接损害是指可得利益的减少。③它与合同责任的损害有别，不包括缺陷产品本身的损害，而仅指缺陷产品以外对其他财产的损害。④它一般指供个人占有、使用或消费类型的财产遭受的损害。⑤它在有的国家被作了数额的限定，即财产损害必须是超过了一定的价值的损害。

(三)产品缺陷与损害之间存在因果关系

产品责任中的因果关系(Causation)是指产品缺陷与受害人的损害事实之间存在的引起与被引起的相互关系，前者是原因，后者是结果。产品责任中的因果关系有其特殊性：产品责任中的因果关系表现为产品缺陷与损害后果之间的相互关系，而不是一般侵权行为中的具体行为与损害后果之间的关系。在产品责任认定中，因产品的设计、制造过程十分复杂，消费者很难证明受到损害与产品缺陷之间存在相互关系，因而往往采用推定的方式来进行，实行"举证责任倒置"，由产品的生产者就法律规定的免责事由承担举证责任。

三、产品责任法的性质与作用

(一)产品责任法的性质

产品责任法是调整产品的经营者(生产者和销售者)和消费者(包括其他第三者)之间因缺陷产品造成的损害赔偿关系，从根本上是调整平等民商事主体之间权利义务关系的法律，因此在性质上属于私法。同时，由于早期的产品责任以"无契约、无责任"理论作为责任承担的依据，产品责任法属于契约法的范畴。随着社会经济的发展，保护消费者利益的呼声日渐高涨，原有的契约关系理论无法适应新的要求，因此产品责任的承担基础过渡到过失(侵权)责任，进而转为严格(侵权)责任。这样，产品责任法就成为侵权法的重要组成部分。

从各国对产品责任法的立法状况来看，更多体现出国家保卫社会经济生活安全，对社会生活进行积极干预的思想。产品责任法中的大多数规范都属于强制性规范，不允许有关当事人通过合同或其他任何方式加以排除或变更；并且在责任承担方式上，除民事责任外，还可能要求产品经营者承担行政甚至刑事上的责任等。因此可以说产品责任法在性质上属于具有较强公法色彩的私法范畴。

(二)产品责任法的作用

产品责任法的作用有以下 3 个方面：

第一，保护消费者权益。产品责任法从加强经营者责任的角度，凡产品的生产者和销售者提供的缺陷产品给消费者造成损害的，应承担赔偿责任。之所以要求产品的生产者和销售者承担这种仅因产品存在缺陷，而并非他们自身存在过错给他人造成损害的赔偿责任，是因为他们比普通消费者更有能力防止损害的发生并承担因此所造成的损失。产品责任法的这种索赔机制，增强了消费者购买产品的安全感，给予消费者更好的保护。

第二，促进企业提高产品质量管理意识。由于经营者的责任加重，迫使企业为生存考虑：一定要向市场提供优质、安全产品，并不断消除自身的生产销售环节存在的各种可能影响产品安全性能的隐患。这样企业就必须建立质量监督管理体系，以提高产品的质量，促进自身的发展。

第三，有利于建立良好的经贸秩序。产品具有良好性能和品质，是产品在国内、国际市场顺畅流通的保障。产品责任的国内、国际立法，对生产者和销售者起到了警戒和惩戒的双重作用，使其尽可能地向市场和广大消费者提供符合消费安全的产品，减少或避免因产品欠缺合理的安全性而发生的索赔，节约了贸易中的机会成本和经济成本，进而保障经济秩序。

第二节　美国产品责任的归责原则

[Case 4-1]

Donald C. MacPherson, Respondent, v. Buick Motor Company, Appellant.

Court of Appeals of New York

217 NY 382

OPINION OF THE COURT

CARDOZO, J.

The defendant is a manufacturer of automobiles. It sold an automobile to a retail dealer. The retail dealer resold to the plaintiff. While the plaintiff was in the car, it suddenly collapsed. He was thrown out and injured. One of the wheels was made of defective wood, and its spokes crumbled into fragments. The wheel was not made by the defendant; it was bought from another manufacturer. There is evidence, however, that its defects could have been discovered by reasonable inspection, and that inspection was omitted. There is no claim that the defendant knew of the defect and willfully concealed it. The case, in other words, is not brought within the rule *of Kuelling v. Lean Mfg. Co.*(183 N. Y. 78). The charge is one, not of fraud, but of negligence. The question to be determined is whether the defendant owed a duty of care and vigilance to any one but the immediate purchaser.

The foundations of this branch of the law, at least in this state, were laid in *Thomas v. Winchester*(6 N. Y. 397). A poison was falsely labeled. The sale was made to a druggist, who in turn sold to a customer. The customer recovered damages from the seller who affixed the label. "The defendant's negligence," it was said, "put human life in imminent danger." A poison falsely labeled is likely to injure any one who gets it. Because the danger is to be foreseen, there is a duty to avoid the injury. Cases were cited by way of illustration in which manufacturers were not subject to any duty irrespective of contract. The distinction was said to be that their conduct, though negligent, was not likely to result in injury to any one except the purchaser. We are not required to say whether the chance of injury was always as remote as the distinction assumes. Some of the illustrations might be rejected to-day. The principle of the distinction is for present purposes the important thing. *Thomas v. Winchester*became quickly a landmark of the law. In the application of its principle there may at times have been uncertainty or even error. There has never in this state been doubt or disavowal of the principle itself. The chief cases are well known, yet to recall some of them will be helpful. *Loop v. Litchfield*(42 N. Y. 351) is the earliest. It was the case of a defect in a small balance wheel used on a circular saw. The manufacturer pointed out the defect to the buyer, who wished a cheap article and was ready to assume the risk. The risk can hardly have been an imminent one, for the wheel lasted five years before it broke. In the meanwhile the buyer had made a lease of the machinery. It was held that the manufacturer was not answerable to the lessee. *Loop v. Litchfield*was followed in *Losee v. Clute*(51 N. Y. 494), the case of the explosion of a steam boiler. That decision has been criticised (Thompson on Negligence, 233; Shearman & Redfield on Negligence [6th ed.], § 117); but it must be confined to its special facts. It was put upon the ground that the risk of injury was too remote. The buyer in that case had not only accepted the boiler, but had tested it. The manufacturer knew that his own test was not the final one. The finality of the test has a bearing on the measure of diligence owing to persons other than the purchaser (Beven, Negligence [3rd ed.], pp. 50, 51, 54;

Wharton, Negligence [2nd ed.], § 134).

These early cases suggest a narrow construction of the rule. Later cases, however, evince a more liberal spirit. First in importance is *Devlin v. Smith*(89 N. Y. 470). The defendant, a contractor, built a scaffold for a painter. The painter's servants were injured. The contractor was held liable. He knew that the scaffold, if improperly constructed, was a most dangerous trap. He knew that it was to be used by the workmen. He was building it for that very purpose. Building it for their use, he owed them a duty, irrespective of his contract with their master, to build it with care.

From *Devlin v. Smith*we pass over intermediate cases and turn to the latest case in this court in which *Thomas v. Winchester*was followed. That case is *Statler v. Ray Mfg. Co.*(195 N. Y. 478, 480). The defendant manufactured a large coffee urn. It was installed in a restaurant. When heated, the urn exploded and injured the plaintiff. We held that the manufacturer was liable. We said that the urn "was of such a character inherently that, when applied to the purposes for which it was designed, it was liable to become a source of great danger to many people if not carefully and properly constructed."

It may be that *Devlin v. Smith*and *Statler v. Ray Mfg. Co.*have extended the rule of *Thomas v. Winchester*. If so, this court is committed to the extension. The defendant argues that things imminently dangerous to life are poisons, explosives, deadly weapons—things whose normal function it is to injure or destroy. But whatever the rule in *Thomas v. Winchester*may once have been, it has no longer that restricted meaning. A scaffold (*Devlin v. Smith, supra*) is not inherently a destructive instrument. It becomes destructive only if imperfectly constructed. A large coffee urn (*Statler v. Ray Mfg. Co., supra*) may have within itself, if negligently made, the potency of danger, yet no one thinks of it as an implement whose normal function is destruction. What is true of the coffee urn is equally true of bottles of aerated water (*Torgeson v. Schultz,*192 N. Y. 156). We have mentioned only cases in this court. But the rule has received a like extension in our courts of intermediate appeal. In *Burke v. Ireland*(26 App. Div. 487), in an opinion by CULLEN, J., it was applied to a builder who constructed a defective building; in *Kahner v. Otis Elevator Co.*(96 App. Div. 169) to the manufacturer of an elevator; in *Davies v. Pelham Hod Elevating Co.*(65 Hun, 573; affirmed in this court without opinion, 146 N. Y. 363) to a contractor who furnished a defective rope with knowledge of the purpose for which the rope was to be used. We are not required at this time either to approve or to disapprove the application of the rule that was made in these cases. It is enough that they help to characterize the trend of judicial thought.

Devlin v. Smithwas decided in 1882. A year later a very similar case came before the Court of Appeal in England (*Heaven v. Pender, L. R.*[11 Q. B. D.] 503). We find in the opinion of BRETT, M. R., afterwards Lord ESHER (p. 510), the same conception of a duty, irrespective of contract, imposed upon the manufacturer by the law itself: "Whenever one person supplies goods, or machinery, or the like, for the purpose of their being used by another person under such circumstances that every one of ordinary sense would, if he thought, recognize at once that unless he used ordinary care and skill with regard to the condition of the thing supplied or the mode of supplying it, there will be danger of injury to the person or property of him for whose use the thing is supplied, and who is to use it, a duty arises to use ordinary care and skill as to the condition or manner of supplying such thing." He then points out that for a neglect of such ordinary care or skill whereby injury happens, the appropriate remedy is an action for negligence. The right to enforce this liability is not to be confined to the immediate buyer. The right, he says, extends to the persons or class of persons for whose use the thing is supplied. It is enough that the goods "would in all probability be used at once before a reasonable opportunity for discovering any defect which might exist," and that the thing supplied is of such a nature "that a neglect of ordinary care or skill as to its condition or the manner of supplying it would probably cause danger to the person or property of the person for whose use it was supplied, and who was about to use it." On the other hand, he would exclude a case "in which the goods are supplied under circumstances in which it would be a chance by whom they would be used or whether they would be used or not, or whether they would be used before there would probably be means of observing any defect," or where the goods are of such a nature that "a want of care or skill as to their condition or the manner of supplying them would not probably produce danger of injury to person or property." What was said by Lord ESHER in that case did not command the full assent of his associates. His opinion has been criticized "as requiring every man to take affirmative precautions to protect his neighbors as well as to refrain from injuring them" (Bohlen, Affirmative Obligations in the Law of Torts, 44 Am. Law Reg. [N. S.] 341). It may not be an accurate exposition of the law of England. Perhaps it may need some qualification even in our own state. Like most attempts at comprehensive definition, it may involve errors of inclusion and of exclusion. But its tests and standards, at least in their underlying principles, with whatever qualification may be called for as they are applied to varying conditions, are the tests and standards of our law.

We hold, then, that the principle of *Thomas v. Winchester* is not limited to poisons, explosives, and things of like nature, to things which in their normal operation are implements of destruction. If the nature of a thing is such that it is reasonably certain to place life and limb in peril when negligently made, it is then a thing of danger. Its nature gives warning of the consequences to be expected. If to the element of danger there is added knowledge that the thing will be used by persons other than the purchaser, and used without new tests, then, irrespective of contract, the manufacturer of this thing of danger is under a duty to make it carefully. That is as far as we are required to go for the decision of this case. There must be knowledge of a danger, not merely possible, but probable. It is possible to use almost anything in a way that will make it dangerous if defective. That is not enough to charge the manufacturer with a duty independent of his contract. Whether a given thing is dangerous may be sometimes a question for the court and sometimes a question for the jury. There must also be knowledge that in the usual course of events the danger will be shared by others than the buyer. Such knowledge may often be inferred from the nature of the transaction. But it is possible that even knowledge of the danger and of the use will not always be enough. The proximity or remoteness of the relation is a factor to be considered. We are dealing now with the liability of the manufacturer of the finished product, who puts it on the market to be used without inspection by his customers. If he is negligent, where danger is to be foreseen, a liability will follow. We are not required at this time to say that it is legitimate to go back of the manufacturer of the finished product and hold the manufacturers of the component parts. To make their negligence a cause of imminent danger, an independent cause must often intervene; the manufacturer of the finished product must also fail in his duty of inspection. It may be that in those circumstances the negligence of the earlier members of the series is too remote to constitute, as to the ultimate user, an actionable wrong (Beven on Negligence [3rd ed.], 50, 51, 54; Wharton on Negligence [2nd ed.], § 134; *Leeds v. N. Y. Tel. Co.,* 178 N. Y. 118; *Sweet v. Perkins,* 196 N. Y. 482; *Hayes v. Hyde Park,* 153 Mass. 514, 516). We leave that question open. We shall have to deal with it when it arises. The difficulty which it suggests is not present in this case. There is here no break in the chain of cause and effect. In such circumstances, the presence of a known danger, attendant upon a known use, makes vigilance a duty. We have put aside the notion that the duty to safeguard life and limb, when the consequences of negligence may be foreseen, grows out of contract and nothing else. We have put the source of the obligation where it ought to be. We have put its source in the law.

From this survey of the decisions, there thus emerges a definition of the duty of a manufacturer which enables us to measure this defendant's liability. Beyond all questions, the nature of an automobile gives warning of probable danger if its construction is defective. This automobile was designed to go fifty miles an hour. Unless its wheels were sound and strong, injury was almost certain. It was as much a thing of danger as a defective engine for a railroad. The defendant knew the danger. It knew also that the car would be used by persons other than the buyer. This was apparent from its size; there were seats for three persons. It was apparent also from the fact that the buyer was a dealer in cars, who bought to resell. The maker of this car supplied it for the use of purchasers from the dealer just as plainly as the contractor in *Devlin v. Smith* supplied the scaffold for use by the servants of the owner. The dealer was indeed the one person of whom it might be said with some approach to certainty that by him the car would not be used. Yet the defendant would have us say that he was the one person whom it was under a legal duty to protect. The law does not lead us to so inconsequent a conclusion. Precedents drawn from the days of travel by stage coach do not fit the conditions of travel to-day. The principle that the danger must be imminent does not change, but the things subject to the principle do change. They are whatever the needs of life in a developing civilization require them to be.

In reaching this conclusion, we do not ignore the decisions to the contrary in other jurisdictions. It was held in *Cadillac M. C. Co. v. Johnson*(221 Fed. Rep. 801) that an automobile is not within the rule of *Thomas v. Winchester*. There was, however, a vigorous dissent. Opposed to that decision is one of the Court of Appeals of Kentucky (*Olds Motor Works v. Shaffer,*145 Ky. 616). The earlier cases are summarized by Judge SANBORN in *Huset v. J. I. Case Threshing Machine Co.*(120 Fed. Rep. 865). Some of them, at first sight inconsistent with our conclusion, may be reconciled upon the ground that the negligence was too remote, and that another cause had intervened. But even when they cannot be reconciled, the difference is rather in the application of the principle than in the principle itself. Judge SANBORN says, for example, that the contractor who builds a bridge, or the manufacturer who builds a car, cannot ordinarily foresee injury to other persons than the owner as the probable result (120 Fed. Rep. 865, at p. 867). We take a different view. We think that injury to others is to be foreseen not merely as a possible, but as an almost inevitable result (See the trenchant criticism in Bohlen, *supra*, at p.

351). Indeed, Judge SANBORN concedes that his view is not to be reconciled with our decision in *Devlin v. Smith*(*supra*). The doctrine of that decision has now become the settled law of this state, and we have no desire to depart from it.

In England, the limits of the rule are still unsettled. *Winterbottom v. Wright*(10 M. & W. 109) is often cited. The defendant undertook to provide a mail coach to carry the mail bags. The coach broke down from latent defects in its construction. The defendant, however, was not the manufacturer. The court held that he was not liable for injuries to a passenger. The case was decided on a demurrer to the declaration. Lord ESHER points out in *Heaven v. Pender*(*supra*, at p. 513) that the form of the declaration was subject to criticism. It did not fairly suggest the existence of a duty aside from the special contract which was the plaintiff's main reliance (See the criticism *of Winterbottom v. Wright,*in Bohlen, *supra*, at pp. 281, 283). At all events, in *Heaven v. Pender*(*supra*) the defendant, a dock owner, who put up a staging outside a ship, was held liable to the servants of the ship owner. In *Elliott v. Hall*(15 Q. B. D. 315) the defendant sent out a defective truck laden with goods which he had sold. The buyer's servants unloaded it, and were injured because of the defects. It was held that the defendant was under a duty 'not to be guilty of negligence with regard to the state and condition of the truck.' There seems to have been a return to the doctrine *of Winterbottom v. Wright*in *Earl v. Lubbock*(L. R. [1905] 1 K. B. 253). In that case, however, as in the earlier one, the defendant was not the manufacturer. He had merely made a contract to keep the van in repair. A later case *(White v. Steadman, L. R.*[1913], 3 K. B. 340, 348) emphasizes that element. A livery stable keeper who sent out a vicious horse was held liable not merely to his customer but also to another occupant of the carriage, and *Thomas v. Winchester*was cited and followed *(White v. Steadman, supra,* at pp. 348, 349). It was again cited and followed in *Dominion Natural Gas Co. v. Collins*(L. R. [1909] A. C. 640, 646). From these cases a consistent principle is with difficulty extracted. The English courts, however, agree with ours in holding that one who invites another to make use of an appliance is bound to the exercise of reasonable care (*Caledonian Ry. Co. v. Mulholland, L. R.*[1898] A. C. 216, 227; *Indermaur v. Dames, L. R.*[1 C. P.] 274). That at bottom is the underlying principle *of Devlin v. Smith. The* contractor who builds the scaffold invites the owner's workmen to use it. The manufacturer who sells the automobile to the retail dealer invites the dealer's customers to use it. The invitation is addressed in the one case to determinate persons and in the other to an indeterminate class, but in each case it is equally plain, and in each its consequences must be the same.

There is nothing anomalous in a rule which imposes upon A, who has contracted with B, a duty to C and D and others according as he knows or does not know that the subject-matter of the contract is intended for their use. We may find an analogy in the law which measures the liability of landlords. If A leases to B a tumbledown house he is not liable, in the absence of fraud, to B's guests who enter it and are injured. This is because B is then under the duty to repair it, the lessor has the right to suppose that he will fulfill that duty, and, if he omits to do so, his guests must look to him (Bohlen, *supra*, at p. 276). But if A leases a building to be used by the lessee at once as a place of public entertainment, the rule is different. There injury to persons other than the lessee is to be foreseen, and foresight of the cones quenches involves the creation of a duty (*Junkermann v. Tilyou R. Co.,*213 N. Y. 404, and cases there cited).

In this view of the defendant's liability, there is nothing inconsistent with the theory of liability on which the case was tried. It is true that the court told the jury that "an automobile is not an inherently dangerous vehicle." The meaning, however, is made plain by the context. The meaning is that danger is not to be expected when the vehicle is well constructed. The court left it to the jury to say whether the defendant ought to have foreseen that the car, if negligently constructed, would become "imminently dangerous." Subtle distinctions are drawn by the defendant between things inherently dangerous and things imminently dangerous, but the case does not turn upon these verbal niceties. If danger was to be expected as reasonably certain, there was a duty of vigilance, and this whether you call the danger inherent or imminent. In varying forms that thought was put before the jury. We do not say that the court would not have been justified in ruling as a matter of law that the car was a dangerous thing. If there was any error, it was none of which the defendant can complain.

We think the defendant was not absolved from a duty of inspection because it bought the wheels from a reputable manufacturer. It was not merely a dealer in automobiles. It was a manufacturer of automobiles. It was responsible for the finished product. It was not at liberty to put the finished product on the market without subjecting the component parts to ordinary and simple tests (*Richmond & Danville R. R. Co. v. Elliott,*149 U. S. 266, 272). Under the charge of the trial judge nothing more was required of it. The obligation to inspect must vary with the nature of the thing to be inspected. The more probable the danger, the greater the need of caution. There is little analogy between this case and *Carlson v. Phoenix Bridge Co.*(132 N. Y. 273), where the defendant bought a tool for a servant's use. The making of tools was not the business in which the master was engaged. Reliance on the skill of the manufacturer was proper and almost inevitable. But that is not the defendant's situation. Both by its relation to the work and by the nature of its business, it is charged with a stricter duty.

Other rulings complained of have been considered, but no error has been found in them.

The judgment should be affirmed with costs.

WILLARD BARTLETT, Ch. J. (dissenting).

The plaintiff was injured in consequence of the collapse of a wheel of an automobile manufactured by the defendant corporation which sold it to a firm of automobile dealers in Schenectady, who in turn sold the car to the plaintiff. The wheel was purchased by the Buick Motor Company, ready made, from the Imperial Wheel Company of Flint, Michigan, a reputable manufacturer of automobile wheels which had furnished the defendant with eighty thousand wheels, none of which had proved to be made of defective wood prior to the accident in the present case. The defendant relied upon the wheel manufacturer to make all necessary tests as to the strength of the material therein and made no such tests itself. The present suit is an action for negligence brought by the sub vendee of the motor car against the manufacturer as the original vendor. The evidence warranted a finding by the jury that the wheel which collapsed was defective when it left the hands of the defendant. The automobile was being prudently operated at the time of the accident and was moving at a speed of only eight miles an hour. There was no allegation or proof of any actual knowledge of the defect on the part of the defendant or any suggestion that any element of fraud or deceit or misrepresentation entered into the sale.

The theory upon which the case was submitted to the jury by the learned judge who presided at the trial was that, although an automobile is not an inherently dangerous vehicle, it may become such if equipped with a weak wheel; and that if the motor car in question, when it was put upon the market was in itself inherently dangerous by reason of its being equipped with a weak wheel, the defendant was chargeable with a knowledge of the defect so far as it might be discovered by a reasonable inspection and the application of reasonable tests. This liability, it was further held, was not limited to the original vendee, but extended to a sub vendee like the plaintiff, who was not a party to the original contract of sale.

I think that these rulings, which have been approved by the Appellate Division, extend the liability of the vendor of a manufactured article further than any case which has yet received the sanction of this court. It has heretofore been held in this state that the liability of the vendor of a manufactured article for negligence arising out of the existence of defects therein does not extend to strangers injured in consequence of such defects but is confined to the immediate vendee. The exceptions to this general rule which have thus far been recognized in New York are cases in which the article sold was of such a character that danger to life or limb was involved in the ordinary use thereof; in other words, where the article sold was inherently dangerous. As has already been pointed out, the learned trial judge instructed the jury that an automobile is not an inherently dangerous vehicle.

The late Chief Justice COOLEY of Michigan, one of the most learned and accurate of American law writers, states the general rule thus: "The general rule is that a contractor, manufacturer, vendor or furnisher of an article is not liable to third parties who have no contractual relations with him for negligence in the construction, manufacture or sale of such article." (2 Cooley on Torts [3rd ed.], 1486.)

The leading English authority in support of this rule, to which all the later cases on the same subject refer, is *Winterbottom v. Wright*(10 Meeson & Welsby, 109), which was an action by the driver of a stage coach against a contractor who had agreed with the postmaster-general to provide and keep the vehicle in repair for the purpose of conveying the royal mail over a prescribed route. The coach broke down and upset, injuring the driver, who sought to recover against the contractor on account of its defective construction. The Court of Exchequer denied him any right of recovery on the ground that there was no privity of contract between the parties, the agreement having been made with the postmaster-general alone. "If the plaintiff can sue", said Lord ABINGER, the Chief Baron, "every passenger or even any person passing along the road, who was injured by the upsetting of the coach, might bring a similar action. Unless we confine the operation of such contracts as this to the parties who enter into them, the most absurd and outrageous consequences, to which I can see no limit, would ensue."

The doctrine of that decision was recognized as the law of this state by the leading New York case of *Thomas v. Winchester*(6 N. Y. 397, 408), which, however, involved an exception to the general rule. There the defendant, who was a dealer in medicines, sold to a druggist a quantity of belladonna, which is a deadly poison, negligently labeled as extract of dandelion. The druggist in good faith used the poison in filling a prescription calling for the harmless dandelion extract and the plaintiff for whom the prescription was put up was poisoned by the belladonna. This court held that the original vendor was liable for the injuries suffered by the patient. Chief Judge

RUGGLES, who delivered the opinion of the court, distinguished between an act of negligence imminently dangerous to the lives of others and one that is not so, saying: "If A. build a wagon and sell it to B., who sells it to C. and C. hires it to D., who in consequence of the gross negligence of A. in building the wagon is overturned and injured, D. cannot recover damages against A., the builder. A.'s obligation to build the wagon faithfully, arises solely out of his contract with B. The public have nothing to do with it. So, for the same reason, if a horse be defectively shod by a smith, and a person hiring the horse from the owner is thrown and injured in consequence of the smith's negligence in shoeing; the smith is not liable for the injury."

In *Torgeson v. Schultz*(192 N. Y. 156, 159) the defendant was the vendor of bottles of aerated water which were charged under high pressure and likely to explode unless used with precaution when exposed to sudden changes of temperature. The plaintiff, who was a servant of the purchaser, was injured by the explosion of one of these bottles. There was evidence tending to show that it had not been properly tested in order to insure users against such accidents. We held that the defendant corporation was liable notwithstanding the absence of any contract relation between it and the plaintiff "under the doctrine of *Thomas v. Winchester*(*supra*), and similar cases based upon the duty of the vendor of an article dangerous in its nature, or likely to become so in the course of the ordinary usage to be contemplated by the vendor, either to exercise due care to warn users of the danger or to take reasonable care to prevent the article sold from proving dangerous when subjected only to customary usage". The character of the exception to the general rule limiting liability for negligence to the original parties to the contract of sale, was still more clearly stated by Judge HISCOCK, writing for the court in *Statler v. Ray Manufacturing Co.*(195 N. Y. 478, 482), where he said that "in the case of an article of an inherently dangerous nature, a manufacturer may become liable for a negligent construction which, when added to the inherent character of the appliance, makes it imminently dangerous, and causes or contributes to a resulting injury not necessarily incident to the use of such an article if properly constructed, but naturally following from a defective construction." In that case the injuries were inflicted by the explosion of a battery of steam-driven coffee urns, constituting an appliance liable to become dangerous in the course of ordinary usage.

The case of *Devlin v. Smith*(89 N. Y. 470) is cited as an authority in conflict with the view that the liability of the manufacturer and vendor extends to third parties only when the article manufactured and sold is inherently dangerous. In that case the builder of a scaffold ninety feet high which was erected for the purpose of enabling painters to stand upon it, was held to be liable to the administratrix of a painter who fell therefrom and was killed, being at the time in the employ of the person for whom the scaffold was built. It is said that the scaffold if properly constructed was not inherently dangerous; and hence that this decision affirms the existence of liability in the case of an article not dangerous in itself but made so only in consequence of negligent construction. Whatever logical force there may be in this view it seems to me clear from the language of Judge RAPALLO, who wrote the opinion of the court, that the scaffold was deemed to be an inherently dangerous structure; and that the case was decided as it was because the court entertained that view. Otherwise he would hardly have said, as he did, that the circumstances seemed to bring the case fairly within the principle of *Thomas v. Winchester*.

I do not see how we can uphold the judgment in the present case without overruling what has been so often said by this court and other courts of like authority in reference to the absence of any liability for negligence on the part of the original vendor of an ordinary carriage to any one except his immediate vendee. The absence of such liability was the very point actually decided in the English case of *Winterbottom v. Wright(supra)*, and the illustration quoted from the opinion of Chief Judge RUGGLES in *Thomas v. Winchester(supra)* assumes that the law on the subject was so plain that the statement would be accepted almost as a matter of course. In the case at bar the defective wheel on an automobile moving only eight miles an hour was not any more dangerous to the occupants of the car than a similarly defective wheel would be to the occupants of a carriage drawn by a horse at the same speed; and yet unless the courts have been all wrong on this question up to the present time there would be no liability to strangers to the original sale in the case of the horse-drawn carriage.

The rule upon which, in my judgment, the determination of this case depends, and the recognized exceptions thereto, were discussed by Circuit Judge SANBORN of the United States Circuit Court of Appeals in the Eighth Circuit, in *Huset v. J. I. Case Threshing Machine Co.*(120 Fed. Rep. 865) in an opinion which reviews all the leading American and English decisions on the subject up to the time when it was rendered (1903). I have already discussed the leading New York cases, but as to the rest I feel that I can add nothing to the learning of that opinion or the cogency of its reasoning. I have examined the cases to which Judge SANBORN refers, but if I were to discuss them at length I should be forced merely to paraphrase his language, as a study of the authorities he cites has led me to the same conclusion; and the repetition of what has already been so well said would contribute nothing to the advantage of the bench, the bar or the individual litigants whose case is before us.

A few cases decided since his opinion was written, however, may be noticed. In *Earl v. Lubbock*(L. R. 1905 [1 K. B. Div.] 253) the Court of Appeal in 1904 considered and approved the propositions of law laid down by the Court of Exchequer in *Winterbottom v. Wright*(*supra*), declaring that the decision in that case, since the year 1842, had stood the test of repeated discussion. The master of the rolls approved the principles laid down by Lord ABINGER as based upon sound reasoning; and all the members of the court agreed that his decision was a controlling authority which must be followed. That the Federal courts still adhere to the general rule, as I have stated it, appears by the decision of the Circuit Court of Appeals in the Second Circuit, in March, 1915, in the case of *Cadillac Motor Car Co. v. Johnson*(221 Fed. Rep. 801). That case, like this, was an action by a sub vendee against a manufacturer of automobiles for negligence in failing to discover that one of its wheels was defective, the court holding that such an action could not be maintained. It is true there was a dissenting opinion in that case, but it was based chiefly upon the proposition that rules applicable to stage coaches are archaic when applied to automobiles and that if the law did not afford a remedy to strangers to the contract the law should be changed. It this be true, the change should be effected by the legislature and not by the courts. A perusal of the opinion in that case and in the Huset case will disclose how uniformly the courts throughout this country have adhered to the rule and how consistently they have refused to broaden the scope of the exceptions. I think we should adhere to it in the case at bar and, therefore, I vote for a reversal of this judgment.

HISCOCK, CHASE and CUDDEBACK, J., concur with CARDOZO, J., and HOGAN, J., concurs in result; WILLARD BARTLETT, Ch. J., reads dissenting opinion; POUND, J., not voting.

Judgment affirmed.

[案情简介]

麦科弗森从一汽车零售商处买了一辆汽车,该汽车由别克汽车制造公司制造。麦科弗森在驾车行驶途中,突然汽车颠覆,导致驾车人被抛出,以至于受重伤。麦科弗森便向法院状告别克公司,诉讼理由是别克公司过失侵权。别克公司辩称,轮胎是从另一家汽车零件商处购买,不是别克公司制造的。然而证据显示,轮胎上的缺陷是稍经检查就可以被发现的。但别克公司在汽车出厂前未进行合理检查，这一疏忽造成了对麦科弗森的伤害。

[相关法理]

产品责任的归责原则，是指产品生产者或销售者因为生产或销售的产品有缺陷而致使消费者遭受损害时，用以确定生产者或销售者承担损害赔偿责任所依据的标准和准则。产品责任归责原则不仅仅是产品责任的构成要件、举证责任的分配以及免责事由设定的标准，更是产品责任法律制度内在价值的集中体现。产品责任归责原则的架构直接体现了国家在经济发展过程中对生产者和消费者利益平衡的取向，也反映出该国法律界对正义、效率、公平等法律价值的理解和运用。就美国产品责任的归责原则的演变而言，经历了从契约责任到疏忽责任，从疏忽责任到担保责任，从担保责任到严格责任的渐进过程。

一、产品责任的萌芽——"契约责任"原则

契约责任(Contractual Liability)原则(又称无契约无责任原则)在产品责任上的表现最初发端于 1842 年英国的"温特博特姆诉怀特"(Winterbottm V. Wright)一案。该案原告温特博特姆是受雇于驿站长的一名赶车夫，被告怀特曾与驿站长签订合同，为驿站长提供合格和安全的邮车来运送邮件。原告在驾驶马车时，马车的一个轮子崩垮致使原告受到伤害，为此原告向被告提出索赔之诉。被告辩称原告与他无直接合同关系，不负赔偿。法院认为被告抗辩有效，判决原告败诉。由此"无契约无责任"原则确立，即因缺陷产品致害的人不能起诉与其没有契约关系的生产者和销售者，无契约关系的产品提供者不承担契约责任也不承担侵权责任。

"契约责任"原则的产生有着各个层面的原因。首先 19 世纪，工业革命促进社会生产力迅猛发展，新兴资产阶级要求自由宽松的经济环境。就侵权行为法来说，一方面法律要对被害人提供保护；另一方面，又要保护企业不被侵权责任所束缚，不被侵权赔偿所拖累，保证整个社会经济的迅速发展。与此相适应的"契约自由"理论成为法律的主流。而依据当时的契约相对性理论，契约的效力是相对的，仅约束契约当事人，非契约当事人不能因契约取得权利或者负担义务。其次，工业革命使越来越复杂的科学技术应用于产品制造，人们对产品的危险性愈难发现。随着产品致害事件的增多，产品责任问题显现出来。受自由资本主义经济价值取向和"契约自由"原则、契约相对性理论的渗透，产品责任自然适用了契约关系理论。该原则在客观上保护了新兴资产阶级的利益，推动了自由资本主义的发展。应当指出的是：依据契约关系对受害人提供救济，以契约责任认定产品责任，只是

产品责任的萌芽，还不是侵权法意义上的产品责任。

虽然契约责任原则对产品责任制度有过重要贡献，但由于社会经济生活的多变性和复杂性，其自身也有相当的局限性，无法满足社会经济进一步发展的需要。这是因为：首先，能请求救济的人即权利主体的范围过窄。依此原则，请求救济的人仅以缔结合同的一方当事人——买受人为限。如果购买人与使用人不是同一人时，如买受人以外的家人、亲戚、朋友以及其他实际使用产品的人遭受产品损害的，则不在保护之列，这对购买人以外的其他受害人显然极不公平。其次，承担责任的人即责任主体的范围过窄。如果承担产品责任的主体仅限于与买受人有直接合同关系的产品的制造商或销售商，那么没有这种直接的合同关系的制造商或销售商即使已经造成了一定的损害，也不承担损害赔偿责任，这显然有悖于法律的公平精神。再次，免责条款会被滥用。依契约自由的原则，契约在不违反公序良俗的前提下，如何签订由当事人自由约定，这就使经营者有机可乘：他们可以凭借自身的优势制定"格式合同"，规定对自己有利的条件或不合理的免责条款，从而逃避责任。

二、突破契约关系的束缚——"疏忽责任"原则

根据"契约责任"原则，如果受害人不是直接契约关系的当事人就不受保护，而产品生产者和销售者又可在契约中规定不合理的免责条款，这是极不公平的。因此，在以后的判例中不得不寻找更为合理的理论对此加以修正。1852 年"托马斯诉温彻斯特"(Thomas V. Winchster)案[①]：被告温彻斯特是药品制造商，他将颠茄制剂错标成蒲公英制剂出售，原告托马斯误服该制剂而受到损害，提起诉讼。纽约州最高法院判决认为：虽然原被告之间没有契约关系，但被告生产的商品对生命和健康具有危险性，有过错的制造商应对所致之损害负赔偿责仟。该案就突破了"无契约无责任"原则。1916 年，纽约州最高法院法官卡多佐在"麦克弗森诉别克汽车制造公司"(Macpherson V. Buick Motor Co.)[②]案中创设了"疏忽责任原则"，结束了在产品责任诉讼中要有"契约关系"的要求。

(一)疏忽责任原则的界定

疏忽责任(Liability for Negligence)是指产品的制造者或销售者在生产或销售过程中因主观上的疏忽导致产品有缺陷，而造成产品的消费者或使用者遭受损害应当承担的责任。

---

① 李俊. 美国产品责任法案例选评[M]. 北京：对外经济贸易大学出版社，2007：7
② 李俊. 美国产品责任法案例选评[M]. 北京：对外经济贸易大学出版社，2007：76

它在理论上是一种侵权责任。因此，产品缺陷的受害人以疏忽责任为理由寻求法律救济时，应负有举证责任，即受害人必须证明以下事实。

1. 被告负有"合理注意"的义务

根据美国法律对"疏忽"的认定标准：如果产品提供者没有像"一个理智和谨慎的人"那样尽"合理注意"的义务，那么他就是疏忽的，应对这种疏忽造成的损害承担责任。由于这种制造者或销售者的"合理注意"的义务是法律所规定的，因此原告证明比较容易。

2. 被告没有尽"合理注意"的义务，即被告有疏忽之处

判断被告疏忽，在美国法学及司法实践中常采用"理智人标准"，即一般的理智正常的人应该作为或不作为的客观标准。美国法官 Rosenberry 曾对其作如下评述："任何无致人损害故意的人，在他作为一个一般理智之人应当合理地预见其行为可能给他人利益带来不合理损害危险的情况下，实施该行为或者未采取应有的预防措施，即为有过失。在决定一个人的行为是否会使他人利益遭到不合理的损害危险时，这个人被要求对周围情况给予一般理智的人所应给予的重视，并具有一般理智的人所具有的知识，而且采用那些有相当理智的人们在相同或类似情况下所采用的判断和决定。"[1]美国《第二次侵权法重述》第395 条规定：产品制造中因没有尽到"合理注意"而造成产品缺陷的制造者，应对由此而导致的使用者的损害承担过失责任。在实务中，没有尽到合理注意，主要表现在对产品的设计生产及产品的性能安全程度等问题没有给予足够的关注、研究、论证和检验。通常原告在证明这一事实时，可以从这样几个方面举证：第一，被告对已经预见或可以预见的产品缺陷未给予必要的提醒或警示；第二，被告没有认真充分地检查产品的缺陷和质量，导致产品缺陷的存在；第三，被告的生产或设计不合理或有明显的危险，或达不到工业产品的通常标准。

3. 由于被告的疏忽，造成原告的损害

由于被告的疏忽，造成原告的损害，即证明损害与使用缺陷产品有因果关系。如果所发生的损害不是因使用有缺陷的产品而造成，原告不能获得赔偿。

---

[1] Osborne V. Montgomery，203，234N.W.372(1931)。转引王卫国. 过错责任原则·第三次勃兴[M]. 北京：中国法制出版社，2000：265

(二)疏忽责任原则的意义

疏忽责任的产生是产品责任发展史上的一大进步，其目标是为了更公平合理地保护产品受害人的合法权益，它的形成具有以下三方面的意义：

首先，疏忽责任突破了传统的合同关系原则，扩大了产品责任的适用范围。这是疏忽责任的最根本的意义所在。按照疏忽责任原则，不论与产品的制造商或销售商之间有无合同关系，只要受害人因使用产品遭受了损害，就可以提起诉讼并要求赔偿。该原则对于非产品的购买人的产品受害人而言，无疑是一个更为公平合理的法律制度。

其次，疏忽责任将侵权责任引入产品责任领域，使产品责任的适用更为科学合理。遵循传统的合同关系原则，产品责任领域只有合同责任，而合同责任对受害人的救济局限性非常大，表现为：第一，受害人依赖合同获得赔偿，只能以被告违反担保、不实陈述两种理由起诉。如果被告不存在违反担保及不实陈述的事实，即使受害人确实因产品缺陷受到了损害，也无法以合同责任获得赔偿。第二，合同责任来自当事人的违约事实。在订立合同后，发生了产品责任。若产品责任承担基于合同理论，由于该责任在合同中没有明确记载，受害人无从根据合同获得赔偿。若产品责任承担根据侵权理论，受害人可基于法定义务的违反——没有尽到合理注意的义务，导致产品有缺陷并且造成受害人损害而获得赔偿。显然，将疏忽责任原则纳入产品责任的范围，增加了受害人起诉的诉讼理由。

再次，疏忽责任在观念上实现了从要求"买者注意"到要求"卖者注意"的转变。在早期的产品责任中，因为生产力不发达，市场基本属于卖方市场，因而要求买方负有注意产品缺陷的责任。而且在科学技术不发达的情况下，买方有条件也有能力注意科技含量不高的产品的缺陷。但随着科学技术的发展，产品的设计和生产越来越专业化，一般购买人已无法依靠自己的知识和能力注意产品的缺陷。因此，这就要求注意的义务应更多地由产品的制造商和销售商承担。这一新的转变反映了产品责任法的重大变革，也反映了产品责任法开始从强调保护少数经营者向保护广大消费者转变。

(三)疏忽责任原则的障碍

疏忽责任原则虽然有上述优点，但消费者在以疏忽责任理论提起诉讼时，必须证明产品提供者在生产过程中没有尽到"合理注意"义务，否则不能胜诉。这种举证责任对消费者而言是十分困难的，有时甚至是不可能的。因为在现代化大生产条件下，产品的加工工艺、制作方法日益复杂，而消费者对产品设计、制造的所知是极其有限的，因此无法有效地对此加以证明。对一般消费者来说，"合理注意"义务的举证要求不仅过分苛刻，而且

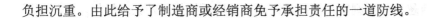

负担沉重。由此给予了制造商或经销商免予承担责任的一道防线。

三、契约责任与侵权责任的结合——"担保责任"原则

担保责任(Security Responsibility)最初是在突破 17 世纪初"货物出门概不负责"的买卖市场法则后，由合同责任发展而来的。所谓担保责任，是指生产经营者违反了对货物明示或由法律规定的默示担保，提供缺陷或瑕疵产品而使他人受到损害时，生产经营者应对损害负赔偿的责任。适用担保责任时，受害人无须证明产品生产经营者是否存在过失，只需证明存在担保，生产经营者违反担保，以及违反担保给受害人造成损害即可。在美国产品责任法中，担保分为明示担保(Express Warranty)和默示担保(Implied Warranty)，相应的，担保责任分为明示担保责任和默示担保责任。[1]

明示担保是指基于当事人的意思表示而产生的，是卖方明白地、直接地对货物所作的保证。生产经营者对其违反明示担保，提供缺陷产品造成损害所负的赔偿责任，即为明示担保责任。明示担保之诉以 1932 年巴克斯特诉福特汽车公司(Baxter v. Ford Motor Co.)[2]案为最典型。该案中福特汽车公司在广告中声称其生产的汽车挡风玻璃不易破碎。原告信赖被告广告中的保证并从零售商处购买了一辆福特汽车。但其在驾车外出时，一个石子击碎了挡风玻璃，并导致其眼睛受伤失明。原告向被告提起违反明示担保之诉并获得胜诉。该案的意义在于，尽管当事人之间无直接的合同关系，原告也无须证明被告有疏忽行为，但他有权通过法院要求被告履行其担保的诺言(广告中声明的)。

默示担保非依当事人的意思表示，而是由法律规定或案件事实而发生。它包括：商品适销性担保(Implied Warranty of Merchantability)，即出售的商品应该符合该产品制造和销售的一般目的；符合特定用途担保(Implied Warranty of Fitness for Particular Purposes)，即如果卖方在订立合同时，有理由知道买方对货物需要的特定目的，而且买方相信卖方的技能和判断力挑选和购买了特定的货物，则卖方由此承担货物必须符合承诺的特定用途的担保责任。[3]不难看出，使用特定用途的默示担保责任必须同时具备两个条件：其一，商品经营者有理由知道购买者所购商品的特定用途；其二，购买者确实信赖经营者的技能和判断力作出了选择。

---

① 李俊. 美国产品责任法(案例选评)[M]. 北京：对外经济贸易大学出版社，2007：27
② 潘维大. 英美侵权行为法案例解析[M]. 北京：高等教育出版社，2005：22
③ 《美国统一商法典》第 2-315 条。

担保责任原则与疏忽责任原则明显不同是：无论是明示担保还是默示担保，原告都不必证明缺陷由被告的疏忽而导致。但是，担保责任理论也有其局限性：首先，"只要责任是根据违反担保的原理而预示的，法院就永远不能把自己从契约关系中解脱出来"[①]。其次，销售者可以通过限制性条款事先减免责任。再次，消费者必须一发现瑕疵就立即通知销售者，如果不通知或通知不及时，销售者就可以不负责任。最后，消费者必须依赖销售者的建议作出购买决定，如果根据自己的判断而购买，销售者不负责任。面对种种状况，法院不得不寻求新的救济途径。

四、现代产品责任法的核心——"严格责任"原则

1. 严格责任原则的适用

严格责任(Strict Liability)是指受害人只要能够证明产品有缺陷，产品的制造者或销售者就应承担赔偿责任的法律制度。

严格责任最早是由美国创设的。创设严格责任的原因在于，在疏忽和违反担保之诉中，受害者的地位并无实质性改善，法院不得不求助新的方法和规则，而严格责任则可以达到真正保护消费者的目的。在美国的判例法中，1944年的"埃斯卡勒诉可口可乐瓶装公司案"(Escola v. Coca Cola Bottling Co.)首次提出了"严格责任"的概念。在该案中，原告埃斯卡勒为餐厅服务员，在她将雇主从被告可口可乐瓶装公司处购买的可乐瓶从包装箱拿出至冰箱时，由于可乐瓶爆炸而受伤害。原告以过失为由起诉被告，要求其承担赔偿责任。但是，原告无法证明被告的过失行为。[②]如果按照疏忽责任原则，原告无法获得赔偿。加州最高法院法官特雷诺在评论该案时指出："不应继续以制造者的过失为追究责任的根据。当制造者将商品投放市场时明知其产品不经检验就使用，一旦这种产品有致人损害的缺陷，制造者应负绝对责任。"他还进一步解释说，即使没有疏忽，但公众普遍认为哪一方负责最能够有效地减少市场上有缺陷产品对人们的生命与健康的威胁，就应当由这一方承担责任。该案以公共政策和公共利益为依据率先向传统的疏忽责任提出了挑战，并且公开否定了疏忽责任原则。但这只是严格责任的首次适用，并未被广泛接受，直到1963年的"格林曼诉尤巴电器公司案"(Greenman v. Yuba Power Product)才标志着严格责任原则在产品责任领域被正式予以确立。在该案中，原告在使用其妻送予的组合电动工具锯木头时，一木片从机

---

① 郝建志. 美国产品责任法归责原则的演进[J]. 河北法学，2008(10)

② 李俊. 美国产品责任法(案例选评)[M]. 北京：对外经济贸易大学出版社，2007：43

器中飞出砸伤其前额，原告以违反担保和过失为由提起诉讼。加州最高法院判决原告胜诉，但不以违反担保为依据，而是以侵权严格责任为依据。特雷诺法官撰写的法官意见再一次强调，"一旦制造商将其产品投入市场，又明知使用者对产品不经检查就使用，只要证明该产品的缺陷对人造成损害，则制造商就对此损害负有严格责任"①。

1965年，美国加州最高法院在司法判例中确立的严格责任理念被美国法学会出版的《第二次侵权法重述》加以规定，使产品责任的严格责任有了明确的依据。虽然该文件不具有正式的法律效力，但代表了美国法学界的权威观点，对美国的产品责任法仍具有不可低估的影响。目前，该条款已经为美国75％的州所接受。1979年《统一产品责任示范法》、1982年的《统一产品责任议案》以及《美国统一商法典》基本上都采用了严格责任原则。

在严格责任原则下，缺陷产品的受害人要求产品提供者承担损害赔偿责任时，他必须证明：第一，产品存在缺陷。并且根据《第二次侵权法重述》的规定，受害人仅证明产品有缺陷还是不够的，还必须进一步证明产品的缺陷给消费者或使用者带来不合理的危险(Unreasonable Danger)——这在一定程度上增加了原告的举证困难，因为危险的"合理"与否，是个复杂的判断过程。第二，产品出厂时缺陷已经存在。如果受害人无法以有效的方法证明产品的缺陷在出厂时业已存在，那么他也可用自己按照产品的使用说明正确地使用了产品的方法反证缺陷在出厂前已经存在。第三，损害与产品缺陷之间有因果关系。在证明产品缺陷与损害之间的因果关系时，不必证明缺陷是损害的唯一原因，只需要证明缺陷是损害发生的实质原因，就完全可以主张因果关系的存在。由此可见，基于严格责任所要求的产品缺陷与损害之间的因果关系，是相对的因果关系，而非绝对的因果关系。

对原告而言，以严格责任为依据对被告提起诉讼是最为有利的。因为，严格责任原则消除了以违反担保或以疏忽为理由提出损害赔偿诉讼是所遇到的种种困难：首先，严格责任是一种侵权之诉，它不同于以合同为依据的违反担保之诉，不要求原告与被告之间存在直接的合同关系；其次，在以严格责任为理由起诉时，原告无须承担证明被告有疏忽的举证责任。严格责任理论既解决了依照疏忽责任理论证明产品责任的困难，又避免了依照担保责任理论证明产品责任不可避免的局限性。

2. 严格责任的新发展

从现有的产品责任制度来看，严格责任已经成为对消费者或使用者最为有利的责任制

---

① 此即著名的"格林曼"规则，特雷诺法官在判决中指出："当一个制造商将一件产品投放到市场中时，如果明知它将不经检查而使用，而此项产品被证明含有致使人受到伤害的缺陷，那么该制造商在侵权方面负有严格责任。"该规则标志着严格责任在产品责任领域被正式确立下来。

度，但这势必以对权利保护对象的对立当事人苛以重责为先决和必然结果，最终会导致产品责任法律制度的公平性受到挑战。因此，美国开始考虑在原有的严格责任基础上进行新的调整。严格责任的发展在美国是沿着两个方向发展的。

(1) 对严格责任原则进行合理的限制。适当限制严格责任的适用，减轻制造商或销售商的责任，以鼓励他们积极研发新产品。《侵权法重述三》就体现了这样一种倾向：要求原告在起诉制造商有设计缺陷的产品时，应出示一种本可以防止伤害的合理的替代设计(A Reasonable Alternative Design)。该法律文件还规定，对于产品的制造缺陷，即便尽了"一切可能的注意"(All Possible Care)，也要承担严格责任。而对于设计缺陷和警告缺陷，则将"不可预见的风险"(Unforeseeable Risks)排除在外。

(2) 严格责任理论的新发展。在限制严格责任的严格化程度的同时，严格责任理论也不断发展和完善，相继出现了五种有代表性的理论。[①]

① 选择责任理论(Theory of Alternative Liability)。选择责任指受害人可以选择向共同加害人中的一人或数人提起赔偿之诉并要求其承担责任。选择责任是在严格责任的基础上发展起来的。从其性质和特点上看，仍属于严格责任的范围。按照选择责任理论，受害人只要证明以下事实即可：第一，产品有缺陷；第二，受害人遭受了实际存在的损害，包括人身上的损害和财产上的损害；第三，损害与缺陷之间有因果关系。被告则需要证明自己有无疏忽，而证明有无疏忽是比较困难的。所以，严格责任与选择责任都实现了举证责任的倒置，减轻了受害人的举证责任，加重了被告的举证责任。从这点而言，选择责任带有严格责任的基本特征。

选择责任不完全等同于严格责任：一是在责任的严格程度上二者有差别。在适用严格责任时，只要受害人证明了产品缺陷和损害的存在以及损害与产品缺陷之间有因果关系，被告即应当承担责任，不必考虑被告是否有疏忽。换言之，产品的制造商或销售商不能以自己没有疏忽作为要求免责的抗辩理由。而在适用选择责任时，被告如果能证明自己没有疏忽，则可以不承担责任。由此可见，相对而言，选择责任扩大了被告免责的范围，降低了被告承担责任的严格程度。二是在举证责任上二者有差别。适用严格责任时，必须能够证明产品损害的责任主体，即有确定的加害人。在适用选择责任时，受害人不必证明谁的行为造成了损害，也不必证明哪一个加害人应当对受害人负责。因按照严格责任原则，受害人负有证明产品责任主体的举证义务，如果不能证明谁应当承担产品损害的责任时，则无法获得赔偿。为了弥补严格责任的这一缺陷，选择责任不要求受害人必须证明哪一个加

---

① 金晓晨. 国际商法[M]. 北京：首都经济贸易大学出版社，2005：169～171

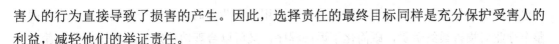

害人的行为直接导致了损害的产生。因此，选择责任的最终目标同样是充分保护受害人的利益，减轻他们的举证责任。

② 共同责任理论(Theory of Concerted Liability)。共同责任指两个以上的被告共同参与或同意按照一定计划或方案实施某一行为，从而给他人造成损害所产生的责任。根据这一理论，受害人只需证明被告参与了有缺陷的产品的设计或制造活动，并且因产品缺陷造成了损害，被告就应当承担责任，而不必证明被告有疏忽。共同责任的要件有以下四个：一是两个以上的被告共同实施了产品的设计或制造活动；二是产品存在缺陷，即产品对消费者存在不合理的危险；三是受害人因产品缺陷而受到损害，并且损害是事实上存在的，包括财产损害与人身损害两部分；四是产品缺陷与损害之间有因果关系。

相对于一般的严格责任而言，共同责任最大的突破是进一步扩大了责任主体的范围。严格责任以明确的制造商或销售商为责任主体，而共同责任以产品设计与制造活动的所有参与者为责任主体。这一发展的意义在于责任主体的增加更有利于受害人追偿，因为每增加一个主体，受害人获得赔偿就多一分保障。在产品设计与产品制造由不同的人完成的情况下，受害人可以利用共同责任要求制造商或设计人共同承担责任，而不必再区分和证明产品的缺陷是设计缺陷还是制造缺陷，这无疑使受害人获得赔偿更为容易。

③ 行业责任理论(Theory of Industry-wide Liability)。行业责任指受害人可以将产品的整个生产部门作为被告并要求其承担责任。根据行业责任理论，构成行业责任必须具备以下要件：第一，产品是按照整个生产部门的标准进行生产的，如果产品不是按照整个行业的统一标准进行生产的，则不能适用行业责任。第二，产品的生产是由整个生产部门共同合作完成的，而不是由某一个生产者独立完成。第三，产品存在缺陷。第四，原告因产品缺陷而遭受损害。第五，产品缺陷与损害之间有因果关系。

行业责任是在严格责任基础上发展起来的，在其构成要件中，有三个要件与严格责任的构成要件相同，由此可见，行业责任仍具有严格责任的基本特征，属于严格责任的范围。但行业责任又与严格责任不完全相同，二者最大的区别在于严格责任只适用于某一具体的产品制造商或销售商，而不能以整个生产部门作为责任主体。由于社会分工越来越细，一个产品的生产往往需要多个生产者进行协作才能完成。一旦因产品缺陷造成损害，根据一般的严格责任，或者完全由最后的制造商承担责任，或者先由最后的销售商承担责任，然后再由最后的销售商向造成产品缺陷的生产者追偿。但这两种方式都有明显的不足：在前一种方式中，产品的缺陷究竟是由生产的哪个环节所造成的，严格责任不予考虑，即使因产品缺陷而造成的损害事实上应由其他制造商负责，但在法律上也是由最后的制造商承担责任；在后一种方式中，最后销售商先向受害人承担责任，然后再向其他应当承担的生产商追偿，这难免增加了诉讼上的难度。而在适用行业责任时，在一个诉讼之中，直接确定整个行业对损害最终负责，既简化了诉讼程序，又可以合理地认定产品责任的承担者。

④ 市场份额责任理论(Theory of Market Share Liability)。市场份额责任是指按照被告的产品在市场上所占份额来确定其所应承担的责任的大小。这一理论是由美国1982年"辛德尔诉艾伯特化学厂案"(Sindell v. Abbott Laboratories)确立的。在该案中，原告是腺癌患者，原告的母亲曾于怀孕期间服用过DES(乙烯雌粉)。20世纪70年代，美国医学证明DES与腺癌有很大关系。原告辛德尔正是其母亲服用DES后出生的，是DES的受害者，于是向其出生前的11家DES的生产厂家提起诉讼，要求赔偿。由于原告不能证明究竟是哪一家的药品对其造成了损害，因此加州的初审法院驳回了其起诉。但加州的上诉法院撤销了初审法院的裁定，根据共同责任和选择责任的理论，依此判决11个被告按其生产的DES在市场总量中所占的份额承担赔偿责任。该案的审理、判决发展了市场份额责任理论。法院认为，各被告的产品都有可能给原告造成损害，因此，除非能够证明自己当时未生产和销售过能够致人损害的DES外，都应按照其产品在市场上所占的份额承担赔偿责任。

市场份额责任理论反映了美国产品责任法的新趋势：第一，市场份额责任是在严格责任基础上发展起来的，目的都是保护消费者利益，但二者的理论基础并不完全相同。严格责任的适用以损害与被告的产品的缺陷有因果关系为前提，而市场份额责任为了保护消费者的利益，已经不再以损害与被告的产品的缺陷之间有因果关系为构成要件，只要原告能够证明被告的产品在市场中占有一定的份额就足够了。一旦因产品的缺陷发生损害，即使受害人不能证明哪个厂家的产品造成了损害，但作为受益者的企业，也有责任对受害人承担赔偿责任。这似乎并不完全公平，但从产品责任法保护弱者的精神出发分析，这一责任制度是有其合理之处的。第二，市场份额责任为解决现代社会一些大规模生产所产生的损害问题提供了可行的途径。因现代化大规模的协作生产使消费者很难证明究竟是哪个厂家的产品对其造成了损害，而根据市场份额责任理论，受害人即使不能证明具体的侵害行为是哪个厂家，仍然可以获得合理的赔偿。第三，市场份额责任可促使生产厂家进一步加强产品质量管理，并采取更为有效的措施防止产品责任的发生。

⑤ 原因责任理论(Causative Liability)。原因责任指造成损害的人即使尽到了合理的注意，但在法律上仍然被视为有过错并应承担相应的责任。原因责任与严格责任相似，但二者并不完全相同，即只有造成损害的人的行为成为造成损害的事实原因和最主要的原因时，损害人才承担责任。因此，受害人及第三人的行为、行为的性质都有可能成为减少或免除损害人责任的理由。其优点在于：第一，该理论要求法官直接确定有关被告法律责任的政策，而不必寻找如缺陷、危险或行为的合理性等理由作为判决的依据；第二，原因责任制

度通过要求产品责任的内在化使消费者了解产品危险的情况；第三，原因责任制度可以通过损害成本的内在化，消除制造商以此获得不公平利益的现象；第四，原因责任制度可以迫使制造商在安全产品技术的发展上进行投资，从而促进产品的研究和发展。

严格责任的新理论，使得承担产品责任的主体不断扩大，责任在不同的责任主体间加以分担，举证责任分配更加均衡，将消费者权益保护程度更加提升。

[案例评析]

一、美国产品责任归责原则的变革

本案判决在美国产品责任领域确立了疏忽责任原则。该原则将侵权理论引入了产品责任领域。根据该原则，受到损害的非直接买受人可以疏忽为由起诉产品经营者来获得赔偿，克服了"契约当事人"理论的不足，为一切产品受害人提供了法律救济的机会，使美国的产品责任制度更趋合理。该原则的确立，反映了美国的一种立法价值取向：从契约自由下对商品经营者的保护开始转向对处于社会弱势地位的消费者的保护。正是在经营者利益与消费者利益间的利益衡量的基础上，担保责任，严格责任随后依次确立。

严格责任原则对消费者利益的保护最为有利。严格责任制度最早起源于美国，其产生和确立对世界各国产品责任法都产生了重大而深远的影响，从而也使美国成为世界各国产品责任的领路人。然而在 20 世纪 80 年代，正当许多国家都竞相效仿美国严格产品责任的时候，美国却悄然兴起了一场严格责任变革的运动。

严格责任的广泛应用，在给消费者利益带来福祉的同时，给产品的经营者课以重负。主要表现为作为被告的生产者的免责事由越来越少，几乎要对因使用其产品所致的每一个损害承担责任。这种发展趋势引发了美国产品责任案件逐年成倍增加，赔偿数额日趋高额化，生产者不堪保险费的重负等诸多问题，从而最终引发了产品责任危机。在 20 世纪 70—80 年代是美国产品责任危机最严重的时期，在此期间，美国经历了产品责任诉讼案件数量的急剧增长。企业所承受的责任越来越大，致使企业不参加保险就不能将产品投放市场。因而使产品责任的赔偿最后一般都转移到保险公司那里。而产品责任的日益严格与判决金额的迅猛增长迫使保险公司采取极端措施，或者大幅度提高保险费，或者限制部分险种，使得制造商们为了减轻负担，又不得不将增加的费用打入成本，从而使产品的价格大幅上涨。这样做的直接后果是变相地将产品责任分散到众多的消费者的头上，从而使严格责任更好地保护消费者的立法初衷陷入了尴尬之中。

在严峻的司法实践面前，美国的立法者不得不重新审视严格责任。为了在生产者与消费者之间利益保护上寻求到平衡，改革产品责任法的实践活动全面展开。1979 年美国商务部草拟了一部《统一产品责任法示范法》试图统一和改革各州的法律，但因响应者有限，故影响不大。从1980年开始，美国国会开始着手产品责任法的改革，每届国会的每次改革提案都因消费者团体的强烈反对而被否决。与此相适应，各州也纷纷通过产品责任的立法制定扩大被告的抗辩事由，限制严格责任的适用。迄今为止，美国严格产品责任最有实质意义的也是最新的一次变革应该是美国法律学会制定的《侵权法重述(第三版)：产品责任》(以下简称《重述三》)。该法经过六年的激烈争论和十二个草案，终于在1997年5月20日被通过。

它是美国严格产品责任改革的里程碑，内容主要体现在以下三个方面：

(一)严格责任与过失责任有机融合

这是《重述三》最引人注目的规定。它根据产品缺陷的不同类别适用不同的归责原则。对于制造缺陷适用完全的严格责任：《重述三》的第3条[①]："当损害原告的事故：(a)是一种由于产品缺陷通常会出现的后果，且(b)在特定情况下，在销售时已经存在的产品缺陷并非是损害事故发生的唯一原因时，虽然没有具体缺陷的证据，仍可以推断原告所受的损害是由在销售时已经存在的产品缺陷造成的。"因此，《重述三》对于制造缺陷的规定，摒弃了《重述二》的"不合理的危险"，回归到了严格责任的创始规则——"格林曼规则"，其坚持了严格责任的归责原则的主导地位，并在证明制造缺陷标准上向有利于原告的方向有所发展。对于设计缺陷，《重述三》的第2条(b)款规定："对于产品可预见的危险造成之伤害，销售者或者商业供应链条上其他的商品供应人，若未为合理的替代设计来减低或避免损害，而且该消极不作为使产品设计不能存在合理的安全时，称为产品设计缺陷。"对于指示或警示缺陷，《重述三》的第2条(c)款规定："对于产品可预见的危险造成之伤害，销售者或者商业供应链条上其他的商品供应人，若未为合理的指示或警示来减低损害，而

---

① 英文为：§ 2 Categories of Product Defect:A product is defective when, at the time of sale or distribution, it contains a manufacturing defect, is defective in design, or is defective because of inadequate instructions or warnings. A product:(a) contains a manufacturing defect when the product departs from its intended design even though all possible care was exercised in the preparation and marketing of the product;(b) is defective in design when the foreseeable risks of harm posed by the product could have been reduced or avoided by the adoption of a reasonable alternative design by the seller or other distributor, or a predecessor in the commercial chain of distribution, and the omission of the alternative design renders the product not reasonably safe;(c) is defective because of inadequate instructions or warnings when the foreseeable risks of harm posed by the product could have been reduced or avoided by the provision of reasonable instructions or warnings by the seller or other distributor, or a predecessor in the commercial chain of distribution, and the omission of the instructions or warnings renders the product not reasonably safe.

且该不为指示或警告使产品不能存在合理的安全时，称为产品指示或警示缺陷。"由此可见，对于设计缺陷和警示缺陷，该法适用的是过失责任归责原则。

(二)明确规定售后警示义务和卖方回收产品的责任。

该法的第10条关于警示义务的规定，不仅对生产者、销售者课以了一般的警示义务，而且课以了售后警示义务(Post-sale Duty to Warn)。同时，第11条规定了卖方回收产品的义务(Post-sale Duty to Recall Product)，包括卖方未能遵守政府强制回收缺陷产品的要求，以及卖方自行回收时采用了不恰当的方式。

(三)以风险—效益分析方法[①](Risk-benefit Analysis)取代消费者期望标准[②](Consumer Expectations Test)的广泛适用

《重述三》限制了根据《重述二》402条"不合理危险"的要求所产生的消费者期望标准的广泛应用，只是在食品和一部分使用过的商品中继续保持消费者期望标准。从上文提到的《重述三》第2条b款、c款有关设计缺陷和警示缺陷的规定来看，对这两种缺陷的判断都是采用风险—效益分析的方法。

从上述变革中，我们可以深刻地体会到：当今美国的产品责任法试图努力在效率与正义之间、个人权益与社会发展之间寻找平衡点和契合处。对归责原则的判断，是以产品缺陷类别的判断为主，辅之以对生产者和销售者行为的分析，严格责任、过失责任相融合，以前者为主，后者对前者进行有效的制约。美国产品责任归责的这种理性的回归，正体现了美国产品责任法的日趋成熟。

二、借鉴美国产品责任归责原则的演变，反思我国的产品责任归责立法

我国目前没有一部单行的产品责任法。关于产品责任的规定散见于《民法通则》、《产品质量法》、《消费者权益保护法》、《食品安全法》等规范性文件中。

(一)我国产品责任归责现状

我国《产品质量法》第41条第1款规定："因产品存在缺陷造成人身、缺陷产品以外的其他财产损害的，生产者应当承担赔偿责任。"其确认了产品生产者的严格责任。只要缺陷产品对他人人身或财产造成了损害，即使产品的生产者主观上不存在过错，产品的生产者也应承担民事赔偿责任，产品的生产者不能以证明自己没有过错而主张免责。但是，

---

① "风险—效益"标准，指通过对产品的有用性与危险性的比较，检查是否采取了适当的安全保障措施，以判定商品是否存在缺陷。

② "消费者期望标准"，指既定缺陷商品的危险性未超出产品普通消费者运用共知的常识对其特性能够预见的范围。

严格责任并不是绝对责任，并不意味着产品的生产者没有抗辩事由[1]，他仍然可以依据法律规定的条款免除责任。

我国《产品质量法》第42条规定："由于销售者的过错使产品存在缺陷，造成人身、他人财产损害的，销售者应当承担赔偿责任。销售者不能指明缺陷产品的生产者也不能指明缺陷产品的供货者的，销售者应当承担赔偿责任。"其确认了产品销售者的过错责任原则与过错推定责任原则。在产品责任中，只有因销售者的过错致使其销售的产品存在缺陷，造成他人人身、财产损害时，销售者才承担损害赔偿责任。销售者承担责任以其主观上有过错为要件，如果销售者能够证明对损害的发生主观上没有过错，即可免除其损害赔偿责任。但是，在产品责任中，只要缺陷产品对他人人身、财产造成了损害，即使不是销售者的过错使产品存在缺陷，如果他不能指明缺陷产品的生产者也不能指明缺陷产品的供货者，视为销售者主观上有过错，销售者仍应当承担赔偿责任，销售者不能以证明自己没有过错而主张免责。此为销售者所承担的过错推定责任。过错推定责任在本质上属于过错责任。

《产品质量法》第40条第1款规定："售出的产品有下列情形之一的，销售者应当负责修理、更换、退货；给购买产品的消费者造成损失的，销售者应当赔偿损失：(一)不具备产品应当具备的使用性能而事先未作说明的；(二)不符合在产品或者其包装上注明采用的产品标准的；(三)不符合以产品说明、实物样品等方式表明的质量状况的。"其确认了产品的销售者的瑕疵担保责任。如果销售者违反关于产品质量的保证和承诺，应当承担法律责任，前提是需要与消费者之间存在合同关系，否则，受害人不能要求销售者承担瑕疵担保责任。

基于以上内容可见，我国的《产品质量法》规定了生产者与销售者不同的归责原则：生产者根据严格责任追究产品责任；销售者根据担保责任和过错责任追究产品责任。

(一)借鉴美国实践，反思我国产品责任归责原则的完善

目前，我国的经济快速发展，产品的科技含量不断增长。随着改革开放的深入、经济全球化，我国正逐渐和国际经济接轨。当前，社会和谐是主旋律，产品责任案件[2]频繁出现，严重损害了消费者的生命财产利益。维护消费者权益已经成为当今社会百姓的呼声。尽快制定专门的《产品质量法》，降低产品责任纠纷，构建和谐的生产方式和消费环境是当务之急。

---

[1] 抗辩事由具体见：我国《产品质量法》第41条第2款。

[2] 如2001年著名老字号南京冠生园的"黑心月饼"事件，2005年的苏丹红事件，2006年欣弗事件和齐二假药事件，2008年的三鹿问题奶粉事件，2009年初在广州发生的瘦肉精事件等。

为平衡消费者和生产者、销售者之间的利益，促进经济发展，维护社会稳定，我国应借鉴美国产品责任归责原则的演变，对产品责任制度从以下几方面进行反思：

1. 确立严格责任的牢固地位，并以过错责任作补充

我国可以借鉴美国《第三次侵权法重述》的做法，明确划分产品缺陷的类型，将产品缺陷分为制造缺陷、设计缺陷和指示缺陷。根据产品缺陷类型，适用专门的责任归责原则。对于因制造缺陷而产生的产品责任，应适用单纯的严格责任原则；对于设计缺陷和指示缺陷，适用过错责任原则。

2. 以市场份额补充产品责任归责原则

严格责任有时也会无法解决受害人的赔偿请求，因此，美国的"市场份额说"不失为对严格责任补充的好办法。但是，为了防止市场混乱，必须对其适用范围进行必要的限制，否则，不利于调动企业提高产品质量的积极性。只有在特殊的情况下，才可考虑适用"市场份额"原则，即只有损害是由于长期受缺陷产品的影响造成的，或者产品交付时所存在的致人损害的属性在多年之后才被发现，或者缺陷产品造成的损害在多年之后才显露出来，最终使消费者难以证明其损害与哪一制造商的行为有因果关系，即难以确定确切的被告时，方可使用市场份额责任原则。此外，其所适用的责任主体应与严格责任不同，仅限于制造商，而不能扩大到销售商等责任主体。[①]

3. 强调产品销售者与生产者适用相同的归责原则

我国《民法通则》和《产品质量法》对生产者、销售者产品责任适用不同的归责原则。这种立法状态，显然不利于充分保护消费者的合法权益，也不足以威慑缺陷产品的销售者和其他提供者。笔者认为，产品责任归责原则的具体适用不应以产品责任主体的不同为划分标准，而应以产品缺陷的类别为依据。对于制造缺陷，生产者和销售者应该统一适用严格责任，对于设计缺陷和警示缺陷，销售者和生产者应该统一适用过错责任。同时，规定产品生产者和销售者或产品的其他提供者对缺陷产品承担连带赔偿责任。这将会使消费者有较大的选择权，因而就有更多的胜诉机会。

---

① 金晓晨，冯益娜. 外国产品责任法对我国的启示[J]. 河北学刊，1999(6)

第三节　美国产品责任诉讼

[Case4-2]

Vossler v. Richards Manufacturing Co. (1983)

143 Cal.App.3d 952, 192 Cal.Rptr. 219

OPINION

ANDREEN, J.

Defendant Richards Manufacturing Company, Inc. (Richards) appeals from a judgment following jury trial in a products liability case. No attack is made on the sufficiency of evidence except as to the matter of punitive damages. The judgment was for compensatory damages of $25,000 and punitive damages of $500,000. We affirm.

Facts

We state the record in a light most favorable to the judgment. (Neal v. Farmers Ins. Exchange (1978) 21 Cal.3d 910, 922 [148 Cal.Rptr. 389, 582 P.2d 980].)

In the period from 1970 through 1972, Dr. Leonard Marmor, an orthopedic surgeon working with the defendant corporation, developed a prosthetic device known as the Marmor Modular Knee, which permitted treatment of certain diseases of the knee by inserting specially crafted pieces of metal and plastic onto the surfaces of the bones that make up the knee joint. The metal components of the modular knee were originally produced in three sizes—small, medium and large—and each size included three elements (a template, a trial and a final component), each perfectly matched within a size for implantation. When implanting a metal component, the surgeon used the template to mark and prepare the bone, the trial component to insure that preparation of the bone was accurate, and then cemented the final component permanently in place. An important part of the surgical technique involved placing the final component so that it did not protrude forward of its proper location and impinge upon the kneecap when the knee was flexed.

During 1973 defendant, through engineering error, began manufacturing final metal components of the medium category which were larger than originally designed and which therefore did not match the medium template and trial components. It was thus possible that a surgeon could prepare a bone for insertion of the medium metal component using properly sized medium template and trial components (which were reused from surgery to surgery) and then cement into place a too-large medium final component.

Defendant had no procedure for insuring that the final components it produced were of the proper size, and so it manufactured and sold the larger-than-proper medium final components for some time without discovering the error. In January of 1974, defendant discovered its error, but in order to prevent its competitors from gaining a larger share of the market for such devices, concealed it from the medical profession, from its own sales personnel and from Dr. Marmor. Defendant attempted to replace, on a pretext, all of the properly sized medium template and trial components with newly manufactured larger components, and later attempted to resell the originally designed medium components as a supposedly new "small-medium" size, all without informing anyone outside the defendant corporation of the reason for its actions.

On October 15, 1974, a Marmor Modular Knee was implanted in the right knee of the then 67-year-old plaintiff. One of the metal components used by the surgeon was a medium, and in the subsequent complications and treatment thereof it was revealed that the discrepancy between the older, smaller template and trial components and the larger final component had resulted in improper positioning of the final component, causing impingement on the plaintiff's kneecap which necessitated eventual removal of the kneecap, and other damages.

On the issue of punitive damages, plaintiff proved that the components of the modular knee were actually manufactured by a subsidiary of the defendant and "sold" to defendant for approximately $23 per component, of which 10 percent reflected profit to the subsidiary. Defendant sold the modular knee components to the medical profession for prices ranging during the relevant period from $108 to $140 per component. From January 10, 1973, through April 2, 1973, 4,042 of the medium trial and final components were manufactured. The modular knee components comprised about one-third of the output of the subsidiary that manufactured it. Defendant's sales revenues were approximately $50 million in 1979, and the modular knee was one of 7,000 different products sold by defendant during the relevant period. (Evidence regarding the number of modular knee instrument sets [the template and trial components which were reused from surgery to surgery] in use and the number of implant surgeries performed using medium components was also introduced.)

Defendant sought to introduce testimony relating to the amount of royalties paid to Dr. Marmor in connection with the sales of the modular knee, and an objection on relevancy grounds was sustained. During cross-examination of Dr. Marmor following his rebuttal testimony defense counsel sought to examine him concerning his alleged bias against the defendant, but the trial court would not permit such questions.

During plaintiff's closing argument, defense counsel objected to the statement of plaintiff's counsel that defendant was "... doing over fifty million dollars a year in sales ...," on the grounds that it was unsupported by evidence, irrelevant and prejudicial. The objection was overruled on all grounds.

In the course of deliberations, the jury requested by note an interpretation of certain instructions relating to punitive damages. The court answered the jury's question as follows: "The Court: And what I want to tell you about this, is something that's rather simple, but I want you to listen to it carefully. And that is that there is no fixed relationship prescribed in the law between actual damages and punitive damages."

"That is a matter that's left to your sound discretion, but you should consider it in light of the whole instruction given, 14.71, pages one, and two, including the last two lines of page 29 that you asked me about."

"I can tell you nothing further."

Evidentiary Rulings

Dr. Marmor testified at length in plaintiff's case-in-chief. Direct and cross-examination during plaintiff's case established that Dr. Marmor had demanded that Richards notify doctors about the change in the configuration of the medium component and indemnify him against any loss due to any malpractice action brought against him due to the mismatch, and that there was serious disagreement between Marmor and Richards as to what should be done to remedy the situation. In addition, there was testimony about litigation brought by Dr. Marmor against Richards because of the manufacturing error, and by way of attempted impeachment of Marmor, Richards read portions of the transcript of that litigation. It was further shown that Dr. Marmor and plaintiff's treating physician, Dr. Williams, were colleagues and had socialized, and that when Dr. Williams experienced problems in surgery with plaintiff's knee,he called Dr. Marmor. The same day that Dr. Williams phoned, Dr. Marmor and his attorney traveled from Los Angeles to Tulare to meet with Dr. Williams in order to gather evidence for Marmor's case against Richards. It was established that Dr. Marmor had sought the testimony of other surgeons for use in his litigation against Richards. The jury also learned that Dr. Marmor would not permit

Richards' salesmen to attend his seminars, and that he insisted that his name be removed from the product.

After the defense case, Dr. Marmor was recalled by plaintiff in rebuttal and examined concerning the nature of the fracture of plaintiff's femur following implantation of the modular knee, the size of the template and final components used in implantation, and the cause of certain damage to plaintiff's kneecap, all as revealed by previously introduced evidence. On cross-examination, after questioning relating to the rebuttal testimony, defense counsel proposed to question Dr. Marmor concerning his general bias against defendant. Following a nonreported conference at the bench, defense counsel announced the ruling of the court in a reported conference at the bench.

It was well within the discretion of the trial court to preclude such cumulative and time-consuming duplication of inquiry. (People v. La Macchia (1953) 41 Cal.2d 738, 743-744 [264 P.2d 15]; People ex rel. Dept. Pub. Wks. v. Miller (1964) 231 Cal.App.2d 130, 134 [41 Cal.Rptr. 645]; People v. Flores (1977) 71 Cal.App.3d 559, 565-566 [139 Cal.Rptr. 546].) In a trial that had already consumed 13 court days and would last for another 5, no abuse of discretion appears from a limitation of cross-examination on a subject previously well covered by the defense.

The second evidentiary error claimed by defendant relates to the exclusion of testimony which would have shown the amount of royalties paid by defendant to Dr. Marmor. After establishing that such royalties were paid, an objection to the question as to amount was sustained on the grounds that it was irrelevant. Defendant's attempt to characterize this evidence as rehabilitative towards its expert, Dr. Bechtol, is disingenuous. It had already been shown that both Drs. Marmor and Bechtol received royalty payments from defendant. The notion that the jury would (or should) have compared the amounts paid to each expert (by the same party) in weighing their credibility is more a product of defendant's disappointment with the result of the trial than any reasoned analysis of its processes.

The trial court has very broad discretion in admitting or excluding evidence. (Continental Dairy Equip. Co. v. Lawrence (1971) 17 Cal.App.3d 378, 384 [94 Cal.Rptr. 887].) Both case law and constitutional authority provide that prejudice is not presumed and must be affirmatively shown. (Ibid) A judgment will not be reversed unless it can be said that a different result would have occurred had asserted error not been made. (Ibid) It is a tribute to the skill and diligence of

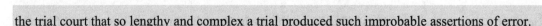

the trial court that so lengthy and complex a trial produced such improbable assertions of error.

Necessity of Introducing Evidence of Defendant's Wealth as Prerequisite for Punitive Damages.

CitingNeal v. Farmers Ins. Exchange, supra, 21 Cal.3d 910, Richards contends that punitive damages may not be awarded unless a plaintiff introduces evidence of defendant's wealth or profit from wrongdoing. However, Neal holds only that in determining whether a punitive damages award was excessive as a matter of law, the court should consider the wealth of the defendant. Neal did not hold that a punitive damages claim would fall if plaintiff did not introduce evidence of defendant's wealth.

Defendant also relies on Alhino v. Starr (1980) 112 Cal.App.3d 158 [169 Cal.Rptr. 136], which reversed a conditional order for new trial on the grounds of excessive damages. The reversal was mandated by the trial court's failure to provide the requisite written specification of reasons. (Code Civ. Proc., § 657.) There was no evidence in the record of the net worth of the defendant. In order to assure that the punitive damages award was not excessive, the case was remanded for a redetermination of the appropriate amount. The appellate panel stated at page 179:

"However, the record here provides no evidence of the net worth of the ... defendants. Further, the instant award has not been approved by the trial court though, by reason of its failure to make an adequate statement of reasons, the order granting a new trial cannot stand...."

"... The trial court may take additional evidence on the et worth of the ... defendants, if necessary."

"... The judgment ... against the ... defendants is ... remanded for a redetermination of the punitive damages in light of the net worth of the defendants." (Alhino v. Starr, supra, 112 Cal.App.3d at p. 179.)

The appellate panel's disposition is opaque. The judgment was reinstated, but the court took action "... to assure that the punitive damage award is not excessive ...." This language sounds as if the matter were remanded to the trial court for consideration of the new trial motion. Such action would imply that the verdict would stand, even though there was no evidence of net worth, but that the trial court should consider net worth on a new trial motion. However, in the same paragraph the court stated: "Accordingly, we remand for a redetermination of the appropriate amount of punitive damages in light of the principles stated above. The trial court may take additional evidence on the net worth of the ... defendants, if necessary." (Id, at p. 179.) This language suggests that the remand mandated a jury trial on the issue of punitive damages. We admit to some puzzlement as to the true holding in Alhino. Alhino was a decision of the First District, Division Two. Presiding Justice Taylor authored the opinion and it was concurred in by Justices Miller and Smith.

Justice Taylor also wrote Nelson v. Gaunt (1981) 125 Cal.App.3d 623 [178 Cal.Rptr. 167], in which Justices Miller and Smith concurred. It was a tort action for damages resulting from implantation of silicone in the breasts of plaintiff. Her special damages were $25,000. The verdict was for $450,000 in compensatory damages and $1.5 million in punitive damages. The court addressed the issue at page 643: "Equally without merit is Gaunt's contention that Civil Code section 3294 requires that an inquiry be made of his wealth before punitive damages can be awarded. The courts of this state have consistently held that in determining the amount necessary to impose the appropriate punitive effect, the court is entitled to consider the wealth of the defendant (MacDonald v. Joslyn (1969) 275 Cal.App.2d 282 ...). The object is to make an example as well as a punishment to fit the offense and in determining the amount necessary to impose a punitive effect, the jury may consider the wealth of the defendant (Roemer v. Retail Credit Co. (1975) 44 Cal.App.3d 926 ...). Thus, no review of a defendant's wealth is mandated before an award of punitive damages can be made."

In view of the fact that the identical justices served on the panels in the earlier case of Alhino and the later case of Nelson v. Gaunt and that the latter addressed the issue directly and unequivocally, it cannot be maintained that Alhino stands for the proposition that plaintiff is required to introduce evidence of defendant's wealth before an award of punitive damages can stand.

Richards also relies on Forte v. Nolfi (1972) 25 Cal.App.3d 656 [102 Cal.Rptr. 455]. There, a defendant who secured and caused to be recorded what was in effect a forged instrument was assessed damages of $20,000. The maximum compensatory damages would have been $2,800. Against a claim that the damages were excessive, the plaintiff contended that the damages were justified as an award for punitive damages. The judgment was reversed with directions to reassess the compensatory and exemplary damages. The appellate panel concluded "... that the award made was the result of passion or prejudice engendered by a failure to properly determine the compensatory damages awardable, and to appraise the wealth of the wrongdoer." (Id, at p.

689.)

Standing against Forte v. Nolfi, supra, is a considerable body of authority.

In Zimmer v. Dykstra (1974) 39 Cal.App.3d 422 [114 Cal.Rptr. 380], the Second District Court of Appeal upheld an award of $10 compensatory and $1,500 punitive damages to landowners whose access easement had been encroached upon. The Court of Appeal refused to follow Forte v. Nolfi, supra, 25 Cal.App.3d 656, and held that there was no necessity to introduce evidence of the wealth of a defendant to support an award of exemplary damages. (Zimmer v. Dykstra, supra, 39 Cal.App.3d, at pp. 438-439.)

Zimmer relied upon Hanley v. Lund (1963) 218 Cal.App.2d 633, a Second Appellate District case which affirmed an award of $15,000 compensatory and $5,000 punitive damages in a slander action. The appellate court stated that it had discovered no authority requiring introduction of evidence of a defendant's wealth to support punitive damages, and further said: "The parties were content to go to the jury on the implied basis that defendant's ability to pay was consistent with his occupation. He did not contend, either in the trial court or here, that in fact the award made was excessive in the light of his financial status. Since no authority, anywhere, expressly directs that the plaintiff must introduce evidence of defendant's wealth when seeking exemplary damages, we find no merit in defendant's contention in this regard." (Id, at p. 646, italics added.)Fletcher v. Western National Life Ins. Co. (1970) 10 Cal.App.3d 376 [89 Cal.Rptr. 78, 47 A.L.R.3d 286], in which an insurer was assessed $640,000 in punitive damages (reduced on remittitur to $180,000) based upon $60,000 in compensatory damages in connection with a claim of intentional infliction of emotional distress, also expressly held that there was no necessity that a plaintiff introduce evidence of a defendant's wealth in support of an award of punitive damages, citing Hanley v. Lund, supra. Id, at p. 404.) The opinion noted the Supreme Court's expressions of the desirability of such evidence, but ruled that it was not "absolutely essential." (Ibid)

The trend of modern decisions in other jurisdictions is to place the burden of producing evidence of wealth on the wrongdoer, permitting the defendant to establish its financial inability to pay punitive damages.

For instance, in Rinaldi v. Aaron (Fla. 1975) 314 So.2d 762, the Supreme Court of Florida reversed a trial court's order removing consideration of punitive damages from the jury where the plaintiff had not introduced any evidence of the defendant's financial ability to pay. The court noted that such evidence of ability to pay was always admissible, but held that it was not a requisite to such an award, following the decisions of many other jurisdictions, including California.

Similarly, in Zarcone v. Perry (2d Cir. 1978) 572 F.2d 52, the United States Court of Appeals for the Second Circuit rejected the claim of a defendant in a civil rights action that punitive damages awarded against him were improper because no evidence of his net worth was introduced at trial. The federal appeals court ruled that, "... decided cases and sound principle require that a defendant carry the burden of showing his modest means- facts peculiarly within his power—if he wants this considered in mitigation of damages. [Citations.]" (Id, at p. 56.)

We recognize that since the purpose of punitive damages is to punish and deter wrongdoing by fashioning a monetary penalty tailored to the wealth of the defendant and to the reprehensibility of his conduct, absence of any evidence about the defendant's wealth significantly impairs a rational effectuation of this purpose. However, in view of direct California authority for the principle that the plaintiff need not introduce evidence of the defendant's wealth in order to be awarded punitive damages (Nelson v. Gaunt, supra; Zimmer v. Dykstra, supra;Fletcher, supra; Hanley, supra), it is consonant with stare decisis and consistent with the modern trend to require the wrongdoer to demonstrate at the trial level that a particular award of punitive damages will exact too great a penalty because of his financial condition. Presumably, in the great majority of cases it will be to the plaintiff's advantage to show that the defendant is capable of absorbing a substantial penalty, and in those situations where it is otherwise, the defendant will be motivated to show its penury. The defendant is in the best position to provide the most accurate data concerning its financial condition, and need not decide whether to introduce such information until after the plaintiff has presented a sufficient case for the punitive damages issue to go to the trier of fact. If the defendant wishes to challenge an a ward of exemplary damages on appeal, its production of financial data will provide the basis for appellate review as mandated by the Supreme Court in Neal and other cases.

Richards contends that "... to require a defendant to present 'mitigating' financial condition evidence would be, for all intents and purposes, requiring the defendant to make a tacit admission that some award of punitive damages is appropriate.... The unfairness of placing such a burden on the defendant is manifest." Although not directly analogous because such evidence almost invariably follows expert evidence produced by the plaintiff, we note that defendants in personal injury cases where liability is disputed regularly introduce evidence tending to show that plaintiff's injuries are less than claimed. Defendants have developed techniques which permit them to introduce mitigating evidence without diminishing the force of their contest as to liability.

For all these reasons, we hold that the plaintiff has no obligation to introduce evidence of the defendant's financial condition when seeking punitive damages.

Instructions to the Jury

In the course of instructing the jury, the trial court stated as follows:

"The law provides no fixed standard as to the amount of such punitive damages, but leaves the amount to the jury's sound discretion, exercised without passion or prejudice."

"Any amount awarded for punitive damages should bear a reasonable relation to the actual damages, although no fixed ratio exists." The jury was provided with written copies of all instructions orally given by the trial court. In response to a note requesting interpretation of the instruction regarding the relationship of punitive and actual damages the court reinstructed the jury as set forth in the statement of facts, above. Defendant argues on appeal that the court's response to the jury request eliminated the requirement that punitive damages bear a reasonable relationship to compensatory damages because the trial court did not expressly repeat this admonition.

"It cannot be presumed on appeal that the jury ignored a proper instruction on damages. [Citation.]" (Agarwal v. Johnson (1979) 25 Cal.3d 932, 953 [160 Cal.Rptr. 141, 603 P.2d 58.) In responding to the jury's request, the trial court specifically drew the jury's attention to the previously given instruction which expressly stated that punitive damages must bear a reasonable relationship to actual damages. The trial court's additional comment that there is no fixed relationship prescribed in the law between actual and punitive damages was a correct statement of the law. (Nelson v. Gaunt, supra, 125 Cal.App.3d at p. 644.) The trial court's response did not eliminate the requirement that punitive and compensatory damages be reasonably related, and therefore was not error.

Defendant's Conduct as Justifying an Award of Punitive Damages

Defendant's attempt on appeal to suggest that its conduct exhibited a concern for the safety of the public via careful monitoring of its manufacture and sale of the modular knee is patently ludicrous. It was undisputed at trial that defendant purposely concealed the discrepancy in size between the medium final component as originally designed and as later produced by defendant from the medical profession, from Dr. Marmor—the inventor of the modular knee—and from its own sales personnel solely to protect its market position. The jury evidently disbelieved the self-serving testimony of defendant's corporate officers regarding their purported tests as to the medical significance of the larger-than-proper medium final component. Defendant further attempted to capitalize on its concealment of its manufacturing error by marketing the originally designed medium components as a purportedly "new" size. The comments of the Court of Appeal in Grimshaw v. Ford Motor Co. (1981) 119 Cal.App.3d 757 [174 Cal.Rptr. 348] are particularly appropriate here: "In assessing the propriety of a punitive damage award, as in assessing the propriety of any other judicial ruling based upon factual determinations, the evidence must be viewed in the light most favorable to the judgment. [Citation.] Viewing the record thusly in the instant case, the conduct of Ford's management was reprehensible in the extreme. It exhibited a conscious and callous disregard of public safety in order to maximize corporate profits. Ford's self-evaluation of its conduct is based on a review of the evidence most favorable to it instead of on the basis of the evidence most favorable to the judgment. Unlike malicious conduct directed toward a single specific individual, Ford's tortious conduct endangered the lives of thousands of Pinto purchasers. Weighed against the factor of reprehensibility, the punitive damage award as reduced by the trial judge was not excessive." (Id, at pp. 819-820.)

Defendant's conduct in the present case was marginally less monstrously inhumane than the conduct of the defendant in Grimshaw, since concealment of Richards' manufacturing error for the sole purpose of protecting its profits merely threatened excruciating pain and crippling immobility to thousands of arthritic patients and anguish to their physicians and their families, not the fiery death that the auto manufacturer visited upon its customers. However, insofar as reprehensibility of conduct was concerned, the jury's award of punitive damages was fully justified.

Plaintiff's Closing Argument

Richards contends that the court should not have permitted plaintiff's counsel to argue the amount of Richards' gross sales and a calculation of Richards' profit from its manufacture of the mismatched modular knee.

Counsel established the cost of the knee to Richards from its subsidiary and the sales price to its customers. From this he calculated an alleged profit margin and, using the number of operations of Dr. Jennings, constructed an argument of how much profit Richards had made from the sale of the mismatched knee.

The first question which must be addressed is whether Richards preserved the issue on appeal. There was an off-the-record conference which is the subject of a settled statement. The settled statement establishes that the sole defense objection was that there was no evidence in the record that the defendant was doing over $50 million a year in sales. And that, if supported by the evidence, such was irrelevant and prejudicial. This was the extent of the objection.

Net, not gross, figures are the best yardstick to be used in determining punitive damages. (Little v. Stuyvesant Life Ins. Co. (1977) 67 Cal.App.3d 451, 469, fn. 5 [136 Cal.Rptr. 653].) Plaintiff's counsel purported to argue net income from the sales of the medium-sized components. Although the argument was superficial, there was no objection as to that portion of it. The issue is waived. (Sabella v. Southern Pac. Co. (1969) 70 Cal.2d 311, 318 [74 Cal.Rptr. 534, 449 P.2d 750].)

As to the objection as to the amount of gross sales, that figure was in evidence. Read in context, the gross sales amount was used in part to demonstrate to the jury that Richards was a sophisticated company and that when it made its marketing decision to conceal its product defect from its salesmen and the physicians who were to implant it, it should be held responsible for its actions. The gross sales figure was also used to bolster the amount of punitive damages claimed. However, there was no objection to this line of argument; the only objection made was to the use of the gross sales amount in the first context.

Evidence of gross sales figures are relevant, even if entitled to less weight than net profit. See, for example, Neal v. Farmers Ins. Exchange, supra, 21 Cal.3d 910 which stated at page 929: "Finally, we note that the amount of punitive damages represented by the reduced judgment (i.e., approximately $740,000) represents less than one-tenth of 1 percent of defendant's gross assets ...." (Italics added.) And see Wyatt v. Union Mortgage Co. (1979) 24 Cal.3d 773 [157 Cal.Rptr. 392, 598 P.2d 45] which referred to the amount of late charge income of the defendants, without mention of what net income such charges generated.

Even in cases in which other evidence of net wealth appeared in the record, courts have indicated that figures on gross sales, gross income, or gross wealth are at least relevant to the issue of punitive damages. (See, e.g., Pistorius v. Prudential Insurance Co. (1981) 123

Cal.App.3d 541, 554-555 [176 Cal.Rptr. 660] [gross assets]; Schomer v. Smidt (1980) 113 Cal.App.3d 828, 836 [170 Cal.Rptr. 662] [affirming award of about 25 percent of the defendant's gross salary];Toole v. Richardson-Merrell Inc. (1967) 251 Cal.App.2d 689, 700, 701 [60 Cal.Rptr. 398, 29 A.L.R.3d 988] [biggest drug in the defendant's history; gross sales]; Armstrong v. Republic Rlty. Mtg. Corp. (8th Cir. 1980) 631 F.2d 1344, 1353 [gross annual income]; Sturm, Ruger & Co., Inc. v. Day (Alaska 1979) 594 P.2d 38, 47, fn. 15 [gross wealth].)

We conclude that to the extent the issue was preserved for appeal, there was no prejudicial misconduct.

Ratio Between Punitive and Compensatory Damages

The jury's award of $500,000 in punitive damages represents a ratio of 20:1 between punitive and compensatory damages. Richards does not argue that such a ratio is disproportionate in punitive damage cases generally—indeed it cannot. It limits its argument to products liability actions, and contends that in the special circumstances of such litigation, the ratio is too high. It states that no punitive/compensatory ratio in a products case has ever exceeded 2:1 in California or 7:1 in any jurisdiction.

Products liability cases may be distinguished from typical punitive damage cases in several respects. The definition of proscribed conduct is malice, which may be established if the defendant acted with a "conscious disregard for the safety of others." A manufacturer designing a product must take trade-offs in terms of product safety against cost and utility. A design engineer necessarily makes cost-benefit analyses many times in the production of a complex product. Such a definition of malice may operate unfairly in some cases, and may tend to discourage product development. However, that consideration is of no moment here. Richards was not punished for a design decision; it had a well-designed product. Due to a manufacturing error, the product did not fit the template for which it was made. Richards knew of this defect, but in order to protect its competitive position against other manufacturers of prosthetic devices, decided to continue to market the defective product anyway. The public policy in favor of product development is unaffected by the award of punitive damages in this case.

Next it is argued that high ratios are improper in product cases because they run the risk of punishing the manufacturer several times for the same conduct. The argument is answered in Grimshaw v. Ford Motor Co., supra, 119 Cal.App.3d 757, 812: "We recognize the fact that multiplicity of awards may present a problem, but the mere possibility of a future award in a different case is not a ground for setting aside the award in this case .... If Ford should be confronted with the possibility of an award in another case for the same conduct, it may raise the issue in that case."

The suggestion in Grimshaw is similarly made in Restatement of Torts Second, section 908, comment e: "Another factor that may affect the amount of punitive damages is the existence of multiple claims by numerous persons affected by the wrongdoer's conduct. It seems appropriate to take into consideration both the punitive damages that have been awarded in prior suits and those that may be granted in the future, with greater weight being given to the prior awards."

We leave the problem to a court in which the problem is raised by proof of other litigation.

The requirement of a reasonable relationship between compensatory and punitive damages is a useful tool in guarding against juror excess. So applied in this case, the ratio of 20:1 is not too high. The actual damages were limited; Richards' conduct was egregious. A ratio of 20:1 would be excessive in a case like Grimshaw. It is appropriate here because the jury could logically determine that any less would not sufficiently punish and deter.

Conclusion

The judgment is affirmed.

Zenovich, Acting P. J., and Hamlin, J., concurred.

[案情简介]

被告理查德制造公司生产一种玛莫组合膝盖的修复装置。这种装置通过在骨头表层嵌入特制的金属或塑料片来修补膝关节，以治疗某种膝关节疾病。该装置包括三种型号，每种型号包括三个部件：一个模板部件、一个测试部件以及 个最终部件。每种型号的三个部件要求彼此匹配，否则，会给部件的使用者带来疾患。在该装置中等型号的最终部件的生产过程中，由于被告公司的管理失误，导致最终部件不能与模板和测试部件相吻合。随后，被告发现了这一失误，但为了阻止自己的竞争对手在此种产品的市场上取得优势地位，他隐瞒了这一事实。原告沃斯勒由于使用被告的缺陷修复装置而受到伤害。原告向被告主张损害赔偿。

[相关法理]

产品责任损害赔偿是产品责任领域的核心问题，也是受害人能否获得充分法律救济的途径，损害赔偿的完备程度体现一国的法律完备程度和保护倾向。美国的产品责任赔偿制度走在世界的前列，对产品责任损害赔偿的规定是周密、详尽的。美国的产品责任损害赔偿不仅包括补偿性损害赔偿，还包括惩罚性损害赔偿。本案中涉及的问题有：美国产品责任赔偿中的赔偿当事人、免赔(抗辩)的事由、损害赔偿的范围等内容。

一、产品责任赔偿的当事人

在社会分工越来越精细的背景下，产品从生产到批发到销售，往往组成一个完整的生产销售的链条。在该链条的每一环节上，可能涉及众多的参与人，包括设计者、零件制造商或原材料供应商、成品的制造商或组装商、批发商、零售商、购买者。这些不同的参与者可能个别或共同地卷入产品责任赔偿案件中。在该链条末端的消费者往往是缺陷产品的受害者，他们成为产品致损潜在的求偿主体(原告)；链条上的其他人则成为可能的责任承担主体(被告)。

(一)求偿主体

缺陷产品的受害者就是产品责任的求偿主体。受害者通常是产品的消费者或使用者，但不限于此，还包括其他关系人。《美国统一商法典》第 2 条 318 款规定："卖方的明示担保或默示担保延及买方家庭中的任何自然人或买方家中的客人，只要可以合理设想该人将使用或消费此种货物或受其影响，并且上述任何人因卖方违反担保而受到人身损害，卖方不得排除或限制本条的适用。(**Uniform Commercial Code** § 2-318: Third Party Beneficiaries of Warranties Express or Implied.[Note: If this Act is introduced in the Congress of the United States, this section should be omitted. (States to select one alternative.)] Alternative A: A seller's warranty whether express or implied extends to any natural person who is in the family or household of his buyer or who is a guest in his home if it is reasonable to expect that such person may use, consume or be affected by the goods and who is injured in person by breach of the warranty. A seller may not exclude or limit the operation of this section. Alternative B: A seller's warranty whether express or implied extends to any natural person who may reasonably be expected to use, consume or be affected by the goods and who is injured in person by breach of the warranty. A seller may not exclude or limit the operation of this section. Alternative C: A seller's warranty whether express or implied extends to any person who may reasonably be expected to use, consume or be affected by the goods and who is injured by breach of the warranty. A seller may not exclude or limit the operation of this section with respect to injury to the person of an individual to whom the warranty extends.)可见，产品责任的求偿主体不只局限于产品的直接购买者，也包括因缺陷产品遭受损害的一切人：购买者的家人、亲属、朋友，甚至包括过路行人、旁观者。美国的"埃尔默尔诉美国汽车公司案"(Elmore v. American Motors Corp.)即是一典型旁观者索赔案例。该案原告是一汽车司机，因被告出售的另一具有缺陷的汽车迎面相撞而受伤。法院判定："无辜的旁观者应被给予比使用者或消费者更大的保护，以使其免受不合理预见的缺陷的伤害"(Innocent bystanders should be given greater than the user or consumer of the protection against unreasonable foreseeable harm deficiencies)。因为，使用者和消费者有机会进行事先检查或只使用信誉良好的制造商生产的产品，而旁观者没有选择产品的机会，也无法事先作出检查，因此，理应获得比使用者本人更大的保护。

(二)赔偿主体

产品责任的赔偿主体是产品责任的承担者。《第三次侵权法重述：产品责任》第20条明确规定了从事销售产品的人和以其他方式分销产品的人，其中，从事产品销售的人指在商业过程中将产品的所有权转移给任何一方，供其使用或消费或转售，使产品得以消费或使用的人。产品的商业销售者包括但不限于制造商、批发商和零售商(One sells a product when, in a commercial context, one transfers ownership thereto either for use or consumption or for resale leading to ultimate use or consumption. Commercial product sellers include, but are not limited to, manufacturers, wholesalers, and retailers.)。以其他方式分销产品的人，指在销售以外的商业交易中提供产品给另一方使用或消费，或者在使产品得以最终使用或者消费中起准备作用的人。非销售产品的商业分销者包括但不限于出租人、寄托人，及那些以促进产品使用或者消费或者以其他商业活动为目的将产品提供给他人使用的人(One otherwise distributes a product when, in a commercial transaction other than a sale, one provides the product to another either for use or consumption or as a preliminary step leading to ultimate use or consumption. Commercial nonsale product distributors include, but are not limited to, lessors, bailors, and those who provide products to others as a means of promoting either the use or consumption of such products or some other commercial activity.)。实际上，美国产品责任的赔偿主体是指所有从事销售缺陷产品的卖主。这里的卖主不限于销售商，而包括所有参与将这个产品推向市场的人或公司，如产品制造商、零件供应商、批发商、零售商、中间商、租赁人、托管人等。如受害人能够证明损害是由于某一特定的缺陷产品造成的，但由于生

产同类产品的生产者众多，受害人难以确认该产品的生产者的，应当按市场份额比例确定该产品的生产者各自承担的赔偿数额，市场占有份额越大，其所获利润也就越大，因此应承担的赔偿责任的比例也就越大。

二、产品赔偿责任的抗辩事由

美国产品责任法在保护消费者利益的同时，也注重维护产品的提供者的正当利益，以使双方利益达到平衡。通常，法律允许在一定情形下，产品的提供者可以提出某些抗辩理由来减轻或免除自己的责任。在不同的产品责任归责理论体系中，产品提供者可以提出的抗辩事由有所不同。

第一，疏忽责任中的抗辩事由。在疏忽责任下，被告得通过证明自己尽了"合理注意"的义务仍不能发现产品的缺陷，因此自己无疏忽，从而不承担赔偿责任。此外，被告同样可以通过证明损害是由于：①原告自己的过失行为，如果双方均有过失，那么通过此项证明也可相应的减少被告赔偿的数额；②原告明知产品有危险仍自主或故意加以使用；③原告明显的危险或非正常使用或擅自改动而造成的，则被告可以获得免责。

第二，担保责任中的抗辩事由。根据《美国统一商法典》和《麦格纽森·默斯保证条例》的规定，卖方可在产品买卖合同或产品说明书或其他记载其品质担保义务的书面文件中对其担保责任进行限制或排除。如果卖方这样做了，那么他对限制或排除了的担保内容所造成的损害得以免责。但是如果此项限制或排除是针对默示担保的，法律将不承认其排除的效力，同时法律禁止产品提供者对于人身伤害的责任进行排除或限制。

第三，严格责任中的抗辩事由。由于严格责任对消费者而言是最有力的保障，因此，可以提供给被告的抗辩事由相当少，但这并不意味着依严格责任提起的产品责任诉讼，被告没有抗辩的可能。根据美国法律，作为被普遍运用的被告抗辩的理由同样也适用于依严格责任提起的诉讼。抗辩事由主要集中在对产品缺陷的抗辩上。概而言之，主要有以下几种：①未将产品投入流通。②产品投入流通时引起损害的缺陷并不存在，或缺陷是其后形成的。③将产品投入流通时的科学技术水平尚不能发现缺陷的存在。这条抗辩理由即通常所说的"开发风险"抗辩。④产品的缺陷是由于遵循政府的强制性规定而导致的。⑤对于具有不可避免的危险性的产品，其缺陷不属于制造上的缺陷或该产品的提供者在采取了合理的行动，包括给予了充分而适当的警示，才予以销售的情况下，产品的提供者对产品的不可避免的危险性造成的损害不承担责任。

三、产品责任的赔偿范围

1981 年，美国国会通过了《产品责任风险保留法案》(Product Liability Risk Retention Act)。其中，产品责任是指"由于人体伤害、死亡、心灵创伤，随之发生的经济损失或财产损失(包括由财产失去使用价值而造成的损失)等一系列损害的责任"，可见，产品责任赔偿的范围包括因缺陷产品造成的精神痛苦、肢体痛苦和纯经济损失等任何损害。美国对缺陷产品损害的赔偿采用全面赔偿为主，兼有惩罚性赔偿的原则，对产品损害赔偿范围限定很少，产品造成的任何损害，几乎都可以依产品责任获得赔偿。

(一)人身损害赔偿

根据美国 1981 年《产品责任风险保留法案》和《统一产品责任示范法》的规定，关于人身伤害的赔偿不仅涉及受害人的可预见的医疗性支出，还对受害人因伤残、生病所遭受的痛苦、疼痛等予以补偿。具体包括：①受害人过去和将来必要合理的医疗费用；②受害人生计上的损失以及失去谋生能力的补偿；③受害人肉体及精神痛苦的补偿等。如果因产品缺陷致人死亡，根据有关法律的规定，可由死者的遗嘱执行人或遗产管理人或死者的遗产继承人或受益人向产品提供者主张权利并获得赔偿。在司法实践中，美国法院对受害人人身损害赔偿判定的数额较大，往往大于实际支出的医疗费用及他的实际开支，并且对精神损害的赔偿额占赔偿总额的大部分。

(二)财产损害赔偿

产品责任法上的财产损害通常是指缺陷产品之外的其他财产的损坏、毁灭，而对于产品本身则可依据买卖合同获得赔偿。财产损害的赔偿一般认为只是受到损害财产的直接经济损失，即限于损坏财产的必要的合理的更换或修理费用。但 1981 年的《产品责任风险保留法案》已将间接损失，如：因机器设备被损坏不能投入生产而丧失的营业收入，列入财产损害赔偿的范围，并在一些法院的判例中获得支持。

(三)惩罚性损害赔偿

所谓惩罚性损害赔偿(Punitive Damages)是指侵权行为人恶意实施某种行为，或对行为有重大过失时，以对行为人实施惩罚和追求一般抑制效果为目的，法院在判令行为人支付通常赔偿金的同时，还可以判令行为人支付高于受害人实际损失的赔偿金。它不是以补偿受害人的实际损失为目的，而是作为补偿性赔偿之外的一种附加判处。惩罚性赔偿制度是美国产品责任法的一项重要制度。《统一产品责任示范法》第120条(A)规定，"原告通过明显的令人信服的证据证明，由于销售者对产品使用者、消费者或可能受到产品损害的其他人员的安全采取轻率漠视的态度，致使原告受到损害，原告可以得到惩罚性损害赔偿"(Punitive damages may be awarded to the claimant if the claimant proves by clear and convincing evidences that the harm suffered was the result of the products seller's reckless disregard for the safety of product users, consumers, or others who might be harmed by the product)。

惩罚性损害赔偿在美国被广泛地加以应用，但是由于其对于加害人而言并非是一个必须加以给付的赔偿，因此对惩罚性赔偿金的适用，法院要综合考虑诸多因素后，才能确定是否给予惩罚性赔偿以及金额是多少。这些因素一般包括：①在相关时间内，产品销售者的不当行为(the Product Seller's Misconduct)造成严重损害的可能性；②产品的销售者对上述可能性的认识(察觉)程度；③不当行为对产品销售者盈利(Profitability)的作用；④不当行为持续时间和产品销售者是否有隐瞒行为(Concealment)；⑤产品销售者在不当行为被发现后采取的态度及举措(Attitude and Conduct)，以及不当行为是否已停止(Terminate)；⑥产品销售者的财务状况(the Financial condition)；⑦产品销售者由于不当行为，已经或可能受到的其他处罚的综合惩罚效果；⑧原告所遭受的损害是否亦是原告对自身安全采取轻率漠视态度(the Reckless Disregard for Personal Safety)的结果。

[案例评析]

一、美国惩罚性赔偿制度的适用及功能

本案原告Vossler在追究被告Richards Manufacturing Co.产品责任时，运用了惩罚性损害赔偿规则。惩罚性损害赔偿规则的适用前提是被告行为具有"可谴责性"：即被告为获得利润的最大化，对公共安全采取了有意的、无情的蔑视态度，即通常所谓的"轻率漠视"(Reckless and Disregard)态度。

惩罚性赔偿与补偿性赔偿的比率是本案的争议焦点之一。本案法官最后判决被告向原告支付500 000美元的惩罚性损害赔偿金，25 000美元的补偿性赔偿金，二者的比率为20：1。先前的产品责任案件中，惩罚性损害赔偿与补偿性损害赔偿的比率在加利福尼亚州从未超过2：1，在任何的关于此类案件的裁判中从未超过7：1。①该案中如此高的比率是否合理？初审法院作出了说明："法律对于这类惩罚性损害赔偿金额没有提供确切的标准，

① 李俊. 美国产品责任法(案例选评)[M]，北京：对外经济贸易大学出版社，2007：159

而是将数额的确定交给陪审团，由其在无偏见和歧视状态下自由裁量。"(The law provides no fixed standard as to the amount of such punitive damages, but leaves the amount to the jury's sound discretion, exercised without passion or prejudice.)安德林法官确认了该说明，并明确了在决定惩罚性损害赔偿金数额方面，要综合考虑多种因素。这些因素有：①在相关时间内，产品销售者的不当行为造成严重损害的可能性；②产品的销售者对上述可能性的认识(察觉)程度；③不当行为对产品销售者盈利的作用；④不当行为持续时间和产品销售者是否有隐瞒行为；⑤产品销售者在不当行为被发现后采取的态度及举措，以及不当行为是否已停止；⑥产品销售者的财务状况等。

美国的产品责任习惯法(Common Law)与成文法(Statute Law)中均确立惩罚性损害赔偿制度的牢固地位。惩罚性损害赔偿金的目的不是为了补偿受害人的损失，而是为了惩罚恶意侵犯他人权益的产品的提供者。在美国，补偿性损害赔偿金的目的为补偿受害人的损失。受害人若想提出惩罚性损害赔偿金的请求，必须同时提出补偿性损害赔偿金，而且，法院在判决惩罚性损害赔偿金时，往往会考虑其数额与补偿性损害赔偿金的比例关系，即比例原则(the Ratio Rule)。

二、我国惩罚性损害赔偿的立法概况

我国属于大陆法系，损害赔偿制度坚持"同质补偿"原则：无论是侵权损害赔偿还是违约损害赔偿都是一种单纯的补偿性民事法律救济制度，其基本功能是补偿侵权行为和违约行为的受害人因该不法行为所遭受的财产损失，即"损失多少，赔偿多少"。因此，与许多大陆法系国家一样，长期以来，我国都未建立惩罚性赔偿制度。但是随着我国经济的发展，各国文化间的交流，在我国的法律中，也出现了一些关于惩罚性赔偿的规定。目前，我国法上的惩罚性赔偿主要有：

1993 年制定的《消费者权益保护法》首次明确规定了惩罚性损害赔偿制度。该法第 49 条规定："经营者提供商品或者服务有欺诈行为的，应当按照消费者的要求增加赔偿其受到的损失，增加赔偿的金额为消费者购买商品的价款或者接受服务的费用的一倍。"最高人民法院 2003 年 4 月颁布的《关于审理商品房买卖合同纠纷案件适用法律若干问题的解释》第 8 条规定："具有下列情形之一，导致商品房买卖合同目的不能实现的，无法取得房屋的买受人可以请求解除合同、返还已付购房款及利息、赔偿损失，并可以请求出卖人承担不超过已付购房款一倍的赔偿责任……"；第 9 条规定："出卖人订立商品房买卖合同时，具有下列情形之一，导致合同无效或者被撤销、解除的，买受人可以请求返还已付购房款及利息、赔偿损失，并可以请求出卖人承担不超过已付购房款一倍的赔偿责任……"。以司法解释的方式确立了惩罚性损害赔偿制度。《合同法》第 113 条第 2 款规定："经营者对消费者提供的商品或者服务有欺诈行为的，依照《中华人民共和国消费者权益保护法》的规定承担赔偿责任。"在此，《合同法》通过准用规则，实际上也承认了惩罚性赔偿制度。2009 年 2 月 28 日通过的《中华人民共和国食品安全法》突破目前我国民事损害赔偿的理念，再次确立了惩罚性赔偿制度。第 96 条第 2 款规定："生产不符合食品安全标准的食品或者销售明知是不符合食品安全标准的食品，消费者除要求赔偿损失外，还可以向生产者或者销售者要求支付价款十倍的赔偿金。"该法规定了 10 倍的惩罚性赔偿金。

从上述立法规定中可以看出，我国在立法和司法实践中并没有完全囿于民法精神等因素的影响，不顾社会关系的现实状况，墨守成规，而是在不同程度上存在着惩罚性损害赔偿制度，同时明确了惩罚性赔偿金的限额，以适应社会发展的需要。

传统法律惩罚不法行为，给不法行为以相应的制裁，民间长期存在的"假一罚十"、"缺一罚十"等体现群众朴素的公平正义观的惩罚性思想，表明惩罚性损害赔偿与我国法律伦理及群众的正义公平信仰和理念有着天然契合，有着深厚的法文化伦理土壤和广泛的群众基础。因此，惩罚性损害赔偿与我国现存立法及传统法律伦理观念具有相融性。在我国，确立惩罚性损害赔偿制度有着现实的社会基础，是现实的和可行的。因此，我们应摒弃无谓的争执，毫不犹豫地借鉴英美法系的根据现实造法的灵活性、实用性特点。在法律体系中建立惩罚性损害赔偿制度以适应并满足现实的需要。但是，受本国经济、文化的制约，并有美国无限制惩罚性赔偿引发的保险责任危机的前车之鉴，我国在重新思考该制度时，应对之不足之处深入分析。从而构建出一个更为科学、合理的惩罚性赔偿制度[①]。

本 章 小 结

产品责任法是调整产品制造者或销售者因所制造或销售的产品具有某种瑕疵或缺陷给产品消费者或其他第三者造成损害而引起的赔偿关系的法律规范的总称，在性质上属于侵权法范畴，体现了现代民商法发展的国家干预的社会本位倾向。产品责任的构成要件有三个：产品存在缺陷、消费者或其他第三者受到损害以及损害与缺陷之间有因果关系。产品责任法对保护消费者权益、促进企业提高质量管理意识、建立良好的经贸秩序发挥着积极意义。美国产品责任法的归责基础理论经过了四个发展阶段：早期信奉英国"无契约、无责任"原则，后来发展为疏忽责任理论、担保责任理论、严格责任理论。借鉴美国产品责任的变革反思我国产品责任归责原则的完善。

---

① 刘光欢. 产品责任惩罚性损害赔偿制度研究[J]. 贵州大学硕士学位论文，2007(5)

案 例 讨 论

Supplemental Case

Donoghue v. Stevenson

On the evening of Sunday 26 August 1928 May Donoghue, née M'Alister, boarded a tram in Glasgow for the thirty-minute journey to Paisley. At around ten minutes to nine, she and a friend took their seats in the Wellmeadow Café in the town's Wellmeadow Place. They were approached by the café owner, Francis Minchella, and Donoghue's friend ordered and paid for a pear and ice and an ice-cream drink. The owner brought the order and poured part of a bottle of ginger beer into a tumbler containing ice cream. Donoghue drank some of the contents and her friend lifted the bottle to pour the remainder of the ginger beer into the tumbler. It was claimed that the remains of a snail in a state of decomposition dropped out of the bottle into the tumbler. Donoghue later complained of stomach pain and her doctor diagnosed her as having gastroenteritis and being in a state of severe shock.

On 9th April 1929, Donoghue brought an action against David Stevenson, an aerated water manufacturer in Paisley, in which she claimed £500 as damages for injuries sustained by her through drinking ginger beer which had been manufactured by him. Donoghue averred that the ginger-beer was manufactured by Stevenson to be sold as a drink to the public; that it was bottled by Stevenson and labelled by him with a label bearing his name; and that the bottles were thereafter sealed with a metal cap by Stevenson. Donoghue further averred that it was the duty of the respondent to provide a system of working his business which would not allow snails to get into his ginger-beer bottles, and that it was also his duty to provide an efficient system of inspection of the bottles before the ginger-beer was filled into them, and that he had failed in both these duties and had so caused the accident.

Stevenson objected that these averments were irrelevant and insufficient to support the conclusions of the summons.

Questions:

(1) Whether Stevenson owns Donoghue a duty of care?

(2) What is the importance of this case?

第五章

国际商事仲裁法

本章导读

目前，解决国际商事争端的方式有三种：仲裁、诉讼、替代性纠纷解决方式。此三种方式比较而言，国际商事仲裁是国际商事交易中解决纠纷最受青睐的方式。本章介绍国际商事仲裁的特点：自治性、民间性、秘密性、一裁终局性；运用仲裁方式解决国际贸易争端，必须遵循严格的仲裁程序；仲裁的最终目的是获得有效的裁决并且能够无阻碍地获得执行，关于外国仲裁裁决的承认与执行的重要依据为 1958 年《纽约公约》。

学习目标

了解世界上主要的国际商事仲裁机构；掌握国际商事仲裁的规则；具备根据解决国际商事纠纷的相关规定和案件特点来掌握和选择适当的解决程序的能力。

Key Words

International Commercial Arbitration，Arbitration Institution，Arbitration Agreement，Arbitration Procedure，Recognition and Enforcement of Arbitral Award

在国际商事交易中，纠纷是不可避免的。不同的商业预期、法律背景、文化以及政治方面的差异都有可能产生争端。对于当事人来说重要的是选择什么方式解决争端。目前，解决国际商事争端的途径除仲裁外，还有诉讼和替代性解决争议的方法(Alternative Dispute Resolution)，简称 ADR[①]。国际商事纠纷的当事人如果选择诉讼方式解决纠纷，一般会受到法律冲突和法院判决执行的阻碍。如果选择 ADR 方式，虽然具有简便易行和节省费用的优势，但由于其解决方案没有法律强制执行的效力，因此具有一定的局限性。相比之下，国际商事仲裁弥补了二者的缺陷。二战以后，仲裁逐渐成为国际商事领域最受重视的争议解决制度，已成为国际商事交易中解决纠纷的主要方式。

---

① 目前中国国内理论界对替代性争议解决方法的含义有两种不同的观点：一种观点认为 ADR 是指包括仲裁在内的各种非诉讼解决争议的方法；另一种观点认为 ADR 是除诉讼和仲裁之外的解决争议的方式，我们认为后一种观点更为合理。

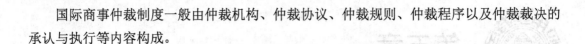

国际商事仲裁制度一般由仲裁机构、仲裁协议、仲裁规则、仲裁程序以及仲裁裁决的承认与执行等内容构成。

第一节　国际商事仲裁法概述

一、国际商事仲裁的概念和特点

国际商事仲裁(International Commercial Arbitration)，是指在国际商事交易中，当事人根据仲裁协议，自愿将争议交付给独立的第三方审理，并作出对双方当事人都有约束力的裁决的一种解决争议的方式。与法院诉讼相比，仲裁更适合国际商事交易中争议的解决。这是因为国际商事仲裁具有以下的特点。

(1) 自治性。当事人之间的争议，是否提交仲裁解决、仲裁庭如何组成、仲裁适用何种程序规则、仲裁的地点、时间等都是在当事人自愿的基础上，由当事人协商确定的，在仲裁的各个阶段都充分体现出当事人的意思自治。当事人意思自治原则被认为是国际商事仲裁法的首要原则。

(2) 民间性。国际商事仲裁中的仲裁机构为非官方的民间机构，不属于一国的司法机关，不受一国行政机关、社会团体和个人的干涉。审理案件的仲裁员多为具有专业知识的律师、法学教授、经贸专家等民间人士。因此，仲裁案件的审理不受一国的干预，更有利于争议的公平、公正的解决。

(3) 秘密性。仲裁程序是秘密进行的，这就意味着，争议的实质问题、仲裁中涉及的证据以及仲裁裁决都不能向其他第三方披露，有利于保护当事人的商业秘密，维护当事人的商业信誉。这一特征对于国际商事交往的双方尤为关键。

(4) 一裁终局性。仲裁员的裁决是终局且有拘束力的，不能就该争议向法院起诉或再进行仲裁。只有在特殊的情况下，仲裁员的裁决才有可能被法院撤销。因此采用仲裁，可以节省双方当事人的时间和精力，更符合当事人的利益。

二、仲裁机构

国际商事仲裁是通过仲裁机构进行的。按照国际商事仲裁机构组织形式的不同，可以分为临时仲裁机构和常设仲裁机构。提交临时仲裁机构进行的仲裁称为临时仲裁，而提交常设仲裁机构进行的仲裁称为机构仲裁。

1. 临时仲裁机构

临时仲裁机构(Ad hoc Arbitration Institution)，是根据当事人之间的仲裁协议，由当事人选出的仲裁员自行组成的，负责审理当事人之间的有关争议，并在审理终结作出裁决后即自行解散的临时性机构。临时仲裁机构一般无固定的组织、地点以及仲裁规则，是为了解决某项特定的争议而专门设立的仲裁机构。待仲裁结束后，仲裁庭即解散。

现代仲裁制度肇始于临时仲裁，曾经是仲裁的主要形式。即使在常设仲裁机构遍布全球的今天，临时仲裁仍被广泛使用。据美国芝加哥大学的一项调查报告指出，在国际进出口贸易中，进口商方面，有 67%的进口商要求在其合同中约定将有关争议提交常设仲裁机构处理，只有 25%的进口商希望在其合同中约定将有关争议提交给特别仲裁机构进行处理；但是在出口商方面则相反，只有 37%的出口商选择常设仲裁机构进行仲裁，45%的出口商要求选择特别仲裁处理争议。[①]

临时仲裁机构的主要优势在于灵活多变，赋予当事人更大的自由权。当事人可以自行决定仲裁的几乎所有方面，包括仲裁员的选择、仲裁地点、仲裁适用的程序以及仲裁费用的负担等。此外，临时仲裁机构可以节省常设仲裁机构收取的管理费和服务费，减少常设仲裁机构在管理方面的复杂手续，降低解决争议的成本。然而，正如一个钱币的两面，这些优势从另一个角度看即为临时仲裁的不足之处。由于缺乏常设的仲裁机构的协助，临时仲裁的进行主要由当事人通过仲裁协议对仲裁涉及的所有事项作出规定，依赖于双方当事人之间的合作。一旦仲裁协议规定不全面，当事人不能进行充分的合作，仲裁便难以继续，导致争议久拖不决，反而增加解决争议的成本。

2. 常设仲裁机构

常设仲裁机构(Permanent Arbitration Institution)，是指根据国际公约或一国国内法设立的，有特定的名称、地址、一定的组织机构和仲裁程序规则的解决争议的仲裁组织。

与临时仲裁机构相比，常设仲裁机构不是为了解决某一特定的争议而设立的，不会因为特定争议的解决而解散。一般而言，常设仲裁机构都有自己的组织机构，比如秘书处、理事会等。这类机构本身并不具体负责审理某一案件，而是为当事人仲裁提供协助和便利，比如接受当事人提出的仲裁申请、收转仲裁文书、协助当事人组成仲裁庭等，以保障仲裁程序的顺利进行。同时，常设仲裁机构一般都有自己的仲裁规则，当事人一旦产生纠纷，只需要根据仲裁协议中的约定将争议提交给某一仲裁机构并依据该机构的仲裁规则审理即

---

① 石育斌. 国际商事仲裁研究(总论篇)[M]. 上海：华东理工大学出版社，2004：58

可。不少常设仲裁机构还备有仲裁员名单，供当事人选择，以尽快组成仲裁庭。常设仲裁机构能够使争议得到及时、妥善和公正的解决，所以现在当事人更倾向于选择机构仲裁。机构仲裁已经成为国际商事仲裁的主要形式。目前，世界上主要的常设仲裁机构有：

(1) 国际商会国际仲裁院(International Chamber of Commerce International Court of Arbitration，简称 ICC 仲裁院)。ICC 仲裁院是国际商会下设的机构。国际商会本身是为了促进国际商事活动的进行而成立的非政府间国际组织，其仲裁院也是为了以仲裁的方式解决国际纠纷、促进和维护国际商事活动的目的而设立的。ICC 仲裁院成立于 1923 年的法国巴黎，目前已成为处理国际性商事争议最重要的一个仲裁机构。截至 2008 年底，受理了约 15 000 件国际仲裁案件，涉及 170 个国家和地区。仅 2008 年，ICC 仲裁院就受理了 663 件申请仲裁的案件，这些案件涉及来自 120 个不同国家的 1 758 个当事人，当事人所指定的仲裁员来自 74 个不同的国家，仲裁审理地点遍及世界上 50 个国家。[①]因此，ICC 仲裁院是典型的国际性商事仲裁机构。

ICC 仲裁院成立至今，曾经对其仲裁规则作了多次修订。该仲裁院现行仲裁规则是 1998 年 1 月 1 日起开始生效的。现行的仲裁规则共 35 条，并有 3 个附件，附件一为国际商会国际仲裁院章程，附件二为国际商会国际仲裁院内部规则，附件三为仲裁费用和报酬。

(2) 伦敦国际仲裁院(London Court of International Arbitration，简称 LCIA)。LCIA 是国际上最早成立的常设仲裁机构，于 1892 年成立于伦敦。原名为伦敦仲裁会，1903 年改名为伦敦仲裁院。1975 年伦敦仲裁院与皇家特许仲裁院协会合并，并于 1981 年改名为伦敦国际仲裁院。LCIA 现由伦敦市、伦敦商会和皇家特许协会三家共同组成的联合管理委员会管理。它是目前英国最主要的国际商事仲裁机构，可以受理英国国内以及国外的商事仲裁案件，尤其擅长国际海事案件的审理。由于其较高的仲裁质量，它在国际社会上享有很高的声望。

LCIA 于 1998 年 1 月 1 日起实行新的《伦敦国际仲裁院规则》。仲裁庭组成后，一般应当按照伦敦国际仲裁院的仲裁规则进行仲裁程序，但同时，该仲裁院也允许当事人约定按《联合国国际贸易法委员会仲裁规则》规定的程序仲裁。LCIA 备有供当事人选择的仲裁员名单，同时允许当事人从该名单之外选择仲裁员以组成仲裁庭。

(3) 美国仲裁协会(American Arbitration Association，简称 AAA)。AAA 是美国最主要的常设仲裁机构，成立于 1926 年，总部设在纽约，在美国其他城市设有分会，是一个非营

---

① 数据来源于国际商会国际仲裁院网站，http://www.iccwbo.org/court/arbitration/id5531/index.html，2009 年 1 月 13 日

利性的民间性机构。AAA 受理争议的范围相当广泛,包括商事争议、建筑争议、能源争议、保险争议、知识产权争议、体育争议、证券争议以及劳动争议等。从案件数量上讲,美国仲裁协会的受案量世界第一,但其中劳动争议等美国国内案件占绝大部分。为了处理国际商事争议,AAA 设有专门的国际争议解决中心(International Center for Dispute Resolution),备有相应的《国际仲裁规则》,其最新的版本是 2001 年 11 月 1 日起实施的。此外,AAA 还提供根据《联合国国际贸易法委员会仲裁规则》进行仲裁的服务。

(4) 瑞典斯德哥尔摩商会仲裁院(Arbitration Institute of the Stockholm Chamber of Commerce,简称 SCC 仲裁院)。SCC 仲裁院成立于 1917 年,属于瑞典斯德哥尔摩商会的一个机构,但具有独立的地位和职能。瑞典的仲裁制度历史悠久,特别是在 20 世纪 70 年代,该仲裁院被联合国和前苏联承认为是一个中立的争端解决机构,同东西方各国都保持着良好的关系,逐渐成为东西方国际贸易仲裁的中心。例如,中国自 20 世纪 70 年代开始大量引进外国的成套设备,在这些合同中如果约定仲裁,当事人一般倾向于选择 SCC 仲裁院进行仲裁。即使进入 80 年代后,中国国际经济贸易仲裁委员会已经逐步建立起国际声誉,外方当事人仍愿意选择 SCC 仲裁院来解决争议。[1]近年来,SCC 仲裁院的受案量不断上升,仅 2008 年就受理了 176 件案件,其中国际案件 85 件,涉及来自 38 个国家的当事人。[2]

SCC 仲裁院备有自己的仲裁规则,现行规则从 2007 年 1 月 1 日起施行。该规则的最大特点在于其灵活性。当事人不仅可以依据 SCC 仲裁院的仲裁规则进行,也可以适用当事人约定的其他程序或规则。另外,SCC 仲裁院没有仲裁员名单,对仲裁员的国籍没有任何限制,当事人可自由指定任何国家、任何身份的人作为仲裁员。通常双方当事人各自选择一名仲裁员,首席仲裁员由 SCC 仲裁院理事会指定,组成三人仲裁庭。这是该院仲裁的一个特点,此举便于仲裁院掌握决定首席仲裁员人选的权利,提高了仲裁的速度和效率。

(5) 中国国际经济贸易仲裁委员会(China International Economic and Trade Arbitration Commission,简称 CIETAC)。它是以仲裁的方式,独立、公正地解决契约性或非契约性的经济贸易等争议的常设商事仲裁机构,是中国最主要的涉外常设仲裁机构之一[3]。该仲裁委员会是根据原中华人民共和国中央人民政府政务院的决定,于 1956 年 4 月设立的,当时名称为中国对外贸易仲裁委员会。由于当时中国对外贸易的数量有限,对外贸易仲裁委员会审理的案件数量也相当有限。改革开放后,为了适应中国对外贸易关系发展的需要,对

---

① 陈治东. 国际商事仲裁法[M]. 北京:法律出版社,1998:84
② 数据来源于《瑞典斯德哥尔摩仲裁院 2008 年数据报告》。
③ 另一个为中国海事仲裁委员会(China Maritime Arbitration Commission,简称 CMAC),主要受理海事、海商、物流争议以及其他契约性或非契约性争议。

外贸易仲裁委员会于 1980 年改名为对外经济贸易仲裁委员会，受理案件的范围也不断扩大。该委员会又于 1988 年改名为中国国际经济贸易仲裁委员会，自 2000 年 10 月 1 日起同时启用"中国国际商会仲裁院"名称。CIETAC 总会设在北京，并先后在深圳、上海和天津设立分会。

自 1990 年开始，CIETAC 的受案量一直居于世界主要仲裁机构的前列。仅 2008 年一年，共受理经贸仲裁案件 1230 件，审结案件 1097 件，涉案争议标的额超过人民币 209.18 亿元，其中涉外案件 548 件，案件当事人涉及 45 个国家和地区。①CIETAC 备有仲裁员名单，除中国籍仲裁员外，还包括来自世界 26 个国家的外籍仲裁员以及我国香港、澳门和台湾地区的仲裁员共 274 名。其仲裁裁决的公正性逐渐得到了国内外的一致确认，仲裁裁决在香港的执行率达到了 99%以上。同时，根据《联合国承认和执行外国仲裁裁决的公约》，其仲裁裁决已经在美国、英国、日本等世界上 20 多个国家得到承认和执行。经过不断的努力，CIETAC 已在世界范围赢得良好的声誉，成为世界上重要的国际商事仲裁机构之一。

CIETAC 于 1956 年 4 月成立之际，中国国际贸易促进委员会根据国际惯例制订了仲裁程序暂行规则。随着我国经贸形势的发展和仲裁业务的需要，CIETAC 分别于 1988 年、1994 年、1995 年、1998 年、2000 年和 2005 年先后六次修改并完善其仲裁规则，现行仲裁规则从 2005 年 5 月 1 日起开始施行。

(6) 香港国际仲裁中心(Hong Kong International Arbitration Center，简称 HKIAC)。该中心成立于 1985 年，其目的是协助有纠纷的当事人通过仲裁或其他方式解决争议。它由香港主要的商业和专业人士组成，是一家民间性质的非营利性的有限担保公司。近年来，HKIAC 受案量不断攀升，仅 2007 年一年就审理了 448 件区内和国际案件。同时，香港是《联合国承认和执行外国仲裁裁决公约》的成员方。1977 年 4 月 21 日，由英国代表香港决定香港参加该公约。由于中国也是该公约的签约国，在 1997 年 7 月 1 日以后该公约仍适用于香港。由此，HKIAC 的裁决可以在世界上 140 多个国家得到执行。因此，HKIAC 逐渐成为亚洲解决争议的中心。

HKIAC 推荐当事人适用《联合国国际贸易法委员会仲裁规则》，并于 2008 年 9 月 1 日开始实行自行制定的《香港国际仲裁中心国际仲裁管理程序》。HKIAC 备有仲裁员名单。根据其仲裁规则，如果当事人未约定仲裁员人数，应由 HKIAC 理事会决定将案件提交独任仲裁员还是三人仲裁庭。若采用三人仲裁庭，由双方当事人分别选择一名仲裁员，然后由这两名仲裁员选择第三名首席仲裁员。

---

① 数据来源于《中国国际经济贸易仲裁委员会 2008 年工作报告》。

三、仲裁协议

1. 仲裁协议的概念

仲裁协议(Arbitration Agreement)，是指双方当事人自愿将他们之间业已发生的或将来可能发生的争议交付仲裁解决的一种书面协议。仲裁协议被认为是国际商事仲裁的基石。它建立在双方当事人自愿、平等和协商一致的基础上，是双方当事人就特定争议提交仲裁所达成的意思表示的一致。正是这种合意的存在，仲裁机构才有权受理争议案件，仲裁程序才得以进行。

2. 仲裁协议的效力

在国际商事仲裁实践中，一项有效的仲裁协议通常具有以下几个方面的法律效力：

(1) 对双方当事人的法律效力。仲裁协议一经成立，就对双方当事人产生法律效力，当事人均受到仲裁协议的约束。纠纷发生后，当事人只能向仲裁协议中所确定的仲裁机构申请仲裁以解决该纠纷，不得向法院提起诉讼。如果一方当事人违背仲裁协议，就该争议事项向法院起诉，另一方当事人有权请求法院停止诉讼程序，驳回当事人的起诉。例如，《中华人民共和国民事诉讼法》第 255 条规定："涉外经济贸易、运输和海事中发生的纠纷，当事人在合同中订有仲裁条款或者事后达成书面仲裁协议，提交中华人民共和国涉外仲裁机构或者其他仲裁机构仲裁的，当事人不得向人民法院起诉。"

(2) 对仲裁机构的法律效力。一项有效的仲裁协议是仲裁机构受理争议案件的依据，是仲裁机构行使管辖权的基础。例如，《中国国际经济贸易仲裁委员会仲裁规则》第 3 条规定："仲裁委员会根据当事人在争议发生之前或者在争议发生之后达成的将争议提交仲裁委员会仲裁的仲裁协议和一方当事人的书面申请，受理案件。"如果当事人之间没有达成仲裁协议或者仲裁协议无效，则仲裁机构无权受理该争议。同时，仲裁机构审理争议的范围也受到仲裁协议的严格限制，即仲裁机构只能受理仲裁协议中约定进行仲裁的争议，就该争议作出裁决。如果仲裁裁决的事项超过仲裁协议的规定范围，当事人可申请法院撤销或者拒绝承认与执行该仲裁裁决。

(3) 对法院的法律效力。一项有效的仲裁协议排除法院对特定争议的管辖权，这是仲裁协议最为重要和明显的法律效力。如果双方当事人就特定争议提交仲裁达成协议，他们就不能把该争议案件提交法院处理，否则仲裁协议将形同虚设。如果一方当事人违反仲裁协议的规定，向法院起诉，法院也应拒绝受理案件，终止诉讼程序。例如，《中华人民共和国仲裁法》第 5 条："当事人达成仲裁协议，一方向人民法院起诉的，人民法院不予受理,但仲裁协议无效的除外。"目前,世界上大多数国家都承认有效的仲裁协议具有排除法院管辖的效力。同时,一项有效的仲裁协议是法院执行仲裁裁决的依据。由于仲裁的民间性质,如果一方当事人不履行仲裁裁决,仲裁机构本身是不能强制执行该裁决,只能由另一方当事人向法院申请强制执行。一项有效的仲裁裁决是法院执行裁决的依据之一。大多数国家的国内立法以及相关的国际公约中都规定,当事人在申请法院执行仲裁裁决时须提交有效的仲裁协议。若仲裁协议无效,则构成法院拒绝执行仲裁裁决的理由之一。

3. 仲裁协议的形式

根据国际商事仲裁实践,仲裁协议通常有以下三种表现形式:

(1) 仲裁条款(Arbitration Clause)。仲裁条款是仲裁协议的一种最常见和最重要的形式,是双方当事人在争议发生前达成的,同意把有关合同中可能产生的争议提交仲裁解决的协议。它在形式上不是一个单独的协议,而是包含在主合同中,是主合同的一项条款。例如,《中华人民共和国合同法》第 12 条规定,合同一般包括以下内容:①当事人的名称或者姓名和住所;②标的;③数量;④质量;⑤价款或者报酬;⑥履行期限、地点和方式;⑦违约责任;⑧解决争议的方法。通常在国际商事交易中,当事人选择解决争议的方法多为仲裁,在合同中订立仲裁条款。

(2) 仲裁协议书(Submission to Arbitration Agreement)。它是双方当事人在争议发生后,经过平等协商而订立的愿意将争议提交仲裁的专门协议。它是独立于主合同之外的单独的仲裁协议。一般是主合同中没有约定仲裁条款,或者仲裁条款约定不明确,在纠纷发生后由双方当事人达成的。仲裁协议书是一种传统的仲裁协议,现在在实践中已不多见,其运用不如仲裁条款普遍。主要原因在于,争议发生后,双方当事人往往因为立场的不同以及利益的冲突,很难再达成一致意见。

(3) 其他类型的仲裁协议。它是指双方当事人在相互往来的信函、电报、电传、传真、电子数据交换、电子邮件或其他书面材料中,约定将他们之间已经发生或可能发生的争议提交仲裁而达成的协议。与上述两种仲裁协议相比,其不同之处在于,仲裁的意思表示一般不集中表现于某一个法律文件中,而往往分散在当事人之间彼此多次往来的不同文件中。因此,在这种情况下,确定双方当事人是否就仲裁达成合意至为重要。例如,一方当事人将他希望订立仲裁协议的事宜向对方当事人发出建议,如果对方当事人愿意接受该项建议,必须将他接受该仲裁协议的意向明确传达给对方当事人,通过这种往来,仲裁协议得以成立。如果一方当事人以信函等方式向对方表示仲裁的意思,对方当事人未明确表示同意与否,这是否构成对仲裁建议的默示的接受,各国的司法实践并不一致。多数国家都不承认仲裁条款可以通过默示成立而达成[①]。

4. 仲裁协议的内容

仲裁协议尽管形式各异，但内容基本相同。许多常设仲裁机构专门制定了仲裁的示范条款，供当事人选择。

例如，伦敦国际仲裁院推荐的仲裁条款为："Any dispute arising out of or in connection with this contract, including any question regarding its existence, validity or termination, shall be referred to and finally resolved by arbitration under the LCIA Rules, which Rules are deemed to be incorporated by reference into this clause. The number of arbitrators shall be [one/three]. The seat, or legal place, of arbitration shall be [City and/or Country]. The language to be used in the arbitral proceedings shall be [   ]. The governing law of the contract shall be the substantive law of [   ]."，即由于本合同而产生的或与本合同有关的任何争议，包括对其存在、效力或终止的任何问题，均应按照伦敦国际仲裁院的规则提交仲裁并通过仲裁予以最终解决，伦敦国际仲裁院的规则被视为已经并入本条款之内。仲裁员人数应为＿＿＿名，仲裁地点应为＿＿＿，仲裁程序使用的语言应为＿＿＿，合同的管辖法律应为＿＿＿的实体法。

中国国际经济贸易仲裁委员会的示范仲裁条款为："凡因本合同引起的或与本合同有关的任何争议，均应提交中国国际经济贸易仲裁委员会，按照申请仲裁时该会现行有效的仲裁规则进行仲裁。仲裁裁决是终局的，对双方均有约束力。"

仲裁协议是仲裁机构受理案件、解决争议的依据，因此仲裁协议订立得是否得当，关系到当事人的争议能否得到公平、公正的处理。为了避免日后产生争议，维护当事人自身的权利，仲裁协议的内容应尽量订得具体、明确和完整。一般来说，仲裁协议包括以下内容：

(1) 将争议提交仲裁解决的意思表示。即双方当事人同意将争议通过仲裁的方式解决的约定，这是仲裁协议的首要内容。这种意思表示必须明确，含有完全排除法院管辖权的意思，否则将导致仲裁协议无效。例如，当事人约定"因本合同引起的争议，提交某仲裁机构仲裁或法院起诉"，当事人请求仲裁的意思表示模棱两可、语意不清，一旦发生争议，该条款将无法执行。

(2) 提交仲裁的事项。即双方当事人约定将何种争议提交仲裁，这是仲裁机构行使管辖权的依据。当事人实际提交仲裁的争议以及仲裁机构受理的争议，不能超过仲裁协议中

---

① 陈治东. 国际商事仲裁法[M]. 北京：法律出版社，1998：104

所约定的提交仲裁的事项。如果仲裁机构超越仲裁协议中所约定的事项作出裁决，将会影响仲裁裁决的效力，使其被法院撤销或者不能获得法院的执行。仲裁协议可能是在争议发生前或发生后达成的，特别是当事人在争议发生前达成仲裁协议的情形下，由于当事人不可能预知今后将要发生的争议的性质，因而对仲裁事项应尽量采取概括的表述方式，避免采取在仲裁协议中作出限制性规定，如"因本合同引起的任何纠纷"，力求使其包含的内容更宽泛一些。另外，当事人在仲裁协议中约定的争议事项应为可仲裁事项，是法律允许的可以通过仲裁解决的争议。可仲裁事项是与公共政策(Public Policy)相关的问题，凡涉及一国公共政策的事项，一般不允许当事人通过仲裁解决，而只能向法院诉讼。各国法律通常采用除外的方式规定了不能提交仲裁的事项，例如《中华人民共和国仲裁法》第3条规定，"下列纠纷不能仲裁：①婚姻、收养、监护、扶养、继承纠纷；②依法应当由行政机关处理的行政争议"。由于公共政策是与一国的政治、经济以及社会因素紧密相连的，各国对于公共政策的理解并不相同，因此对于可仲裁事项的规定也存在差别。随着国际商事仲裁实践的发展，各国对于可仲裁事项的规定有不断扩大的趋势。一些传统上不能仲裁的事项，比如与合同有关的侵权争议、知识产权争议、证券交易争议以及反垄断争议等，在一些国家已经可以通过仲裁解决。

(3) 仲裁地点。仲裁地点的选择，是仲裁协议中至关重要问题，它对于仲裁协议的效力乃至整个仲裁所涉及的商事纠纷有着不可忽视的影响。这主要是因为，仲裁地点是确定仲裁裁决国籍的重要因素。一些国家的国内仲裁法是以仲裁裁决地作为确定仲裁裁决国籍的标准，这直接关系到仲裁裁决将来是否能获得承认与执行。同时，仲裁地点也是确定仲裁所适用的程序规则和实体法的主要因素。一般而言，在当事人没有约定的情况下，凡属程序问题一般都要适用仲裁地法。对于实体问题，如果当事人没有约定的情况下，根据国际私法规则，仲裁庭将适用仲裁所在地的冲突规则来确定应适用的实体法。另外，在国际商事交易中，由于双方当事人位于不同的国家，仲裁过程中取证、听审是否方便、交通是否便利等都受到仲裁地点的影响。

(4) 仲裁庭的组成或仲裁机构。仲裁协议中可以约定由当事人共同指定仲裁员组成临时仲裁机构进行仲裁，也可以约定在常设仲裁机构中进行。如果当事人选择临时仲裁机构进行仲裁，应在仲裁协议中写明仲裁庭的组成；如果当事人选择某一常设仲裁机构进行仲裁，应在仲裁协议中写明该仲裁机构的名称。

实践中当事人对仲裁机构约定不规范的，主要分为三种情形：一是当事人在仲裁协议中未明确约定仲裁机构的名称，仅规定了在某个国家或某个城市仲裁，如"因本合同引起的任何争议应提请伦敦仲裁机构仲裁"。但是，伦敦有多个仲裁机构，除影响最大的英国伦敦国际仲裁院，还有其他的常设仲裁机构，如"注册仲裁员协会"和隶属于英国法律研究中心的"争端解决中心"。此外，在伦敦的许多行业协会，如谷物协会、橡胶协会、油类协会等都有自己的仲裁机构。如果通过当事人的仲裁协议无法推断出受理案件的仲裁机构，大多数国家的法律认为此类仲裁协议无效，有关仲裁机构将拒绝受理案件。二是约定的仲裁机构不存在，如"因本合同引起的任何争议应提请中国知识产权仲裁委员会进行仲裁"，事实上，该仲裁委员会并不存在。在这种情形下，大多数国家在司法实践中会灵活地解释当事人选择仲裁机构的意思表示。如果依常理不能推定，则一般认为该仲裁协议无效。三是约定了两个以上的仲裁机构，如"因本合同引起的任何争议应提请中国国际经济贸易仲裁委约会或瑞典斯德哥尔摩商会仲裁院仲裁"。这类仲裁协议被称为"浮动的仲裁协议"(Floating Arbitration Agreement)，对其效力，各国规定不同。一些国家的法律承认这种仲裁条款的有效性，认为尽管这类仲裁协议存在不确定性，当事人只要选择其中之一的仲裁机构即可进行仲裁。可见，在对仲裁机构约定不规范时，由于各国的法律以及法院对于仲裁制度的态度不同，导致了此类仲裁协议效力的不确定性。

(5) 仲裁程序规则。仲裁程序规则是当事人以及仲裁庭在仲裁过程中应遵循的程序规则。包括仲裁申请的提起、答辩的方式、仲裁员的指定、仲裁庭的组成、案件的审理以及仲裁裁决的作出等内容。程序问题往往会影响实体问题，不同的程序规则对仲裁案件的审理可能会产生影响。因而当事人在订立仲裁协议时，应明确规定仲裁所适用的程序规则，以便仲裁能顺利进行。目前，主要的常设仲裁机构都制定了自己的仲裁规则，供当事人在选择本仲裁机构进行仲裁时适用。有些仲裁机构也允许当事人任意选择使用他们认为合适的仲裁规则，当事人有权选择其他仲裁规则。另外，在 1976 年联合国大会上通过了《联合国国际贸易法委员会仲裁规则》(UNCITRAL Arbitration Rules)，它对各国并不具有普遍的约束力，仅供合同双方当事人自愿以书面方式约定适用。

(6) 仲裁裁决的效力。仲裁裁决的效力是指仲裁裁决是否为终局性的，对当事人是否有拘束力，当事人是否能向法院上诉等。大多数国家的法律均承认，仲裁裁决不论是在仲裁程序的哪一个阶段作出，都具有终局性，限制对仲裁裁决的上诉。

除此以外，当事人还可以根据争议案件的特点，在仲裁协议中约定仲裁使用的语言、仲裁费用的负担等问题。

5. 仲裁条款的独立性

仲裁条款的独立性(Separability of Arbitration Clause)涉及的是在主合同无效、变更、解除或终止等情况下，作为主合同中解决争议的仲裁条款是否有效，仲裁机构是否能够依此条款取得对争议案件的管辖权的问题。

传统观点认为，仲裁条款是主合同中的一部分，主合同无效，合同中的仲裁条款当然也归于无效。因为，作为主合同组成部分的仲裁条款是针对合同的法律关系而起作用的，既然主合同不存在，那么附属于合同的仲裁条款就因此丧失了存在的基础，所谓"皮之不存，毛将焉附"。[①]传统观点的错误在于没有意识到仲裁条款的特殊性。与合同中其他条款不同，仲裁条款规定的不仅仅是双方当事人之间相互承担的义务，还是双方当事人对仲裁机构的授权。正是基于这种授权，在当事人之间发生与合同有关的争议时，可以通过仲裁的方式获得救济。因此，仲裁条款非但不应该因为主合同存在瑕疵而失去效力；相反，正是在这种情况下，其作为救济手段的作用才能得以发挥。如果仲裁条款不具有独立性，则仲裁机构对争议的管辖权必须依赖于法院对仲裁协议的效力作出裁决后方能确定，仲裁制度就失去了存在的基础。

随着国际商事仲裁实践的发展，各国对待仲裁条款的态度开始有所转变。最早是英美法系国家的法院在判决中确立了仲裁条款的独立性的原则。英国法院在审理 Heyman v. Darwins 一案时，初审法官在判决中写道："如果合同从来就不存在，那么，作为合同一部分的仲裁协议也不存在。因为大合同中包含小协议。"原告不服，向上议院提起上诉。上议院于 1942 年推翻原判，认为该合同中的仲裁条款可以不依赖于其依据的合同而独立存在。[②]其后，美国联邦最高法院在 1967 年 Prima Paint Corp. v. Flood & Conklin Mfg. Co. 一案的判决中，确立了仲裁条款独立于其所依据的合同，即使该合同因为欺诈而自始无效，将该原则提高到一个新的水平。[③]

大陆法系国家也在其国内法律中规定了仲裁条款的独立性，成为各国普遍接受的原则。例如，《意大利民事诉讼法典》第 808 条规定，仲裁条款应独立于其所依存的合同。另外，我国也有类似的规定，《中华人民共和国仲裁法》第 19 条规定，仲裁协议独立存在，合同的变更、解除、终止或者无效，不影响仲裁协议的效力。

---

① 陈治东. 国际商事仲裁法[M]. 北京：法律出版社，1998：124

② See: Heyman v. Darwins [1942] AC 356

③ See: Prima Paint Corp. v. Flood & Conklin Mfg. Co., 388 U.S. 395 (1967)

第二节 仲 裁 程 序

[Case 5-1]

Paklito Investment Ltd. v. Klockner East Asia Ltd.

United Kingdom, High Court of Hong Kong, 1993.

1993 (Vol.2) Hong Kong Law Reports 40.

Kaplan J.:

On 15th November 1990 the China International Economic and Trade Arbitration Commission (CIETAC) RENDERED AN ARBITRAL AWARD IN FAVOUR OF THE Plaintiffs in the sum of approximately US$800,000.

On 12th August 1991 Master Cannon granted the Plaintiffs ex parte leave to enforce this award as a judgment of this court. This was done under the provisions of s. 44 of the Arbitration Ordinance (Cap.341) which is the means by which the New York Convention of 1958, to which Hong Kong and China are both parties, is given statutory effect in Hong Kong. The application was also made under Order 73 of the Rules of The Supreme Court.

On 11th February 1992 Master Cannon, after an inter partes hearing, set aside her order dated 12 August 1991 and I have before me an appeal from that decision. I should add that the appeal was listed before me on 1st April 1992 but was adjourned at the request of both parties in order to obtain from CIETAC a recording or a transcript of the hearing before them held on 25th April 1990.

Facts

By a contract in writing made between the parties on the 17th August 1988 the defendants agreed to sell to the plaintiffs and the defendants agreed to buy 2500 MT of hot dip galvanized steel in coil at a total price of US$1,944,000 C&F to be delivered in November 1988. The port of loading was Istanbul, Turkey and the port of destination was Huangpu, China.

Between 10th October and 19th November 1988 the goods were inspected at the manufacturer's plant by Vitsan S.A. The inspection confirmed that the goods were in good order.

On 20th December 1988, the steel coils were loaded on board m.v. "Kornat" at Istanbul. They arrived in Huangpu, China on 19th January 1989. The goods were then transshipped to Haikou, China, leaving Huangpu on 25th January and were unloaded in Haikou on 2nd February

1989.

On arrival at Haikou, the goods were examined by the Hainan Import and Export Inspection Bureau and on 14th February 7 1989 they were moved to storage outside a warehouse in Haikou.

When the examination certificates were published, they revealed certain defects in the steel. The Weight Inspection Certificate was issued on 20th March, showing the steel to be 9.190 tons under weight. On 14th April the Quality Inspection Certificate was issued, concluding that the goods did not comply with the quality requirements. Some white rust had formed and certain parts of the steel coils had not been galvanized.

On 19th April 1989, claims were made by a series of sub-purchasers and by the Plaintiff against the defendant for defective goods. The contract contained an arbitration clause providing for arbitration in China. Pursuant to this the plaintiffs submitted to CIETAC their written application for arbitration on 10th August 1989.

The Hearing

On the morning of 25th April 1990 an oral hearing was held by the arbitration tribunal. The plaintiff maintains that this was a full hearing with detailed submissions on the evidence and issues, whereas the defendant says the hearing was merely a preliminary hearing.

The defendant also says that at the hearing they made a request for a further oral hearing to consider the causes of the formation of white rust. It appears that the defendant has since requested a copy of the recording of or transcript of the hearing but CIETAC has refused to release a transcript or to allow the defendant to listen to the original tape.

CIETAC gave a direction at the hearing allowing the submission of further evidence within one month from that date. The defendant submitted their defence on 10th May 1990 and the plaintiff submitted certain exhibits on 19th May.

On 31th July 1990 CIETAC notified the defendant of its decision to appoint its own experts to carry out investigations. The Rules of Arbitration of CIETAC allow an arbitral tribunal to take this course of action. The relevant articles of the Rules state:

"26. The parties shall give evidences for the facts on which the claims or defences are based. The arbitration tribunal, in case of deeming necessities, may make investigations and collect evidences on its own."

"28. The arbitration tribunal may consult specialists for special problems arising from the

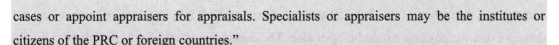

cases or appoint appraisers for appraisals. Specialists or appraisers may be the institutes or citizens of the PRC or foreign countries."

On 11th August the defendant wrote to the Commission objecting to this appointment on the ground that such an investigation would be useless having regard to the almost one and a half years that had elapsed since the goods were delivered in Haikou. The defendant also stated that they would not accept the results of any such investigation.

On 12th September 1990 the experts employed by the arbitral tribunal made their inspection and took away samples of the five specifications of steel coils. The report, issued on 31th October, concluded that there were deficiencies in the galvanized layer on the samples, including ungalvanised patches, and that the rate of corrosion of the galvanized layers was twice that expected "except for industrial areas in the tropics". That the report was intended to conclude whether the defects were of manufacture or storage is made clear at the commencement of the Report where it was stated the purpose of the inspection was:

"...in order to rule out the responsibility for the quality of the galvanized layer of the galvanized sheet being attributed to the time after the goods had left the factory..."

The report was received by the defendant's lawyer on 8th November. It is common ground that the Tribunal were informed orally that the defendant wished to comment after considering the report. On 12th November the defendant wrote to CIETAC stating their intention to submit a further defence in answer to the report and questions arising from it.

On 15th November 1990 the Arbitration Tribunal rendered its award in favor of the plaintiff. The letter from the defendant was received by CIETAC on 20th November. On 8th January the defendant wrote to the Commission outlining their expectation of having an opportunity to adduce further evidence at an oral hearing. No reply was ever received from CIETAC.

Procedure before CIETAC

There is some question both as to exactly what occurred at the CIETAC hearing in the present case and as to the procedure normally followed at a CIETAC arbitration tribunal. As regards the latter question, the plaintiffs contend that there is no right to cross-examination either under Chinese law or under CIETAC's Arbitration Rules.

...I do not accept the plaintiff's submissions that Chinese law and arbitration practice does not allow cross-examination either in general or in relation to experts engaged by the Tribunal. In the light of the above, I think the defendants did have the right to expect they would be able to comment on the reports of the Tribunal appointed experts. This is such a basic right that I cannot conceive that the position would be otherwise. The conclusion at which I have arrived certainly accords with what I have seen during the course of enforcing over forty CIETAC awards.

Issues

There are in effect two issues, either of which is sufficient to have the appeal dismissed. The first issue is whether the hearing of 25th April 1990 was a substantive hearing on the merits of the case or a preliminary one, dealing only with procedural matters and entitling the defendant to expect a further hearing.

The second issue is whether the defendants were unable to present their case because they were given no opportunity deal with the expert's reports.

As the second issue in itself is sufficient to dispose of this case, I propose to deal with this matter first.

No Opportunity to Deal with Expert's Reports

Sections 44(1),(2) & (3) of the Arbitration Ordinance provide:

"i.Enforcement of a Convention award shall not be refused except in the case mentioned in this section.

ii.Enforcement of a Convention award maybe refused if the person against whom it is invoked proves-

(a) …

(b) …

(c) that he was not given proper notice of the appointment of the arbitrator or of the arbitration proceedings or was otherwise unable to present his case; or

iii. Enforcement of a Convention award may also be refused if the award is in respect of a matter which is not capable of settlement by arbitration, or if it would be contrary to public policy to enforce this award."

I have little doubt that if these facts arose in the context of a domestic arbitration in Hong Kong either a successful application would have been made for the removal of the arbitrators on the ground of misconduct or else enforcement under s. 2H of the Arbitration Ordinance would have been refused in the exercise of the court's discretion.

I hasten to add that the term "misconduct" implies no impropriety on the part of the arbitrators but refers to situations where there has been a serious procedural irregularity.

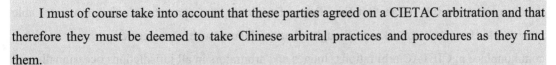

I must of course take into account that these parties agreed on a CIETAC arbitration and that therefore they must be deemed to take Chinese arbitral practices and procedures as they find them.

I must also take into account that when applying the terms of s.44 which give rise to Hong Kong's New York Convention obligation I am also to have regard to the principles of due process in Hong Kong.

I have no doubt whatsoever that a serious procedural irregularity occurred and that on reflection the arbitral tribunal would recognize it as such. The defendants had taken the stand throughout that inspection reports made many months after delivery were of no assistance in ascertaining whether at the time of delivery the goods were defective. They took a policy decision to confess and avoid the inspection reports. I can therefore well understand their concern when, contrary to their submissions, the Tribunal decided to instruct experts who then went further by preparing a report which indicated that the white rust seen was not caused by post-delivery storage but was more likely than not present at the time of delivery. This was a very different case which confronted them and I can well understand their desire to challenge this view and to adduce evidence to the contrary. (I have seen the evidence which the defendants would like to adduce and it raises serious questions as to the methodology of the Tribunal appointed experts.)

It is clear that the Tribunal relied on these reports and that the defendants were given no chance to deal with this very different case which suddenly presented itself. The defendants should have been given an opportunity to deal with this new evidence. They asked for such an opportunity but the award came too soon and they never received an answer to their request.

Taking all the matters canvassed by both sides into account I have come to the very clear conclusion that the defendants were prevented from presenting their case and they have thus made out the grounds set out in s.44 (2) of the Arbitration Ordinance. The defendants were denied a fair and equal opportunity of being heard.

Conclusion

I therefore come to the same conclusion as the learned Mater and dismiss this appeal. I will make a costs order nisi in favour of the defendants together with a certificate for two counsel.

I cannot leave this judgment without making the following observation. In the three years 1990-1992 this court has enforced approximately 40 CIETAC awards. Some of these applications were opposed but this is the first time that enforcement has been refused. This is a creditable record and I would not like it thought that problems such as occurred in this case are commonplace in CIETAC arbitrations. Judges and arbitrators in all jurisdictions occasionally and unwittingly fall into error and it is in serous cases involving arbitral awards that the enforcing court refuses enforcement to prevent injustice. It has been my experience that in all other case that I have considered from CIETAC the due process requirements have been fairly met. Application dismissed.

[案情简介]

Paklito 投资公司与 Klockner 东亚公司于 1988 年 8 月 17 日订立合同,向 Klochner 公司购买 2500 公吨镀锌钢板,合同价格为 C&F1 944 000 美元。合同约定 1988 年 11 月交货,装货港为土耳其伊斯坦布尔,目的港为中国黄埔。在 1988 年 10 月 10 日至 11 月 19 日之间,Vitsan S.A.公司在生产商的工厂检验了货物,证明货物处于良好状态。1988 年 12 月 20 日,货物在伊斯坦布尔港口装船,于 1989 年 1 月 19 日抵达中国黄埔。之后,货物于 1989 年 2 月 2 日转运至中国海口。

货物抵达海口时,海南进出口商品检验局对货物进行检验。同时,货物于 1989 年 2 月 14 日被转移,放置于某仓库外进行存储。海南进出口商品检验局经检验发现货物存在缺陷。根据海南进出口商品检验局发布的重量检验证书和质量检验证书,显示货物不足 9.190 吨,并且不符合质量要求,镀锌钢板有白锈形成,钢板的某些部分尚未镀锌。

1989 年 4 月 19 日,一系列次购货商以及申请人 Paklito 公司对被申请人 Klockner 公司出售的缺陷货物提出了索赔。在 Paklito 公司与 Klockner 公司的买卖合同中载有仲裁条款,规定在中国仲裁。据此,申请人 Paklito 公司于 1989 年 8 月 10 日向 CIETAC 提交书面仲裁申请。

仲裁庭根据 CIETAC 仲裁规则于 1990 年 4 月 25 日对该案进行了开庭审理。双方当事人对于货物瑕疵究竟是产品本身的固有缺陷还是由于存储不当而引起的瑕疵各执一词。CIETAC 仲裁规则第 26 条规定:"当事人应为其请求或辩护所依据的事实提供相应的证据。仲裁庭认为必要的,也可以主动进行调查和搜集证据。"第 28 条规定:"仲裁庭可以就案件所涉专门问题向专家咨询或指定鉴定人进行鉴定。"据此,仲裁庭于 1990 年 9 月 12 日委托专家组从这批货物中提取了 5 个样品进行检验,并于 10 月 31 日出具了检验报告。结论是本案产品缺陷早在工厂期间就存在,并非存储不当才产生的。

被申请人 Klockner 公司在 11 月 8 日收到专家报告后,口头通知仲裁庭希望对该报告发表意见，并于 12 日向 CIETAC 发出书面通知，表明被申请人将就检验报告的内容再提交一份辩护意见。1990 年 11 月 15 日，仲裁庭给出了有利于申请人的仲裁裁决。

由于被申请人 Klockner 公司未能自动履行 CIETAC 仲裁庭作出的裁决，申请人 Paklito 公司向被申请人所在地香港地区法院申请强制执行未获成功。因此，向香港高等法院上诉。高等法院经审理后认为，根据《香港仲裁条例》第 44 条 2 款(C)项的规定，被申请人被剥夺了公平和平等的参与仲裁审理的机会，因此维持原判，拒绝执行 CIETAC 仲裁庭的裁决。本案涉及的主要争议为仲裁程序是否正当。

[相关法理]

仲裁程序(Arbitration Procedure)，是在仲裁进行的过程中，仲裁机构和当事人应当遵循的步骤和活动规则的总称。各国仲裁法以及各常设仲裁机构一般都规定了仲裁的程序规则，主要分为以下几个步骤。

一、仲裁的申请与受理

当事人根据仲裁协议将他们之间已经发生的争议向仲裁机构提出要求仲裁的请求，是仲裁程序开始的最初的法律步骤。当事人申请仲裁，须提交仲裁申请书。仲裁申请书应当写明：①申请人与被申请人的名称与地址；②仲裁所依据的仲裁协议；③案情和争议要点；④申请人的要求。同时，在提交申请书时，申请人应指定一名仲裁员，并且预缴仲裁费用。一般而言，仲裁机构在收到仲裁申请时，视为仲裁程序已经开始。

仲裁机构在收到仲裁申请后，经审查认为申请人申请仲裁的手续完备，即应受理。受理案件后，仲裁机构应将申请人的仲裁申请书、仲裁委员会的仲裁规则与仲裁员名单等文件寄送给被申请人。如果当事人采用临时仲裁，根据国际商事仲裁的实践，申请人应直接将仲裁申请书交给被申请人。被申请人自收到仲裁申请书之日起一段期限内，应提交答辩书及有关证明文件，就仲裁申请书中提出的问题，依据的事实和法律进行答辩。通过答辩，能够更清晰、准确地向仲裁庭阐明自己的理由，有助于仲裁庭全面了解案情，及时公正地作出裁决。被申请人未提交答辩书的，不影响仲裁程序的进行。另外，在答辩期限内，被申请人可以提起反诉。所谓反诉，是被申请人针对申请人所提出的与本诉有牵连的独立的反请求。反诉的目的，在于抵消、吞并本诉，使本诉失去作用，这样会使申请人的申请失去实际意义。反诉提出的程序一般与提出仲裁申请相同。

二、仲裁庭的组成

仲裁庭(Arbitral Tribunal)是争议案件的直接审理者。在临时仲裁的情况下，当事人所选定的仲裁员组成仲裁庭审理案件。在机构仲裁的情况下，当事人所选择的仲裁机构仅仅是根据仲裁规则管理仲裁程序，并不对具体的案件进行审理。因此，仲裁程序开始后，接下来的问题就是组成仲裁庭。

1) 约定仲裁庭的组成形式

根据国际商事仲裁的实践，仲裁庭可以由一名仲裁员组成独任仲裁庭，也可以由多名仲裁员组成合议仲裁庭。其中最常见的是独任仲裁庭和三名仲裁员组成的合议仲裁庭。例如，《中国国际经济贸易仲裁委员会仲裁规则》规定，仲裁庭由一名或三名仲裁员组成。相较而言，独任仲裁庭有利于仲裁效率的提高；而合议仲裁庭由不同背景的仲裁员组成、参与审理，则更有助于作出公平、公正的裁决。

2) 确定仲裁员

仲裁员的选择关系到争议双方当事人的切身利益，可能会影响到案件的结果。在机构仲裁的情况下，各常设仲裁机构的仲裁规则几乎都规定了仲裁员的指定方法。在临时仲裁的情况下，如果当事人在仲裁协议中未规定指定仲裁员的方法，则应根据仲裁程序法来确定。

根据各国仲裁法以及各仲裁机构的仲裁规则，仲裁员的选定方式各不相同。对于独任仲裁庭的组成，分为两种情况：一是当事人共同选定独任仲裁员，二是仲裁机构指定独任仲裁员。多数国家的仲裁法以及仲裁机构的仲裁规则都允许当事人自行选定仲裁员，这是当事人意思自治原则的基本体现。但是，在实践中，发生争议后双方当事人关系恶化，相互缺乏信任感，一方当事人提出的独任仲裁员的人选，可能得不到对方的认同。在这种情况下，根据有关仲裁规则，可以由仲裁机构指定独任仲裁员。例如，《国际商会国际仲裁院仲裁规则》第 8 条规定："Where the parties have agreed that the dispute shall be settled by a sole arbitrator, they may, by agreement, nominate the sole arbitrator for confirmation. If the parties fail to nominate a sole arbitrator within 30 days from the date when the Claimant's Request for Arbitration has been received by the other party, or within such additional time as may be allowed by the Secretariat, the sole arbitrator shall be appointed by the Court."，即当事人约定由一名独任仲裁员解决争议的，他们可以协议共同指定一名仲裁员以供确认。如果他们在申请人的仲裁申请书为他方当事人收到之日起 30 天内，或秘书处许可的延长期内，没有共同指定一名独任仲裁员，仲裁院将指定一名独任仲裁员处理案件。

三人仲裁庭中仲裁员的选定方式则更为复杂。其中首席仲裁员的选择是仲裁庭组成的关键。首席仲裁员在仲裁过程中起核心和主导作用。首席仲裁员不仅是仲裁程序的组织者、控制者，当事人及仲裁庭成员之间的协调者；更重要的是，首席仲裁员还是仲裁案件在实体问题上的决策者，当仲裁庭不能形成多数意见时，裁决应当按照首席仲裁员的意见作出。根据国际商事仲裁实践，一般由当事人各选定一名仲裁员后，对于首席仲裁员的选择有如下三种方式：

(1) 由当事人共同选定第三名仲裁员作为首席仲裁员。由当事人协商选定首席仲裁员，能够充分地体现当事人的意思自治，更能体现仲裁的公平、公正。例如，我国《仲裁法》第 31 条规定："当事人约定由三名仲裁员组成仲裁庭的，应当各自选定或者各自委托仲裁委员会主任指定一名仲裁员，第三名仲裁员由当事人共同选定或者共同委托仲裁委员会主任指定。第三名仲裁员是首席仲裁员。"《中国国际经济贸易仲裁委员会仲裁规则》第 22 条规定："首席仲裁员由双方当事人在被申请人收到仲裁通知之日起 15 天内共同选定或者共同委托仲裁委员会主任指定。"

(2) 由仲裁机构指定首席仲裁员。由仲裁机构指定首席仲裁员，有利于迅速组成仲裁庭，提高仲裁的效率，避免因为当事人意见不合而出现仲裁庭不能成立的僵局。多数常设的仲裁机构都采用此种做法。例如，《国际商会国际仲裁院仲裁规则》第 8 条规定，"Where the dispute is to be referred to three arbitrators, each party shall nominate in the Request and the Answer, respectively, one arbitrator for confirmation. If a party fails to nominate an arbitrator, the appointment shall be made by the Court. The third arbitrator, who will act as chairman of the Arbitral Tribunal, shall be appointed by the Court, unless the parties have agreed upon another procedure for such appointment, in which case the nomination will be subject to confirmation pursuant to Article 9. Should such procedure not result in a nomination within the time limit fixed by the parties or the Court, the third arbitrator shall be appointed by the Court."，争议由三人仲裁庭审理的，每一方当事人均应在其申请书或答辩书中各自指定一名仲裁员供确认。第三名仲裁员担任首席仲裁员，由仲裁院指定。《瑞典斯德哥尔摩商会仲裁院仲裁规则》第 13 条规定，"Where the Arbitral Tribunal is to consist of more than one arbitrator, each party shall appoint an equal number of arbitrators and the Chairperson shall be appointed by the Board."，如果仲裁庭由一名以上仲裁员组成，每一方当事人应指定同等人数的仲裁员，首席仲裁员由仲裁院理事会指定。

(3) 由仲裁员选定首席仲裁员。在当事人各自选定一名仲裁员后，由当事人所选定的仲裁员共同选定第三名仲裁员作为首席仲裁员。一些国家的国内法和仲裁规则采此方法。例如，1998 年《德国民事诉讼法典》1035 条规定："In an arbitration with three arbitrators, each party shall appoint one arbitrator, and the two arbitrators thus appointed shall appoint the third arbitrator who shall act as chairman of the arbitral tribunal."，如果仲裁庭由三名仲裁员组成，每一方当事人应该指定一名仲裁员；被指定的两名仲裁员应选定第三名仲裁员，由他担任仲裁庭庭长。另外，《联合国国际贸易法委员会仲裁规则》第 7 条作了同样规定："If three arbitrators are to be appointed, each party shall appoint one arbitrator. The two arbitrators thus appointed shall choose the third arbitrator who will act as the presiding arbitrator of the tribunal."，在任命三名仲裁员时，则当事人应各自任命一名仲裁员，并由此两名仲裁员选择将充当仲裁庭首席仲裁员的第三名仲裁员。

3) 仲裁员的资格

多数国家的仲裁法对于仲裁员的资格没有作出专门规定，允许当事人通过仲裁协议对仲裁员的资格作出约定。一般而言，凡是具有完全行为能力的自然人，无论本国人或外国人，都可以担任仲裁员。也有些国家对仲裁员的资格作了较为严格的限制，对仲裁员的专业知识以及解决争议的能力和经验有要求。例如，我国《仲裁法》第 13 条规定："仲裁委员会应当从公道正派的人员中聘任仲裁员。仲裁员应当符合下列条件之一：①从事仲裁工作满 8 年的；②从事律师工作满 8 年的；③曾任审判员满 8 年的；④从事法律研究、教学工作并具有高级职称的；⑤具有法律知识、从事经济贸易等专业工作并具有高级职称或者具有同等专业水平的。"当然，无论一国仲裁法对仲裁员资格是如何规定的，也仅是对仲裁员资格的最基本的要求。仲裁实践中对仲裁员的资格要求比法律高得多，能否成为仲裁员，还要取决于仲裁机构的聘任以及当事人的选定。

4) 仲裁员的回避

被选定的或指定的仲裁员如果与案件有利害关系，可能影响案件公正裁决的，应自行申请退出仲裁庭，或者根据当事人的申请退出仲裁庭。回避制度是仲裁的基本制度之一，大多数国家的仲裁法和几乎所有的仲裁规则都对回避作了明确的规定。实行回避制度的意义在于，保障当事人平等行使权利，避免仲裁程序受到不当影响，从而保证仲裁裁决的公正性和独立性。

三、仲裁审理

仲裁庭组成后，开始对案件进行审理，即查明案件事实、正确适用法律、从而解决双方当事人之间的纠纷。仲裁审理是仲裁程序的中心环节，涉及以下主要问题：

（1）仲裁审理方式。仲裁有两种审理方式：书面审理和开庭审理。各国一般都规定应采用开庭审理，除非经双方当事人要求或者征得双方当事人同意而且仲裁庭认为不必开庭审理的，或者根据仲裁规则应适用简易程序的，仲裁庭可以进行书面审理。采用书面审理的，仲裁庭可以通过书面的方式向双方当事人提出问题，当事人也可以用书面方式陈述事实和意见，进行辩论。仲裁庭在给予双方当事人充分陈述意见的机会后，作出裁决结案。

（2）开庭。采用开庭审理案件的，仲裁机构应当在仲裁规则规定的期限内将开庭日期和开庭地点通知双方当事人，从而使双方当事人按时参加仲裁审理，切实保障当事人参加仲裁审理的程序权利。从法律意义上说，开庭地点和仲裁地点是两个不同的概念。当事人可以约定在仲裁地点以外的地方进行开庭。例如，《瑞典斯德哥尔摩商会仲裁院仲裁规则》第20条规定："The Arbitral Tribunal may, after consultation with the parties, conduct hearings at any place which it considers appropriate. If any hearing, meeting, or deliberation is held elsewhere than at the seat of arbitration, the arbitration shall be deemed to have taken place at the seat of arbitration. The award shall be deemed to have been made at the seat of arbitration."，仲裁庭在经与当事人协商后，可以在其认为合适的任何地点进行开庭审理；如果庭审在仲裁地以外的地点进行，仲裁程序仍应当视为是在仲裁地发生；裁决应当视为是在仲裁地作出。假如在某一案件中，中国当事人和美国当事人在仲裁协议中约定根据《瑞典斯德哥尔摩商会仲裁院仲裁规则》在斯德哥尔摩进行仲裁。为了方便当事人和仲裁员参与案件，决定在中国香港开庭。那么，虽然开庭地点在香港，仲裁地点仍为瑞典，该案件的仲裁裁决视为在瑞典作出的。

仲裁案件中开庭审理的过程与法院诉讼相似。在独任仲裁员或首席仲裁员宣布开庭后，首先，应核对双方当事人，告知当事人相应的权利与义务，询问当事人是否提出回避。其次，进行庭审调查，通过听取当事人陈述和审核所出示的证据全面调查案件事实。再次，进入庭审辩论阶段，在仲裁庭的主持下，双方当事人依据在庭审调查中审查核实的事实和证据，就如何认定事实、适用法律，提出自己的主张和意见，进行言词辩论。

（3）调查取证。在仲裁审理过程中，证据影响着案件能否得到公正的审理。在国际商事仲裁中，证据的来源主要分为四种情况：①当事人提供证据。根据证据规则中的"谁主张，谁举证"，当事人在仲裁中对于自己一方的主张，负有举证责任。各国仲裁法以及仲裁机构的仲裁规则，对此均有规定。例如，我国《仲裁法》第43条规定，当事人应当对自己的主张提供证据。《瑞典斯德哥尔摩商会仲裁院仲裁规则》第26条规定，"The Arbitral Tribunal may require a party to identify the documentary evidence it intends to rely on and specify the circumstances intended to be proved by such evidence. At the request of a party, the Arbitral Tribunal may order a party to produce any documents or other evidence which may be relevant to the outcome of the case.",仲裁庭可以要求当事人确认其意欲依赖的书证,具体说明该证据意欲说明的事项;应一方当事人的要求,仲裁庭可以指令当事人一方提供可能与案件结果有关的任何文件或其他证据。当然,对于当事人所提出的证据,最终仍由仲裁庭决定证据的可采性、关联性、实质性和证明力。②专家证据。专家证据,是由特定领域内的专家,依据自身的知识、技能和经验,就争议所涉及的专业问题提出看法。国际商事仲裁优于法院诉讼的一个特点就在于,由专业人士担任仲裁员解决纠纷。但是随着社会的发展,仲裁中所涉及的争议越来越复杂,而仲裁员又不可能事事精通,因此就需要在某一特定领域内的专家来提供帮助。不论是一方当事人所聘任的专家,还是仲裁庭所指定的专家,在其出具报告之后,应将该报告的副本,送交双方当事人,给予双方当事人就该报告提出意见的机会。应一方当事人的请求,仲裁庭应当给予当事人机会,在庭审时对该专家进行盘问。③仲裁庭主动获取证据。根据有关国家的仲裁法以及仲裁机构的仲裁规则,仲裁庭认为有必要时,可以自行调查证据。当然,因为仲裁机构的民间性质,仲裁机构的调查取证的权利与法院不同,一般仅限于直接针对当事人的现场勘验等少数调查取证方式。④法院协助获取证据。在国际商事仲裁中,法院协助取证一般体现在两个方面:一是应一方当事人的申请,法院对所涉及的证据采取保全措施;二是应仲裁庭的请求或当事人的申请,强制证人出庭、询问证人或调取其他证据。法院的协助体现了司法对仲裁的支持,如果没有法院协助取证的义务,仲裁庭取证的规定可能形同虚设。①

[案例评析]

引例 Paklito Investment Ltd. v. Klockner East Asia Ltd. 一案中,主要涉及的问题是仲裁程序是否公正,被申请人是否未能获得公平、公正的机会陈述案情,对专家的检验报告发表意见。

本案中,申请人 Paklito 公司主张,中国法律以及 CIETAC 仲裁规则没有规定任何交叉询问的权利,因此仲裁庭作出的仲裁裁决是公正的,香港法院因此应予执行该裁决。而法官不同意这样的观点,法官认为被申请人有权期望就专家的检验报告发表意见。法官在本案的结论予其过去所执行的 40 份 CIETAC 仲裁裁决中的所得出的结论是相同的。

法官认定,仲裁庭作出裁决所依据的是专家检验报告,对此报告,CIETAC 仲裁庭本来应当给予被申请人 Klockner 公司对此作出评论并提供新证据,在庭审时对该专家进行盘

---

① 赵秀文. 国际商事仲裁法[M]. 北京:中国人民大学出版社,2004:33

问的机会。被申请人已经向仲裁庭提出了此项要求，但是仲裁庭未对此请求作出答复便过早地作出了裁决。根据《香港仲裁条例》第44条2款(C)项的规定，当事人未接获关于指定仲裁员或关于仲裁程序的适当通知，或因为别的原因使其无法准备证据和陈述其案情，本案法官作出拒绝执行仲裁裁决的意见。

仲裁程序的效率与公正，是仲裁所追求的两个目标。仲裁庭在追求仲裁效率的同时，决不能以背弃仲裁的公正性为代价，有失公正的效率也将变得没有意义。要获到仲裁程序的公正性，就要保证双方当事人有充分的参与审理、表达意见的机会。在国际商事仲裁中，如果仲裁程序不公正，就会导致仲裁裁决得不到法院的承认与执行。

第三节　外国仲裁裁决的承认与执行

[Case 5-2]

Bergesen v. Joseph Muller Corp.

United States Court of Appeals for the Second Circuit , 1983

710 F.2d 928 (2d Cir. 1983)

CARDAMONE, Circuit Judge:

I

The question before us on this appeal is whether the 1958 Convention on the Recognition and Enforcement of Foreign Arbitral Awards, 21 U.S.T. 2517, T.I.A.S. No. 6997, 330 U.N.T.S. 38, is applicable to an award arising from an arbitration held in New York between two foreign entities. Responding to the rapid expansion of international trade following World War Ⅱ, the Convention reflects the efforts of businessmen involved in such trade to provide a workable mechanism for the swift resolution of their day-to-day disputes. International merchants often prefer arbitration over litigation because it is faster, less expensive and more flexible. But previous international agreements had not proved effective in securing enforcement of arbitral awards; nor had private arbitration through the American Arbitration Association, the International Chamber of Commerce, the London Court of Arbitration and the like been completely satisfactory because of problems in enforcing awards. See generally Pisar, the United Nations Convention on Foreign Arbitral Awards, 33 S.Cal.L.Rev. 14 (1959) (Pisar); Quigley, Accession by the United States to the United Nations Convention on the Recognition and

Enforcement of Foreign Arbitral Awards, 70 Yale L.J. 1049, 1051 (1961) (Quigley).

In 1958, a convention was called to deal with these problems. The United States attended and participated in the conference but did not sign the Convention. Ten years later, in 1968, the Senate gave its consent, but accession was delayed until 1970 in order for Congress to enact the necessary implementing legislation. See McMahon, Implementation of the United Nations Convention on Foreign Arbitral Awards in the United States, 2 J.Mar.L.Com. 735, 737 (1971) (McMahon). There was no opposition to the proposed legislation, H.R.Rep. No. 91-1181, 91st Cong., 2d Sess. 2, reprinted in 1970 U.S.Code Cong. & Ad.News 3601, 3602, which became 9 U.S.C. Secs. 201-208 (1976).

In resolving the question presented on this appeal, we are faced with the difficult task of construing the Convention. The family of nations has endlessly—some say since the Tower of Babel—sought to breach the barrier of language. As illustrated by the proceedings at this conference, the delegates had to comprehend concepts familiar in one state that had no counterpart in others and to compromise entrenched and differing national commercial interests. Concededly, 45 nations cannot be expected to produce a document with the clear precision of a mathematical formula. Faced with the formidable obstacles to agreement, the wonder is that there is a Convention at all, much less one that is serviceable and enforceable. Yet, the proposals agreed upon in the Convention have not raised the kinds of legal questions that a commentator reported one of the delegates feared would be the joy of jurists, but the bane of plaintiffs, see Contini, International Commercial Arbitration, 8 Am.J.Comp.L. 283, 293 (1959) (Contini).

The facts are undisputed and may be briefly stated. Sigval Bergesen, a Norwegian shipowner, and Joseph Muller Corporation, a Swiss company, entered into three charter parties in 1969, 1970 and 1971. The 1969 and 1970 charters provided for the transportation of chemicals from the United States to Europe. The 1971 charter concerned the transportation of propylene from the Netherlands to Puerto Rico. Each charter party contained an arbitration clause providing for arbitration in New York, and the Chairman of the American Arbitration Association was given authority to resolve disputes in connection with the appointment of arbitrators.

In 1972, after disputes had arisen during the course of performing the 1970 and 1971 charters, Bergesen made a demand for arbitration of its claims for demurrage and shifting and port expenses. Muller denied liability and asserted counterclaims. The initial panel of arbitrators chosen by the parties was dissolved because of Muller's objections and a second panel was selected through the offices of the American Arbitration Association. This panel held hearings in 1976 and 1977 and rendered a written decision on December 14,1978. It decided in favor of Bergesen, rejecting all of Muller's counterclaims save one. The net award to Bergesen was $61,406.09 with interest.

Bergesen then sought enforcement of its award in Switzerland where Muller was based. For over two years Muller successfully resisted enforcement. On December 10,1981, shortly before the expiration of the three-year limitations period provided in 9 U.S.C. Sec. 207, Bergesen filed a petition in the United States District Court for the Southern District of New York to confirm the arbitration award. In a decision dated October 7, 1982 and reported at 548 F.Supp. 650 (S.D.N.Y.1982), District Judge Charles S. Haight, Jr. confirmed Bergesen's award, holding that the Convention applied to arbitration awards rendered in the United States involving foreign interests. Judgment was entered awarding Bergesen $61,406.09, plus interest of $18,762.01. Additionally, Bergesen received $8,462.00 for Muller's share of arbitrators' fees and expenses which it had previously paid, together with interest of $2,253.63 on that amount.

On appeal from this $90,883.73 judgment, Muller contends that the Convention does not cover enforcement of the arbitration award made in the United States because it was neither territorially a "foreign" award nor an award "not considered as domestic" within the meaning of the Convention. Muller also claims that the reservations adopted by the United States in its accession to the Convention narrowed the scope of its application so as to exclude enforcement of this award in United States courts, that the statute implementing the treaty was not intended to cover awards rendered within the United States, and finally, that Bergesen's petition to obtain enforcement was technically insufficient under the applicable requirements of the Convention.

II

Whether the Convention applies to a commercial arbitration award rendered in the United States is a question previously posed but left unresolved in this Court. See Andros Compania Maritima, S.A. v. Marc Rich & Co., A.G., 579 F.2d 691, 699 n. 11 (2d Cir.1978); I/S Stavborg v. National Metal Converters, Inc., 500 F.2d 424, 426 n. 2 (2d Cir.1974). The two district courts that have addressed the issue have reached opposite conclusions, with little in the way of analysis. Compare Transmarine Seaways Corp. of Monrovia v. Marc Rich & Co., A.G., 480 F.Supp. 352, 353 (S.D.N.Y.) (Haight, J.) (finding the Convention applicable), aff'd mem., 614 F.2d 1291 (2d Cir.1979), cert. denied, 445 U.S. 930, 100 S.Ct. 1318, 63 L.Ed.2d 763 (1980) with Diapulse

Corporation of America v. Carba, Ltd., No. 78 Civ. 3263 (S.D.N.Y. June 28, 1979) (Broderick, J.) (Convention did not apply "by its terms"), remanded on other grounds, 626 F.2d 1108 (2d Cir.1980). The facts of the instant case make it necessary to resolve what this Court earlier termed an "intriguing" issue, see Andros Compania Maritima, S.A., 579 F.2d at 699 n. 11.

To resolve that issue we turn first to the Convention's history. Under the auspices of the United Nations, the Convention on the Recognition and Enforcement of Foreign Arbitral Awards was convened in New York City in 1958 to resolve difficulties created by two earlier treaties— the 1923 Geneva Protocol on Arbitration Clauses, 27 L.N.T.S. 157 (1924), and the 1927 Geneva Convention on the Execution of Foreign Arbitral Awards, 92 L.N.T.S. 301 (1929). Because of the legal and practical difficulties which arose from application of these earlier treaties, one commentator wrote, "The formidable amount of highly qualified labor which went into their preparation has not been rewarded by any perceptible progress in international commercial arbitration." Nussbaum, Treaties on Commercial Arbitration — A Test of International Private-Law Legislation, 56 Harv.L.Rev. 219, 236 (1942).

A proposed draft of the 1958 Convention which was to govern the enforcement of foreign arbitral awards stated that it was to apply to arbitration awards rendered in a country other than the state where enforcement was sought. See G. Haight, Convention on the Recognition and Enforcement of Foreign Arbitral Awards 1 (1958) (Haight). This proposal was controversial because the delegates were divided on whether it defined adequately what constituted a foreign award. On one side were ranged the countries of western Europe accustomed to civil law concepts; on the other side were the eastern European states and the common law nations. Contini at 292. For example, several countries, including France, Italy and West Germany, objected to the proposal on the ground that a territorial criterion was not adequate to establish whether an award was foreign or domestic. These nations believed that the nationality of the parties, the subject of the dispute and the rules of arbitral procedure were factors to be taken into account in determining whether an award was foreign. Id.; Haight at 2. In both France and West Germany, for example, the nationality of an award was determined by the law governing the procedure. Thus, an award rendered in London under German law was considered domestic when enforcement was attempted in Germany, and an award rendered in Paris under foreign law was considered foreign when enforcement was sought in France. Contini at 292. As an alternative to the territorial concept, eight European nations proposed that the Convention "apply to the recognition and enforcement of arbitral awards other than those considered as domestic in the country in which they are relied upon." Haight at 2. Eight other countries, including the United States, objected to this proposal, arguing that common law nations would not understand the distinction between foreign and domestic awards. These latter countries urged the delegates to adopt only the territorial criterion.

A working party composed of representatives from ten states to which the matter was referred recommended that both criteria be included. Thus, the Convention was to apply to awards made in a country other than the state where enforcement was sought as well as to awards not considered domestic in that state. The members of the Working Party representing the western European group agreed to this recommendation, provided that each nation would be allowed to exclude certain categories of awards rendered abroad. At the conclusion of the conference this exclusion was omitted, so that the text originally proposed by the Working Party was adopted as Article Ⅰ of the Convention. A commentator noted that the Working Party's intent was to find a compromise formula which would restrict the territorial concept. Contini at 293. The final action taken by the Convention appears to have had the opposite result, i.e., except as provided in paragraph 3, the first paragraph of Article Ⅰ means that the Convention applies to all arbitral awards rendered in a country other than the state of enforcement, whether or not such awards may be regarded as domestic in that state; "it also applies to all awards not considered as domestic in the state of enforcement, whether or not any of such awards may have been rendered in the territory of that state." Id. at 293-94 (emphasis supplied).

To assure accession to the Convention by a substantial number of nations, two reservations were included. They are set forth in Article Ⅰ (3). The first provides that any nation "may on the basis of reciprocity declare that it will apply the Convention" only to those awards made in the territory of another contracting state. The second states that the Convention will apply only to differences arising out of legal relationships "considered as commercial under the national law" of the state declaring such a reservation. These reservations were included as a necessary recognition of the variety and diversity of the interests represented at the conference, as demonstrated, for example, by the statement of the delegate from Belgium that without any right of reservation his country would not accede. Haight at 16; Quigly at 1061.

Ⅲ

With this background in mind, we turn to Muller's contentions regarding the scope of the

Convention. The relevant portion of the Convention, Article I, is set forth in the margin. The territorial concept expressed in the first sentence of Article I (1) presents little difficulty. Muller correctly urges that since the arbitral award in this case was made in New York and enforcement was sought in the United States, the award does not meet the territorial criterion. Simply put, it is not a foreign award as defined in Article I (1) because it was not rendered outside the nation where enforcement is sought.

Muller next contends that the award may not be considered a foreign award within the purview of the second sentence of Article I(1) because it fails to qualify as an award "not considered as domestic." Muller claims that the purpose of the "not considered as domestic" test was to provide for the enforcement of what it terms "stateless awards," i.e., those rendered in the territory where enforcement is sought but considered unenforceable because of some foreign component. This argument is unpersuasive since some countries favoring the provision desired it so as to preclude the enforcement of certain awards rendered abroad, not to enhance enforcement of awards rendered domestically.

Additionally, Muller urges a narrow reading of the Convention contrary to its intended purpose. The Convention did not define nondomestic awards. The definition appears to have been left out deliberately in order to cover as wide a variety of eligible awards as possible, while permitting the enforcing authority to supply its own definition of "nondomestic" in conformity with its own national law. Omitting the definition made it easier for those states championing the territorial concept to ratify the Convention while at the same time making the Convention more palatable in those states which espoused the view that the nationality of the award was to be determined by the law governing the arbitral procedure. We adopt the view that awards "not considered as domestic" denotes awards which are subject to the Convention not because made abroad, but because made within the legal framework of another country, e.g., pronounced in accordance with foreign law or involving parties domiciled or having their principal place of business outside the enforcing jurisdiction. See generally Pisar at 18. We prefer this broader construction because it is more in line with the intended purpose of the treaty, which was entered into to encourage the recognition and enforcement of international arbitration awards, see Scherk v. Alberto Culver Co., 417 U.S. 506, 520 n. 15, 94 S.Ct. 2449, 2457 n. 15, 41 L.Ed.2d 270 (1974). Applying that purpose to this case involving two foreign entities leads to the conclusion that this award is not domestic.

IV

Muller also urges us to interpret the Convention narrowly based on the fact that, as stated in a Presidential Proclamation dated September 1, 1970, 21 U.S.T. 2517, T.I.A.S. No. 6997, the 1970 accession by the United States to the Convention adopted both reservations of Article Ⅰ(3). The fact that the United States acceded to the Convention with a declaration of reservations provides little reason for us to construe the accession in narrow terms. Had the United States acceded to the Convention without these two reservations, the scope of the Convention doubtless would have had wider impact. Comment, International Commercial Arbitration Under the United Nations Convention and the Amended Federal Arbitration Statute, 47 Wash.L.Rev. 441 (1972). Nonetheless, the treaty language should be interpreted broadly to effectuate its recognition and enforcement purposes. See Scherk, 417 U.S. at 520 n. 15, 94 S.Ct. at 2457 n. 15 (the Convention's goal was "to encourage the recognition and enforcement of commercial arbitration agreements in international contracts"); Reed v. Wiser, 555 F.2d 1079, 1088 (2d Cir.), cert. denied, 434 U.S. 922 (1977); cf. Parsons & Whittemore Overseas Co. v. Societe Generale de L'Industrie du Papier (Rakta), 508 F.2d 969, 974 (2d Cir.1974) (defenses to enforcement of foreign awards under the Convention are narrowly construed).

V

We now turn to the argument that the implementing statute was not intended to cover awards rendered within the United States. Section 202 of Title 9 of the United States Code which is entitled "Agreement or award falling under the Convention," provides in relevant part:

An agreement or award arising out of such a relationship which is entirely between citizens of the United States shall be deemed not to fall under the Convention unless that relationship involves property located abroad, envisages performance or enforcement abroad, or has some other reasonable relation with one or more foreign states.

The legislative history of this provision indicates that it was intended to ensure that "an agreement or award arising out of a legal relationship exclusively between citizens of the United States is not enforceable under the Convention in [United States] courts unless it has a reasonable relation with a foreign state." H.R.Rep. No. 91-1181, 91st Cong., 2d Sess. 2, reprinted in 1970 U.S.Code Cong. & Ad.News 3601, 3602. Inasmuch as it was apparently left to each state to define which awards were to be considered nondomestic, see Pisar at 18, Congress spelled out its definition of that concept in section 202. Had Congress desired to exclude arbitral awards involving two foreign parties rendered within the United States from enforcement by our courts it could readily have done so. It did not. See Sumitomo Corp. v. Parakopi Compania Maritima, 477 F.Supp. 737,741 (S.D.N.Y.1979), aff'd mem., 620 F.2d 286 (2d Cir.1980); Aksen, American Arbitration Accession Arrives in the Age of Aquarius: United States Implements United Nations Convention on the Recognition and Enforcement of Foreign Arbitral Awards, 3 Sw.U.L.Rev. 1, 16 (1971) (Under implementing legislation Convention should apply when foreign contacts are substantial, i.e., "where a foreign person or corporation is a party to an agreement involving foreign performance, or where the business deal has some other 'reasonable relation with one or more foreign states.' "); see also McMahon at 740-43 (questioning whether section 202 covers awards similar to that in the present case).

Additional support for the view that awards rendered in the United States may qualify for enforcement under the Convention is found in the remaining sections of the implementing statute. It has been held that section 203 of the statute provides jurisdiction for disputes involving two aliens. See Sumitomo Corp., 477 F.Supp. at 740-41. Section 204 supplies venue for such an action and section 206 states that "[a] court having jurisdiction under this chapter may direct that arbitration be held ... at any place therein provided for, whether that place is within or without the United States" (emphasis supplied). It would be anomalous to hold that a district court could direct two aliens to arbitration within the United States under the statute, but that it could not enforce the resulting award under legislation which, in large part, was enacted for just that purpose.

Muller's further contention that it could not have been the aim of Congress to apply the Convention to this transaction because it would remove too broad a class of awards from enforcement under the Federal Arbitration Act, 9 U.S.C. Secs. 1-13, is unpersuasive. That this particular award might also have been enforced under the Federal Arbitration Act is not significant. There is no reason to assume that Congress did not intend to provide overlapping coverage between the Convention and the Federal Arbitration Act. Similarly, Muller's argument that Bergesen only sought enforcement under the terms of the Convention because it has a longer statute of limitations than other laws under which Bergesen could have sued is irrelevant. Since the statutes overlap in this case Bergesen has more than one remedy available and may choose the most advantageous.

VI

Finally, Muller asserts that Bergesen's petition for enforcement was technically insufficient and did not meet the requirements of the Convention. Bergesen submitted the affidavit of Harry Constas, chairman of the arbitration panel, certifying the award and the charter parties on which it was based. Under Article IV(1) of the Convention

[t]o obtain the recognition and enforcement mentioned in the preceding article, the party applying for recognition and enforcement shall, at the time of the application supply:

(a) The duly authenticated original award or a duly certified copy thereof;

(b) The original agreement referred to in Article II or a duly certified copy thereof.

Muller would have us read this provision as requiring either a duly authenticated original or a duly certified copy of a duly authenticated original. Such an interpretation is unnecessarily restrictive and at odds with a common sense reading of the provision. Copies of the award and the agreement which have been certified by a member of the arbitration panel provide a sufficient basis upon which to enforce the award and such were supplied in this case.

The judgment is affirmed.

[案情简介]

挪威 Sigval Bergesen 船公司和瑞士 Joseph Mulller 公司分别于 1969 年、1970 年以及 1971 年签订了三个租船合同。1969 年和 1970 年的租船合同约定，由 Bergesen 公司为 Muller 公司从美国向欧洲运输化学品，1971 年的租船合同约定从荷兰向波多黎各运输丙烯。每一租船合同中都载有仲裁条款，约定与合同有关的争议提交位于纽约的美国仲裁协会仲裁。

在履行合同的过程中，双方产生纠纷。因此，1972 年 Bergesen 公司提起仲裁申请，索赔在履行合同中产生的滞期费及港口费用等。Muller 公司拒绝承担责任并提起反诉。经过审理，仲裁庭于 1978 年 12 月 14 日作出决定，裁决 Muller 公司应向 Bergersen 公司支付包括利息在内的 61 406.09 美元作为赔偿。之后，Bergesen 公司向 Muller 公司所在地的瑞士法院请求执行该仲裁裁决，没有成功。因此，在 1981 年 12 月 10 日，Bergesen 公司转而向美国纽约南区法院提出申请承认与执行该仲裁裁决，纽约南区法院根据 1958 年《纽约公约》支持了 Bergesen 公司的请求。Muller 公司提出上诉，联邦第二巡回法院作出维持原判的裁决。

本案的争议焦点在于 1958 年《纽约公约》是否适用于两家外国公司作为当事人在纽约仲裁所作出的裁决，即《纽约公约》的适用问题。

一、仲裁裁决

仲裁裁决(Arbitral Award)是仲裁庭对当事人之间所争议的事项经过审理后所作出的结论。仲裁裁决应当采用书面形式。世界上多数国家的仲裁法以及有影响的仲裁机构的仲裁规则都要求仲裁裁决必须符合一定的形式要件。一般而言，仲裁裁决应当写明仲裁请求、争议事实、裁决理由、裁决结果、仲裁费用的负担和裁决日期。如果当事人协议不愿写明争议事实和裁决理由的，可以不写。仲裁裁决书由仲裁员签名，加盖仲裁机构印章。对仲裁裁决持不同意见的仲裁员，可以签名，也可以不签名。

仲裁实行一裁终局制度。仲裁裁决一经作出，即对双方当事人产生法律上的拘束力，标志着当事人之间纠纷的最终解决。当事人对仲裁裁决不服的，不可以就同一事项再向仲裁机构申请仲裁或者向法院起诉。但各国为了防止因仲裁程序不当而使当事人的利益或本国法律制度受损，一般允许当事人按照法律规定的条件，请求法院撤销仲裁裁决。对于撤销仲裁裁决的理由，有关国家的规定各异，但概括起来主要有以下几种情况：仲裁裁决所依据的仲裁协议无效；仲裁庭越权裁决；仲裁庭组成不当；违反正当程序原则；违背公共政策。

二、仲裁裁决的承认与执行

仲裁的最终目的是获得有效裁决并且能够无阻碍的获得执行。在大多数情况下，败诉方能够自愿的执行仲裁裁决。但是，假如仲裁程序的败诉方不自觉执行裁决时，由于仲裁机构是民间机构这一性质，使其本身不具备强制执行裁决的权力，胜诉方只能提请有管辖权的法院承认仲裁裁决的效力，并予以强制执行。

仲裁裁决的承认与执行(Recognition and Enforcement of Arbitral Award)，即为一国法院对仲裁机构作出的仲裁裁决予以认可并强制执行的司法行为。仲裁裁决的承认与执行，是一国法院对仲裁的支持与监督的过程。如果经过审查，仲裁裁决合法有效，将可以通过法院获得强制执行，这表明了法院对仲裁的支持；反之，法院对仲裁裁决将不予承认与执行，这表明了法院对仲裁的司法监督。

三、外国仲裁裁决的认定

在请求法院承认和执行仲裁裁决时，面临两种情形：一是内国仲裁机构作出的裁决，败诉人在本国境内，请求本国法院执行；二是对于外国仲裁裁决，由于败诉一方在外国，请求外国法院执行。根据有关国家的法律规定，当事人可以向其本国法院申请执行内国仲裁裁决。但是外国仲裁裁决的执行较为复杂，各国一般规定了更为严格的审查标准和繁杂的执行程序。因此，区分内国裁决(Domestic Award)与外国裁决(Foreign Award)，即确定仲裁裁决的国籍具有非常重要的意义。

在实践中，各国确定仲裁裁决国籍的标准不同，由被请求承认与执行仲裁裁决的法院按照其各自的法律确定，主要有以下几种标准：

1) 地域标准

以仲裁裁决在何地作出作为区分内国仲裁裁决与外国仲裁裁决的标准。凡属于在本国境内作出的裁决为内国裁决，而在本国以外的国家作出的裁决为外国裁决。这一标准已被多数国家的国内法律和有关国际公约所采纳。例如，1999年《瑞典仲裁法》第52条规定："An award made abroad shall be deemed to be a foreign award. In conjunction with the application of this Act, an award shall be deemed to have been made in the country in which the place of arbitration is situated."，即在国外作出的裁决应被视为外国的仲裁裁决；在适用本法时，仲裁程序在某国进行，仲裁裁决即应被视为是在该国作出的。

2) 仲裁程序所适用法律的标准

以仲裁所适用的程序法为标准确定仲裁裁决的国籍。如果仲裁裁决是在国外作出的，但仲裁是适用本国的程序法，该裁决为内国裁决。反之，即使仲裁在本国境内进行，却是根据外国的仲裁法进行的，据此作出的裁决为外国裁决。采用这一标准的有德国和法国。例如，在1981年《法国民事诉讼法典》中有关仲裁立法的改革之前，法国法院对仲裁裁决的管辖所采取的态度是，无论其在法国还是外国作出，只要是根据法国法作为支配仲裁程序进行的法律，即被视为法国的内国裁决。^①

3) 混合标准

同时采用地域标准和仲裁程序法标准作为确认外国裁决的依据。1958年《纽约公约》即为一例。《纽约公约》第1条第1款规定："This Convention shall apply to the recognition

---

① 陈治东.国际商事仲裁法[M]. 北京：法律出版社，1998：294

and enforcement of arbitral awards made in the territory of a State other than the State where the recognition and enforcement of such awards are sought, and arising out of differences between persons, whether physical or legal. It shall also apply to arbitral awards not considered as domestic awards in the State where their recognition and enforcement are sought.",即仲裁裁决,因自然人或法人间之争议而产生且在声请承认及执行地所在国以外之国家领土内作成者,其承认及执行适用纽约公约。纽约公约对于仲裁裁决经声请承认及执行地所在国认为非内国裁决者,也适用之。

4) 其他标准

除上述地域标准和仲裁程序法标准外,一些国家还提出了其他标准,比如以仲裁员的国籍决定仲裁裁决的国籍;以仲裁所适用的实体法区分内国仲裁与外国仲裁;有的国家的司法判例还将仲裁员的签字地点作为判断仲裁裁决国籍的标准。[①]

四、外国仲裁裁决的承认与执行的依据

为了消除各国在承认与执行外国裁决方面所存在的分歧,国际上先后订立了三项国际公约:1923 年《关于仲裁条款的日内瓦议定书》(Geneva Protocol on Arbitration Clauses)、1927 年《关于执行外国仲裁裁决的日内瓦公约》(Geneva Convention on the Execution of Foreign Arbitral Awards)以及 1958 年在纽约达成的《承认及执行外国仲裁裁决的公约》(Convention on the Recognition and Execution of Foreign Arbitral Award)。

两个日内瓦公约是在第一次世界大战后,在国际联盟的主持下制定的。这两项公约的达成对承认与执行仲裁裁决的统一奠定了基础。但是,这两项公约都有不足之处,其适用范围和执行条件尚存在诸多限制,影响范围十分有限。为此,在 1958 年 6 月 10 日召开的联合国国际商业仲裁会议上,来自 54 个国家的代表讨论并通过了新的《承认及执行外国仲裁裁决的公约》。因为该公约是在纽约通过的,故称为 1958 年《纽约公约》(1958 New York Convention)。《纽约公约》于 1959 年 6 月 7 日生效。截至 2009 年 4 月,全世界共有 144 个国家参加并批准了这个公约[②]。目前,《纽约公约》已成为关于承认及执行外国仲裁裁决的一个最重要的普遍性国际公约。

国际商事仲裁之所以得到普遍的重视,与《纽约公约》是密不可分的。《纽约公约》

---

① 赵秀文.国际商事仲裁法[M]. 北京:中国人民大学出版社,2004:421

② 数据来源于 http://www.uncitral.org/uncitral/en/uncitral_texts/arbitration/NYConvention_status.html, 2008 年 12 月 22 日

是联合国制定的最为重要、最为成功的国际条约之一。公约得到了缔约国的普遍尊重和执行，依据《纽约公约》得到承认或执行的仲裁案例，不胜枚举。同时，《纽约公约》对国际仲裁立法和各国国内立法及其实践产生了重要和积极的影响，增强了争议解决领域的可预见性、安全性，增强了仲裁在解决国际间商事纠纷方面的效力，促进了经济全球化的进一步发展。正是《纽约公约》，保证了世界各重要贸易国家承认和执行裁决的高度统一性，保证了缔约国法院承认仲裁协议效力的普遍性，协调了仲裁与司法的关系，从而保障了仲裁的国际性。只要《纽约公约》得以存续，仅此一点，仲裁在国际商事争议解决机制中就无可替代。[①]由于这个缘故，该公约理所当然地获得了极高的评价，被喻为"国际仲裁大厦所依赖的最为重要的一根支柱"，"有资格成为整个商法历史上最有效的国际立法实例"。

《纽约公约》共有 16 条，主要内容可以概括为以下四个方面：

(1) 公约的适用范围。公约第 1 条的规定，"This Convention shall apply to the recognition and enforcement of arbitral awards made in the territory of a State other than the State where the recognition and enforcement of such awards are sought, and arising out of differences between persons, whether physical or legal. It shall also apply to arbitral awards not considered as domestic awards in the State where their recognition and enforcement are sought. The term 'arbitral awards' shall include not only awards made by arbitrators appointed for each case but also those made by permanent arbitral bodies to which the parties have submitted."。根据该条的规定，它不仅适用于缔约国的仲裁裁决，也适用于非缔约国的仲裁裁决；包括临时仲裁庭以及常设仲裁机构所作出的裁决；不但适用于传统的因契约纠纷所作出的裁决，也适用于非契约性商事仲裁裁决，从而使公约能够在最大范围内、获得最广泛的适用。

(2) 仲裁协议的书面要求。公约第 2 条规定，"Each Contracting State shall recognize an agreement in writing under which the parties undertake to submit to arbitration all or any differences which have arisen or which may arise between them in respect of a defined legal relationship, whether contractual or not, concerning a subject matter capable of settlement by arbitration. The term 'agreement in writing' shall include an arbitral clause in a contract or an arbitration agreement, signed by the parties or contained in an exchange of letters or telegrams."。当事人以书面协定承允彼此间所发生或可能发生之一切或任何争议，应提交仲裁时，各缔约国应承认此项协定。所谓书面协定，指当事人所签订或在互换函电中所载明之契约仲裁

---

① 宋连斌. 纽约公约：最成功的国际商事立法[J]. http://oldfyb.chinacourt.org/public/detail.php?id=92857，2008 年 12 月 22 日

条款或仲裁协定。公约该条规定旨在统一各国关于仲裁协议的形式的规定。

(3) 承认及执行外国仲裁裁决的程序。公约第 3 条规定，"Each Contracting State shall recognize arbitral awards as binding and enforce them in accordance with the rules of procedure of the territory where the award is relied upon, under the conditions laid down in the following articles. There shall not be imposed substantially more onerous conditions or higher fees or charges on the recognition or enforcement of arbitral awards to which this Convention applies than are imposed on the recognition or enforcement of domestic arbitral awards."。缔约国应承认仲裁裁决具有拘束力，并依援引裁决地之程序规则执行之。承认或执行适用本公约之仲裁裁决时，不得较承认或执行内国仲裁裁决附加过苛之条件或征收过多之费用。显然，公约对于承认和执行外国仲裁裁决的程序问题，只是作了一个原则性的规定，具体程序有待于依各国国内法确定。在草拟公约期间，曾提出过在公约中拟订可适用于执行外国仲裁裁决的统一程序规则。这项提议在当时被认为是不实际的，各缔约国很难在这方面取得一致，最终公约还是将这一问题交由国内法解决，只要求对外国裁决的执行程序不应比适用于内国裁决的程序更麻烦。

(4) 拒绝承认及执行外国仲裁裁决的条件。按照公约第 5 条第 1 款的规定，凡外国仲裁裁决具有下列情况之一时，被请求执行的主管当局可以根据被执行人的申请，拒绝予以承认和执行：①签订仲裁协议的当事人无行为能力，或根据仲裁协议选择的准据法，或根据作出裁决国家的法律，该仲裁协议无效(the parties to the agreement under the law applicable to them, under some incapacity, or the said agreement is not valid under the law to which the parties have subjected it or, failing any indication thereon, under the law of the country where the award was made)；②被执行人未得到关于指派仲裁员或关于仲裁程序的适当通知，或者由于其他原因未能在案件中申辩(the party against whom the award is invoked was not given proper notice of the appointment of the arbitrator or of the arbitration proceedings or was otherwise unable to present his case)；③裁决的事项超出仲裁协议的范围(the award deals with a difference not contemplated by or not falling within the terms of the submission to arbitration, or it contains decisions on matters beyond the scope of the submission to arbitration)；④仲裁庭的组成或仲裁程序与当事人之间的协议不符，或者在当事人无协议时，与仲裁地国家的法律不符(the composition of the arbitral authority or the arbitral procedure was not in accordance with the agreement of the parties, or, failing such agreement, was not in accordance with the law of the country where the arbitration took place)；⑤裁决尚未发生法律效力，或者已被仲裁地国家的主管当局撤销或停止执行(the award has not yet become binding on the parties, or has

been set aside or suspended by a competent authority of the country in which, or under the law of which, that award was made)。按照公约第 5 条第 2 款的规定，如果被请求执行的主管当局认为，按照该国的法律，争议事项不可用仲裁的方式加以解决，或者认为承认及执行该裁决违反该国的公共政策，也可以拒绝承认及执行该项裁决。

我国于 1986 年 12 月 2 日加入《纽约公约》，但在加入该公约时作了互惠保留和商事保留声明，即一是仅适用于公约缔约国间作出的裁决；二是只适用于商事法律关系所引起的争议的裁决。也就是说，中国只承认和执行来自缔约国且所解决的争议依中国法律属于商事关系的仲裁裁决。按照最高人民法院 1987 年 4 月 10 日发布的《关于执行我国加入的〈承认及执行外国仲裁裁决公约〉的通知》，所谓"契约性和非契约性商事法律关系"，具体是指由于合同、侵权或者根据有关法律规定而产生的经济上的权利义务关系，例如货物买卖、财产租赁、工程承包、加工承揽、技术转让、合资经营、合作经营、勘探开发自然资源、保险、信贷、劳务、代理、咨询服务和海上、民用航空、铁路、公路的客货运输以及产品责任、环境污染、海上事故和所有权争议等，但不包括外国投资者与东道国政府之间的争端。实践中，中国已承认和执行来自英国、瑞士、瑞典、法国等缔约国的仲裁裁决，而中国的仲裁裁决，也已得到数十个国家和地区的承认或执行。无论是老牌的中国国际经济贸易仲裁委员会、中国海事仲裁委员会，还是新兴的北京仲裁委员会、上海仲裁委员会及广州仲裁委员会等，都有裁决在国外依《纽约公约》得到承认和执行。

[案例评析]

在引例 Bergesen v. Joseph Muller Corp.中涉及的问题是仲裁裁决能否在美国法院请求获得承认与执行。Bergesen 公司请求承认与执行仲裁裁决的主要依据是 1958 年《纽约公约》。美国于 1970 年加入《纽约公约》。为了使该公约在国内具有法律效力并能适用，美国国会于 1970 年通过立法，将 1958 年《纽约公约》并入其《美国法典》第九卷第 201~208 节，作为美国《联邦仲裁法》的第二章。

1958 年《纽约公约》是关于承认与执行外国仲裁裁决的公约。因此，本案中涉及的仲裁裁决只有符合外国标准，才能获得承认与执行。对于何为外国仲裁裁决，《纽约公约》采用了混合标准：一方面，只要仲裁裁决作出地国与被请求承认与执行仲裁裁决国为不同的缔约国，则该仲裁裁决应被视为外国仲裁裁决，即地域标准。另一方面，即便仲裁裁决作出地国与被请求承认与执行仲裁裁决国为同一国家，只要根据该被请求承认与执行仲裁裁决国家的国内法，该裁决并非其国内裁决，则其承认与执行仍适用公约，即非内国标准。本案的争议焦点是以下两个问题：

(1) 仲裁裁决是否符合地域标准？Muller 公司认为，因为本案的仲裁裁决，是在纽约作出，在美国申请执行，该裁决不符合地域标准。这是非常显然的，本案裁决不是一个根据地域标准所定义的外国裁决，因为它不是在外国作出并申请执行的仲裁裁决。

(2) 仲裁裁决是否符合非内国标准？Muller 公司认为，本案的仲裁裁决也不能根据非内国标准而被视为外国裁决。因为非内国标准在公约中的规定是为了执行所谓的"无国籍裁决"，即那些在一国境内申请执行却由于某些外国因素而不能获得执行的裁决。Muller 公司主张对《纽约公约》的适用范围应作狭义的、限制性的理解。

对此，本案的法官却有不同的见解。在本案的判决中，法官回顾了 1958 年《纽约公约》产生的历史。在起草《纽约公约》的过程中，各国国内法中对于外国裁决认定标准的规定并不相同。在《纽约公约》的最初草案中，仅规定了英美法系国家和东欧国家所普遍采用的地域标准来判断何为外国裁决。这一草案遭到了法国、意大利和德国等大陆法系国家的反对。大陆法系国家认为，确定一项裁决是国内还是国外裁决，取决于规制该仲裁程序的法律，即根据仲裁程序所适用的法律来判断。据此，在伦敦根据德国法律作出的裁决，当试图在德国获得执行时通常被认为是内国裁决；而在巴黎根据外国法律作出的裁决在法国申请执行时被认为是执行外国仲裁裁决。最终《纽约公约》在保留了地域标准的同时，增加了非内国标准。《纽约公约》的这一妥协，有利于更多的国家加入该公约。

本案法官认为，《纽约公约》本身未对非内国裁决作出定义，而是留给执行地国家法院根据其国内法来确定，以使尽可能多的裁决纳入其中从而根据公约获得执行。据此，应对《纽约公约》的适用范围作扩张性而非限制性的解释，这才有利于公约鼓励承认与执行外国仲裁裁决的宗旨的实现。那么，根据美国的国内法，即《美国法典》第 202 节的规定，完全涉及美国公民之间关系的协议或裁决应被视为不能适用《纽约公约》，除非该裁决涉及的财产位于一个外国、涉及在外国执行，或与一个或更多的外国国家有合理的联系。其目的在于确保仲裁裁决有外国因素，并无排除对在美国境内做成的两个外国当事人间裁决适用的意图。因此，法官认为，本案所涉及的仲裁裁决能够根据《纽约公约》的非内国标准，在美国获得承认与执行。

本案是美国法院对 1958 年《纽约公约》中的非内国裁决进行扩张解释的第一案。美国法院通过对非内国裁决的解释，进一步扩大了《纽约公约》适用的范围，这一方面为美国商人提供了更多的好处和选择机会，另一方面也打消了外国当事人在美国进行仲裁可能有的顾虑。[①]在美国加入《纽约公约》后，美国法院对仲裁转而采取偏好与支持的态度，极大地推动了美国仲裁业的发展，使美国成为当事人选择仲裁时极具竞争力的国家之一。

[①] 陈力. 探求我国国内与涉外商事仲裁的统一[J]. 仲裁与法律(104 辑). 北京：法律出版社，2007(16)

本 章 小 结

　　国际商事仲裁是指在国际商事交易中，当事人根据仲裁协议，自愿将争议交付给独立的第三方审理，并作出对双方当事人都有约束力的裁决的一种解决争议的方式。国际商事仲裁是通过仲裁机构进行的。按照国际商事仲裁机构的组织形式的不同，可以分为临时仲裁机构和常设仲裁机构。通过常设仲裁机构进行仲裁已成为国际商事仲裁的主要形式。仲裁协议是指双方当事人自愿将他们之间业已发生的或将来可能发生的争议交付仲裁解决的一种书面协议，包括仲裁条款与仲裁协议书等形式。其中仲裁条款，与主合同中其他条款不同，仲裁条款具有独立性。仲裁程序是在仲裁进行的过程中，仲裁机构和当事人应当遵循的步骤和活动规则的总称。主要涉及仲裁的申请与受理、仲裁庭的组成以及仲裁审理几个方面。仲裁的最终目的是获得有效裁决并且能够无阻碍地获得执行。仲裁裁决作出后，如果一方当事人不能自动履行仲裁裁决的内容，另一方当事人只能通过法院申请执行。目前，关于承认与执行外国仲裁裁决的依据最为重要的是1958年《纽约公约》。

案 例 讨 论

Supplemental Case

PARSONS & WHITTEMORE OVERSEAS CO. v. SOCIETE GENERALE DE L'INDUSTRIE DU PAPIER (RAKTA)

In November 1962, Overseas consented by written agreement with RAKTA to construct, start up and, for one year, manage and supervise a paperboard mill in Alexandria, Egypt. The Agency for International Development (AID), a branch of the United States State Department, would finance the project by supplying RAKTA with funds with which to purchase letters of credit in Overseas' favor. Among the contract's terms was an arbitration clause, which provided a means to settle differences arising in the course of performance, and a 'force majeure' clause, which excused delay in performance due to causes beyond Overseas' reasonable capacity to control.

Work proceeded as planned until May, 1967. Then, with the Arab-Israeli Six Day War on the horizon, recurrent expressions of Egyptian hostility to Americans—nationals of the principal ally of the Israeli enemy—caused the majority of the Overseas work crew to leave Egypt. On June 6, the Egyptian government broke diplomatic ties with the United States and ordered all Americans expelled from Egypt except those who would apply and qualify for a special visa.

Having abandoned the project for the present with the construction phase near completion, Overseas notified RAKTA that it regarded this postponement as excused by the force majeure clause. RAKTA disagreed and sought damages for breach of contract. Overseas refused to settle and RAKTA, already at work on completing the performance promised by Overseas, and invoked the arbitration clause. Overseas responded by calling into play the clause's option to bring a dispute directly to a three-man arbitral board governed by the rules of the ICC. The tribunal made its final award in March, 1973: Overseas was held liable to RAKTA for $312,507.45 in damages for breach of contract and $30,000 for RAKTA's costs.

Subsequent to the final award, Overseas in the action here under review sought a declaratory judgment to prevent RAKTA from collecting the award out of a letter of credit issued in RAKTA's favor by Bank of America at Overseas' request. The letter was drawn to satisfy any 'penalties' which an arbitral tribunal might assess against Overseas in the future for breach of contract. RAKTA contended that the arbitral award for damages met the letter's requirement of 'penalties' and counter-claimed to confirm and enter judgment upon the foreign arbitral award. Overseas' defenses are derived from the express language of the applicable New York Convention. These include: enforcement of the award would violate the public policy of the United States, the award represents an arbitration of matters not appropriately decided by arbitration; the tribunal denied Overseas an adequate opportunity to present its case; the award is predicated upon a resolution of issues outside the scope of contractual agreement to submit to arbitration.

Questions:

(1) What does "public policy" under the New York Convention mean?

(2) Suppose the U.S. government had issued a direct order to Overseas forbidding its continued participation in the project, would this have affected the outcome of the case?

参 考 文 献

1. 〔美〕罗伯特·D.考特，托马斯·S.尤伦. 法与经济学[M]. 上海：上海财经大学出版社，2002

2. 〔德〕伯恩哈德·格罗斯菲尔德著；孙世彦，姚建宗译. 比较法的力量和弱点[M]. 北京：清华大学出版社，2002

3. 〔德〕罗伯特·霍恩著；楚健译. 德国民商法导论(中文版)[M]. 北京：中国大百科全书出版社，1996

4. 〔美〕哈德罗·伯尔曼著，贺卫方等译. 法律与革命——西方法律传统的形成[M]. 北京：中国大百科全书出版社，1993

5. 〔意〕彼得罗·彭梵得著；黄风译. 罗马法教科书[M]. 北京：中国政法大学出版社，1998

6. 〔英〕施米托夫著，赵秀文译. 国际贸易法文选[M]. 北京：中国大百科全书出版社，1993

7. A.C.盖斯特. 英国合同法与案例[M]. 北京：中国大百科全书出版社，1998

8. E.博登海默著. 邓正来译. 法理学——法哲学及其方法[M]. 北京：中国政法大学出版社，1999

9. Jawls.J著，何怀宏等译. 正义论[M]. 北京：中国社会科学出版社，2001

10. P.S.阿狄亚. 合同法导论[M]. 北京：法律出版社，2002

11. 彼得·斯坦著；王献平译. 西方社会的法律价值(中译本)[M]. 北京：中国人民公安大学出版社，1990

12. 伯尔曼著；贺卫方，高鸿钧，张志铭，夏勇译.法律与革命[M]. 北京：中国大百科全书出版社，1993

13. 不列颠百科全书编委员会. 不列颠百科全书(国际中文版)第9卷[M]. 北京：中国大百科全书出版社，1999

14. 蔡立东. 公司法人人格否认论[M]. 民商法论丛第二卷. 北京：法律出版社，1994

15. 曹建明. 国际经济法[M]. 北京：中国政法大学出版社，1999

16. 曹祖平. 新编国际商法[M]. 北京：中国人民大学出版社，2002

17. 陈东. 英国公司法上的董事"受信义务"[J]. 比较法研究，1998

18. 陈力. 探求我国国内与涉外商事仲裁的统一[J]. 仲裁与法律(104辑). 北京：法律出版社，2007

19. 陈治东. 国际商事仲裁法[M]. 北京：法律出版社，1998

20. 崔健远. 新合同法原理与案例评析[M]. 长春：吉林大学出版社，1999

21. 杜景林，卢谌译. 德国股份法、德国有限责任公司法、德国公司改组法、德国参与决定法[M]. 北京：中国政法大学出版社，2000

22. 房绍坤，王洪平. 论表见合伙制度[J]. 国家检察官学院学报，2006

23. 冯大同. 国际商法[M]. 北京：对外经济贸易大学出版社，1998

24. 国际私法统一协会. 国际商事合同通则[M]. 北京：法律出版社，1996

25. 韩德培. 国际私法[M]. 北京：高等教育出版社，北京大学出版社，2000：105

26. 韩立余. 国际经济法学原理与案例教程[M]. 北京：中国人民大学出版社，2006

27. 韩世远，崔建远. 先期违约与中国合同法[J]. 法学研究，1993

28. 韩世远. 违约损害赔偿研究[M]. 北京：法律出版社，1999

29. 郝建志. 美国产品责任法归责原则的演进[J]. 河北法学，2008

30. 何宝玉. 英国合同法[M]. 北京：中国政法大学出版社，1999

31. 胡长青. 中国民法债编总论[M]. 北京：商务印书馆，1934

32. 黄立. 民法债编总论[M]. 北京：中国政法大学出版社，2002

33. 江平，龙卫球.合伙的多种形式和合伙立法[J]. 中国法学，1996

34. 姜作利. 国际商法专论[M]. 济南：山东大学出版社，2004

35. 蒋大兴. 商人，抑或企业？[J]. 清华法学，2008

36. 焦津洪. 论根本违约[J]. 中外法学，1993

37. 金晓晨，冯益娜. 外国产品责任法对我国的启示[J]. 河北学刊，1999

38. 拉德布鲁赫著，米健，朱林译. 法学导论[M]. 北京：中国大百科全书出版社，1997

39. 拉伦茨著；谢怀栻等译. 德国民法通论[M]. 北京：法律出版社，2003

40. 李俊. 美国产品责任法(案例选评)[M]，北京：对外经济贸易大学出版社，2007

41. 李巍. 联合国国际货物销售合同公约评释[M]. 北京：法律出版社，2002

42. 李燕兵. 股份有限公司监事会制度之比较研究[J]. 国际商法论丛(第2卷). 北京：法律出版社，2000

43. 梁海静. 预期违约及其救济方法的比较研究[J]. 民商法论丛第13卷. 北京：法律出版社，2000

44. 梁慧星. 从过错责任到严格责任[J]. 民商法论丛(第8卷). 北京：法律出版社，1997

45. 林诚二. 论债之本质与责任[J]. 中国台湾：中兴法学

46. 刘光欢. 产品责任惩罚性损害赔偿制度研究[J]. 贵州大学硕士学位论文，2007

47. 刘凯湘. 论商法的性质、依据与特征[J]. 现代法学，1997

48. 刘萍，屈广清. 国际商法与国际经济法关系的法理学思考[J]. 政法论丛，2005

49. 刘星. 法理学[M]. 北京：法律出版社，2006

50. 刘星. 法理学导论[M]. 北京：法律出版社，2005

51. 卢梭著，何兆武译. 社会契约论[M]. 北京：商务印书馆，2003

52. 吕忠梅，陈虹. 经济法原论[M]. 北京：法律出版社，2008

53. 罗伯特·考特著；张军译. 法和经济学[M]. 上海：三联书店，1994

54. 马广奇. 美国投资银行的组织形式、治理结构与激励约束机制[J]. 金融教学与研究，2006

55. 马骏驹，余延满.合伙民事主体地位的再探讨[J]. 法学评论，1990

56. 马强. 合伙制度问题研究[J]. 中国人民大学学报，1999

57. 梅慎实. 现代公司机关权力构造论[M]. 北京：中国政法大学出版社，1996

58. 梅慎实. 现代股份公司经营监督模式比较与评析[J]. 中国法学，1996

59. 牛津法律大辞典(中译本). 北京：光明日报出版社，1988

60. 潘维大. 英美侵权行为法案例解析[M]. 北京：高等教育出版社，2005

61. 屈广清. 国际商法[M]. 大连：东北财经大学出版社，2004

62. 任荣明，侯兴. 国际商法[M]. 北京：清华大学出版社，2004

63. 沈达明，冯大同. 国际贸易法新论[M]. 北京：法律出版社，1997

64. 沈四宝，王军，焦津洪. 国际商法[M]. 北京：对外经济贸易大学出版社，2002

65. 沈四宝，王军. 国际商法教学案例(英文)选编[M]. 北京：法律出版社，2007

66. 沈四宝，王军. 试论英美法"刺破公司面纱"的法律原则[J]. 经济贸易大学学报，1992

67. 沈四宝. 国际商法教学案例(英文)选编[M]. 北京：法律出版社，2007

68. 沈四宝. 揭开公司面纱——法律原则与典型案例选评[M]. 北京：对外经济贸易大学出版社，2005

69. 沈四宝译. 最新美国标准公司法[M]. 北京：法律出版社，2006

70. 石静遐. 买卖合同[M]. 北京：中国法制出版社，2000

71. 石育斌. 国际商事仲裁研究(总论篇)[M]. 上海：华东理工大学出版社，2004

72. 束小江，宗延军. 略论美国公司治理结构制度[J]. 河北法学，1999

73. 孙新强. 美国〈统一商法典〉及其正式评论(二)[C]. 香港：金桥文化出版(香港)有限公司，2001

74. 汤欣. 公司治理与上市公司收购[M]. 北京：中国人民大学出版社，2001

75. 王保树. 中国公司法修改草案建议稿[M]. 北京：社会科学文献出版社，2004

76. 王保树. 中国商事法[M]. 北京：人民法院出版社，1996

77. 王传丽. 国际经济法[M]. 北京：法律出版社，2005

78. 王传丽. 国际贸易法[M]. 北京：法律出版社，1998

79. 王春燕. 论知识产权地域性与知识产权国际保护[J]. 中国人民大学学报，1996

80. 王家福. 民法债权[M]. 北京：法律出版社，1991

81. 王军. 美国合同法. [M]. 北京：对外经济贸易大学出版社，2004

82. 王利明，崔建远. 合同法新论·总则(修订版)[M]. 北京：中国政法大学出版社，2000

83. 王利明. 民商法理论与实践[M]. 长春：吉林人民出版社，1996

84. 王书江，殷建平. 日本商法典[M]. 北京：中国法制出版社，2000

85. 威尔·杜兰. 世界文明史：恺撒与基督[M]. 北京：东方出版社，1999

86. 吴建斌. 现代公司治理结构的新趋势[J]. 中国法学，1998

87. 夏利民. 组织法. 北京：人民法院出版社，1999

88. 肖永平. 论国际商事惯例在我国的适用[J]. 河南政法干部管理学院学报，2003

89. 谢哲胜. 英美法和大陆法的融合[J]. 国立中正大学法学集刊，2002

90. 徐国栋. 民法基本原则解释[M]. 北京：中国政法大学出版社，1996

91. 徐学鹿. 商法研究[M]. 北京：人民法院出版社，2000

92. 亚当·斯密著；郭大力，王亚南译. 国民财富的性质和原因的研究(下卷)[M]. 北京：商务印书馆，1974

93. 杨宜良. 国际商务游戏规则：英国法合约[M]. 北京：中国政法大学出版社，2000

94. 姚佐文，陈晓剑. 有限合伙制风险投资公司的形成原因与治理机制分析[J]. 中国软科学，2001

95. 尹田. 法国现代合同法[M]. 北京：法律出版社，1995

96. 余劲松，吴志攀. 国际经济法[M]. 北京：北京大学出版社，高等教育出版社，2005

97. 张淳. 信托法原论[M]. 南京：南京大学出版社，1994

98. 张文显. 法理学[M]. 北京：高等教育出版社，1999

99. 张旭. 国际商法理论与实务[M]. 北京：科学出版社，2005

100. 张忠军. 论公司有限责任制[J]. 宁夏社会科学，1995

101. 赵威. 国际商法概念初探[J]. 政法论坛，1999

102. 赵秀文. 国际商事仲裁法[M]. 北京：中国人民大学出版社，2004

103. 赵秀文. 论国际惯例——兼论我国经济立法与国际惯例接轨[J]. 法学家，1996

104. 郑远民. 现代商人法研究[M]. 北京：法律出版社，2001

105. 周剑龙. 论股份有限公司经营的内部监督机制——中国公司法发展之前瞻[J]. 法学评论，1995

106. 周旺生. 法的概念界说[J]. 北京大学学报(哲学社会科学版)，1994

107. 朱慈蕴. 一人公司对传统公司法的冲击[J]. 中国法学，2002

108. 左海聪. 国际商法是独立的法律部门[J]. 法商研究，2005

109. ［法］孟德斯鸠著；婉玲译. 罗马盛衰原因论[M]. 北京：商务印书馆，1962

110. ［英］巴里·尼古拉斯著；黄风译. 罗马法概论[M]. 北京：法律出版社，2000